THE LIFE AND WORKS
OF
GARCI SANCHEZ DE BADAJOZ

PATRICK GALLAGHER

THE LIFE AND WORKS
OF
GARCI SANCHEZ DE BADAJOZ

TAMESIS BOOK LIMITED
LONDON

Colección Támesis

SERIE A - MONOGRAFIAS, VII

Depósito Legal: M. 3.872 - 1968

Printed in Spain by Talleres Gráficos de EDICIONES CASTILLA, S. A.
Maestro Alonso, 23 - Madrid

for

TAMESIS BOOKS LIMITED
LONDON

CONTENTS

PREFACE

The present study is in no sense definitive: Garci Sánchez is a poet about whom we might, some day, learn more. The period in which he wrote (*c.* 1500-*c.* 1535) is beginning to be seen as a crucially important one in literary history, and of singular relevance to a proper assessment of the Golden Age. It is to be hoped that scholarly research will increasingly illumine these rather neglected years. This book, which presents Garci Sánchez's collected poems for the first time, will have served its purpose if it helps to awaken any such interest.

I cannot hope fully to acknowledge all the help and encouragement I have received in the preparation of this study. I am particularly indebted to Professor Keith Whinnom who first suggested that Garci Sánchez's poems might be worthy of detailed consideration; and to Professor Le Gentil of the Sorbonne whose book, *La poésie lyrique espagnole et portuguaise à la fin du Moyen-Age,* is, in my opinion, the most penetrating comprehensive study of late medieval Peninsular poetry.

I am also glad of this opportunity to thank Professors R. O. Jones, Frank Pierce, Geoffrey Ribbans and John Varey, Drs. J. S. Cummins and Brian Dutton and Mr. Alan Deyermond for their advice and criticism.

I gratefully acknowledge financial help from the University of Dublin's Trinity Trust which enabled me to collect material in Spain for my research.

Finally, a special word of thanks to my wife for reading the manuscript and making many useful comments on my work.

P. G.

ABBREVIATIONS

BAE: *Biblioteca de Autores Españoles.*
BRAH: *Boletín de la Real Academia de la Historia.*
CA: Colección Austral.
Canc. cast.:   *Cancionero castellano del siglo xv,* ed. R. Foulché-Delbosc.
Canc. Const.:   *Cancionero de Juan Fernández de Constantina.*
Canc. gen.:   *Cancionero general.*
CSIC: Consejo Superior de Investigaciones Científicas.
MLR: *Modern Language Review.*
NBAE: *Nueva Biblioteca de Autores Españoles.*
NRFH: *Nueva Revista de Filología Hispánica.*
PMLA: *Publications of the Modern Language Association of America.*
RABM: *Revista de Archivos, Bibliotecas y Museos.*
RAE: Real Academia Española.
RFE: *Revista de Filología Española.*
RHi: *Revue Hispanique.*
Rom. For.:   *Romanische Forschungen.*
ZRPh: *Zeitschrift für Romanische Philologie.*

I

THE LIFE

THE LIFE

PLACE AND DATE OF BIRTH

No documentary evidence of Garci Sánchez's date of birth has come to light, [1] but it seems certain that he was born in Écija. A contemporary, Juan Aragonés, says that «el affamado poeta Garci Sánchez de Badajoz... era natural de Écija ciudad en el Andaluzía»; [2] in 1525, Francesillo de Zúñiga describes him as a «vecino de Écija»; [3] and Vélez de Guevara, himself a native of Écija, has the Devil remark to Don Cleofás, as both enjoy an aerial view of the town: «De aquí fue Garci Sánchez de Badajoz, aquel insigne poeta castellano». [4]

Nicolás Antonio, doubtless misled by the poet's surname, suggests Badajoz as an alternative to Écija, but this need not be taken seriously: «Garcias Sanchez de Badajoz, natus forte in urbe hujus nominis ad Anam fluvium, alii Astiginatum dicunt...» [5]

The histories of literature suggest 1460 as the date of Garci Sánchez's birth and he is assumed to have written his poetry in the fifteenth century. This essay will attempt to shew that he was born at least twenty years later and should be regarded as a sixteenth-century poet.

Let us first consider two manuscripts of unknown date which contain poems by Garci Sánchez and have helped to strengthen the belief that he was a fifteenth-century poet.

The British Museum *Cancionero* (Additional Manuscript 10431) was thought to belong to the latter half of the fifteenth century. But, in 1897, only two years after its contents were published, [6] Carolina Michäelis de Vasconcelos shewed conclusively that the verse-mottoes on the subject of

---

[1] There are no registers of births of marriages earlier than 1505 in the parish archives of Écija. My consultation of the parochial registers of Écija did not yield any reference to Garci Sánchez.

[2] See Anecdote III.

[3] *Crónica, BAE,* XXXVI, 37.

[4] Luis Vélez de Guevara, *El diablo cojuelo*, Clásicos castellanos, Madrid, 1918, Tranco VI, 153.

[5] *Bibliotheca hispana nova*, I, Madrid, 1788, 516.

[6] Hugo A. Rennert, "Der Spanische Cancionero des Brit. Mus.", *Rom. For.*, X (1895), 1-178.

Don Manuel de Noronha's green hose were written during the visit to Saragossa of King Manuel of Portugal in 1498.[7] According to more recent opinion, the British Museum *Cancionero* may be the personal anthology of Juan del Encina, and there are indeed many links with Encina which appear more than coincidental.[8] So far, however, no further conclusive evidence concerning the date of the manuscript has emerged. What is certain is that it was not written before 1498. Any date in the first quarter of the sixteenth century would be compatible with the thesis that the manuscript is the personal anthology of Encina, who died in 1529. But there are reasons for believing that the British Museum *Cancionero* does not antedate the *Cancionero general*.

The *Cancionero general* of 1511 (the first edition) prints Garci Sánchez's *Infierno* which ends with an invitation to any gentlemen he has not mentioned to add themselves to his catalogue of courtly lovers. The invitation was accepted and, in the *Cancionero general* of 1514 (the second edition), eight more stanzas about eight more gentlemen have been tacked on to the 1511 version. It is possible that these extra stanzas were written before 1511 in a manuscript version unknown to the editor, Castillo. But the point to bear in mind is that Garci Sánchez's invitation appeared in print for the first time in 1511; hence, while *other* additional stanzas now lost might perhaps have been written previously, those in the 1514 *Cancionero general* are almost certainly the ones written in response to the invitation in the 1511 edition. It follows that the British Museum *Cancionero,* because it has the same additional stanzas, was almost certainly not written before 1511.

There is another curious link between the British Museum *Cancionero* and the 1514 *Cancionero general:* both contain poems Garci Sánchez wrote while he was in prison. In these 'prison' poems (*e.g., En dos prisiones estó. Si de amor libre estuuiera,* and *Quando yo vi vuestro gesto*) the poet contrasts the metaphorical prison of love with the real prison in which his body is physically confined. None of these poems appears in the *Cancionero general* of 1511. The fact that, like the extra stanzas in the *Infierno de amor,* they are in both the 1514 *Cancionero general* and the British Museum *Cancionero* suggests in itself that the latter could have been compiled after 1511.

Another reason for favouring a post-1511 date is the absence in the British Museum *Cancionero* of Garci Sánchez's *Liciones de Job.* The fact that this poem is not in the manuscript *cancionero* could be attributed, quite simply, to the loss of four folios, the contents of which are unknown.[9] But there is an alternative explanation. The *Liciones de Job,* an

[7] In *Literaturblatt,* No. 4 (1897); see p. 116 of her article listed on p. 290 of the present study.

[8] R. O. Jones, "Encina y el Cancionero del British Museum", *Hispanófila,* No. 11 (1961), 1-21.

[9] Folios xiii-xvi (original foliation).

adaptation to profane love of part of the Office of the Dead, was frowned upon by the Inquisition, but appeared unexpurgated in the first five editions of the *Cancionero general* (1511, 1514, 1517, 1520, 1527). Thus, if it was not included in the British Museum *Cancionero*, this may have been due to ecclesiastical disapproval which, in turn, does not appear to have resulted in any effective action until quite a few years later than 1511.

A word, now, about the other manuscript, the *Cancionero musical de los siglos XV y XVI*, which Barbieri found in the Palacio Real, Madrid, and published in 1890. Barbieri considered that part of the manuscript was compiled in the fifteenth century, but this opinion has not been supported by the necessary evidence. The *Cancionero musical* contains four *villancicos* of Garci Sánchez, *Secáronme los pesares* (f. cxix^v), *Lo que queda es lo seguro* (f. cxxix) and *De mi dicha no se espera* (f. ccxx), set to music by Escobar and Peñalosa, respectively; and *Mortales son los dolores*—set twice, anonymously—(ff. clxj and clxij; text in this edition, p. 61, lines 107-116). The folios on which the last of these *villancicos* was set are not extant. Barbieri states (p. 6) that the manuscript was completed by 1535, but no firm date for the inclusion of Garci Sánchez's *villancicos* can be given. That they were set to music after 1511, however, seems not unlikely since the final stanzas of two of the *villancicos (Secáronme los pesares* and *Lo que queda es lo seguro)* are not in the well-known versions first printed in the *Cancionero general*. Nor have these final stanzas been found anywhere else. The British Museum *Cancionero*, incidentally, has four extra, unique stanzas in its version of *Lo que queda es lo seguro*. (All these additional stanzas are included in the variant readings.) It seems reasonable to suppose that the final stanzas in the *Cancionero musical*, unknown outside it, and of dubious poetic merit, were added for the musical settings by someone other than Garci Sánchez, possibly by the composer himself, Escobar. The identity of Escobar has been established beyond reasonable doubt by Rafael Mitjana. A composer called Escobar was appointed *maestro de los seises* of Seville cathedral on 24th March, 1507; on 14th August, 1514, he entered the service of Don Pedro Fernández de Castilleja as *maestro de capilla*. [10] Francisco de Peñalosa, who set to music the *villancico, De mi dicha no se espera*, died either in 1539 or some little time before it for, in a book published that year, Cristóbal de Villalón writes: «Muy poco ha que murió aquel famoso varón D. Francisco de Peñalosa, maestro de Capilla del Católico Rey Don Fernando» (Barbieri, p. 41). The estimated date of his birth is 1470 but there seems nothing to shew that he exercised his profession in the fifteenth century, nor does he appear at any time to have been among the musicians at the court of Isabella. Indeed, if Villalón is correct in alleging that Peñalosa was King Ferdinand's *maestro de capilla,* he was probably appointed *after*

---

[10] Rafael Mitjana, "Nuevas notas al 'Cancionero musical de los siglos xv y xvi' publicado por el maestro Barbieri", *RFE*, V (1918), 123-124.

the death of Isabella in 1504. This is the reasonable hypothesis of Barbieri: «Peñalosa sería recibido en palacio después de muerta Isabel la Católica en 1504, obteniendo el título de maestro de capilla del Rey Don Fernando por la Corona de Aragón» (p. 41).

Paleographic study cannot give even a rough idea of the dates on which particular poems were included in a manuscript of this kind; one, that is to say, written over a period of perhaps thirty of forty years in two or three hands only. Escobar and Peñalosa were active musicians in the decade 1507-1517. We do not know whether they began long before this or continued long after. But since they both continued working as musicians until at least some years after 1511, they could both have written musical settings for Garci Sánchez's *villancicos* after these had been published in the *Cancionero general*. (Other *Cancionero musical* composers who set to music poems that appear in the *Cancionero general* are Madrid, Fernando de la Torre, Sanabria and Millán.) Badajoz (who must no longer be confused with Garci Sánchez de Badajoz, see (p. 30) set his own poems to music; some of them are contained in both *cancioneros*.)

These two manuscripts, then, do not support the view that Garci Sánchez was a fifteenth-century poet. While the evidence is admittedly not conclusive either way the most likely hypothesis is that the poems of Garci Sánchez that they contain were copied after the publication in 1511 of the *Cancionero general*. This seems highly probable in the case of the British Museum *Cancionero*; it is certainly possible in the case of the *Cancionero musical,* and by no means improbable, in view of the extra stanzas and the post-1511 activity of Escobar and Peñalosa. As for the rest of his poetry, although some of it might have been circulating before 1514 in manuscripts no longer extant, the existing evidence is far from suggesting that he had written it all by that year. Besides, we must not propose 1526 as the date of Garci Sánchez's death since, in 1534, as we are assured in the first edition of Gregorio Silvestre's works, in a reference to the palace of the Conde de Feria at Zafra, «florecía entre los Poetas Españoles Garci Sánchez de Badajoz». [11] Now, while it is true that we do not know when he started writing poetry, there is not only no evidence that his poems appeared before 1511 but the available information suggests that it was round about that time that the majority of his extant poems began to circulate both in manuscript and in print. If he were born in 1460 he could have written his first verses by 1475. Poets were often precocious enough to begin writing at fifteen: Gregorio Silvestre was only thirteen when he started emulating Garci Sánchez's verses. [12] But even if he began writing poetry at a more mature age than Silvestre it is difficult to explain an apparent silence of some fifty years, especially in the case of a poet who wrote passionately of courtly love, with its gallantry and pa-

---

[11] *Las obras del famoso poeta Gregorio Sylvestre,* Granada, 1582, preface.
[12] See p. 14 of this biography.

nache and impossible ideal. Besides, if he had to seek aristocratic patronage—which appears likely, as we shall see—it seems improbable that he lived for so many years without having to write some poetry. Normally, he would have already embarked upon his poetic career as a courtly-love poet in his twenties; so that, if he were born in 1460, his poems would have been circulating from the fourteen-eighties, or perhaps earlier. Yet the first extant reference to him was made in 1508. [13]

To sum up: lacking documentary evidence, one must concede as possibilities that Garci Sánchez was born in 1460, that some of the poems which appear from 1511 onwards were written in the fifteenth century, that he wrote other fifteenth-century poems which have not survived, that the verb *florecer* might be applied to a poet in his mid-seventies, and so on. But none of these possibilities seems very convincing, and it makes more sense to postulate that he was born much later—twenty years at a conservative estimate—than is generally held. That there is no extant work of his in anything known to ante-date 1511 does not of course *prove* that his poems were not circulating in the fourteen-eighties. But it does at least remind one that, if he were born in 1460, the period 1480-1500 is the one in which he would normally have been writing most of his poetry. It is chiefly the combination of these blank years and his poetic activity at the end of 1534 which makes 1460 such an improbably early date. This, together with the fact that we know he was writing poetry between 1511 and 1534, that we first hear of him in 1508, and that we do not know whether he was writing poetry much before 1511 make it unreasonable to retain 1460 as a likely date of birth. Leaving aside the description of him as a «flourishing» poet in December of 1534, the likelihood of his living into his seventy-fifth year (which has not hitherto been reckoned with, since the poet is assumed to have died in 1526) must in itself seem questionable.

THE SÁNCHEZ DE BADAJOZ FAMILY

A tendency to exaggerate the nobility of the Sánchez de Badajoz family is manifest in much of what has been written on the subject of our author's lineage. [14] It has been too readily assumed that, because he addressed a *pregunta* to such a member of the nobility as Altamira, Garci Sánchez was himself a great noble. [15] Genealogical research does not appear to have provided satisfactory evidence for such assumptions. [16]

[13] By Fray Francisco Dávila, *La vida y la muerte,* Salamanca, 1508; in Gallardo, *Ensayo...,* I, col. 343.

[14] *E.g.,* José Martín Jiménez, *Cancionero de Garci Sánchez de Badajoz,* Seville, 1948, preface.

[15] See Méndez Bejarano, *Diccionario de escritores, maestros y oradores, naturales de Sevilla y de su actual provincia,* II, Seville, 1923, 367-370.

[16] For instance: Jiménez's chief source, Juan de Hariza's, *Descripción genealógica de los excelentísimos señores marqueses de Peñaflor,* Écija, 1772, states that Beatriz de Montemayor married Fernán Yáñez de Moscoso, Alcalde Mayor of

The Sánchez de Badajoz family were lords of Barcarrota, near Badajoz, in the early fifteenth century. [17] The property first came into their hands in 1369. [18] A certain Fernán Sánchez de Badajoz was granted it by Enrique II in recognition of services rendered during the Portuguese wars. He was succeeded by his son, Garci Sánchez de Badajoz, who was fatally wounded at Aljubarrota. [19] Juan de Hariza informs us that Fernán Sánchez lost Barcarrota in a skirmish with the Portuguese not long after acquiring it. [20] But the family eventually regained possession of it, since Garci Sánchez's son, another Fernán Sánchez, was lord of Barcarrota and Los Arcos and Alcalde Mayor of Badajoz in 1434. [21] Their downfall was nevertheless imminent. Fernán Sánchez married Mencía Vázquez Goes and had a daughter of the same name. Juan II took Barcarrota from her and gave it to Don Juan Pablo Pacheco, Marquis of Villena and Grand Master of the Order of Santiago. [22] Juan confirmed Pacheco's ownership of the property on January 22nd, 1450, at Fuentesauco, and it was again confirmed by Enrique IV on June 29th, 1456, at Segovia. [23] Between these dates, the Sánchez de Badajoz family may have been opposing Pacheco for the land so arbitrarily snatched from them, and possibly continued to do so after 1456, since in 1461, Alfón and Fernando de Badajoz, two members of what appears to be the same family, were deprived of office and exiled from court in the interests of the «pacificación del Reyno». I say «appears» because the document recording the sentences gives their surnames as «de Badajoz». [24] But we know that «Sánchez» was sometimes omitted: «y del dicho Fernán Sánchez de Badajoz dize Don Josef Pellicer que procedieron los antiguos Señores de Barcarrota con apellido *de Badajoz*». [25] In view of the probable hostility between the Marquis of Villena and the Sánchez de Badajoz family, and of the fact that Pacheco himself was one of the judges to condemn them, it seems likely, since «de Badaxoz» was a legitimate form of the surname, that Alfón and Fernando de Badajoz were members of the Sánchez de Badajoz family. Moreover, as we shall soon see, there was a Fernando Sánchez de Badajoz in Écija in 1475.

Barcarrota, it seems, was a coveted *repartimiento*. The Sánchez de Ba-

---

Écija. Jiménez says that Beatriz de Montemayor married Fernán Yáñez de Badajoz, Alcalde Mayor of *Badajoz, like his father*. But, according to Jiménez's genealogical tree of the family, Beatriz de Montemayor married Fernán Yáñez de Badajoz, Alcalde Mayor of *Écija*, whose father was not an Alcalde Mayor at all.

[17] See *Memorial de los Silvas de Badajoz*, in J. López Prudencio, *Diego Sánchez de Badajoz*, Madrid, 1915, 22, footnote 1.

[18] Juan de Hariza, *op. cit.*

[19] López Prudencio, *loc. cit.*

[20] *Ibid.*

[21] López Prudencio, *loc. cit.*

[22] *Ibid.*

[23] See Francisco Fernández de Bethencourt, *Historia genealógica de la monarquía española*, II, Madrid, 1900, 306.

[24] For the text of this document, See Appendix I.

[25] López Prudencio, *loc cit.*

dajoz family held it, albeit sporadically, for about eighty years. On losing it to the powerful Marquis of Villena, they sank into the comparative obscurity in which, save for this brief period, they had been enveloped. Their wealth and position were the reward for the help they gave Enrique II in the Portuguese wars. Many others were similarly rewarded by that prodigal monarch, and the ranks of the nobility were correspondingly swollen. [26] The Cortes tried to persuade Enrique to take back what he had given away. But Enrique was not the man to resort to such dangerous measures. [27] As a result, there was chaos for about a hundred years. At last, on the advice of the Cortes of Toledo (1480), the Catholic Monarchs demanded proofs of the validity of all royal grants of lands, and of the titles of their holders, and in this way, gradually, a degree of order was established. Thus, the descendants of many of those made wealthy by Enrique II found themselves reduced to relative poverty by Ferdinand and Isabella.

It is not known when the Sánchez de Badajoz family settled in Écija, but it may not have been much before 1456, the year in which the Marquis of Villena had his ownership of Barcarrota confirmed by Enrique IV. A document of 1475, of which there is an eighteenth-century manuscript copy in Écija's municipal archives, describes one Fernando Sánchez de Badajoz as a «Cauallero no fixo dalgo». This may well have been the «Fernando de Badajoz» who was sentenced by Pacheco and his fellow-judges in 1461. The phrase «cauallero no fixo dalgo» may hardly be said to indicate that he was a great noble; not even if, like Rodríguez-Marín, who published part of the document in 1918, we omit the word «no». [28] More recently, an erroneous impression of the document was formed by a writer [29] who stated that it records the swearing of an oath of allegiance to Ferdinand and Isabella by Garci Sánchez at the hands of Fernando Sánchez, his father.

---

[26] "Tuvo don Enrique que prometer mucho para estimular y mantener el celo de sus parciales; llegado el día del triunfo, se remontaron al nivel de los primeros nobles, por sus nuevas riquezas y flamantes títulos, no pocos hidalgos oscuros, obtuvieron carta de nobleza multitud de desconocidos pecheros, se pusieron al alcance de los villanos enriquecidos las instituciones más aristocráticas..." Francisco de Cárdenas, *Discurso leído ante la Real Academia de la Historia*, Madrid, 1872, 23.

[27] "... No quiso acceder nunca a las repetidas instancias de las Cortes para que revocara sus mercedes perpetuas. Las Cortes creían, con razón, que abandonar para siempre el señorío de una parte tan considerable del territorio a vasallos poderosos, era crear una oligarquía peligrosa, incompatible con el bienestar y engrandecimiento de la república. Don Enrique juzgaba a su vez que revocar desde luego todas las merecedes de que estaban en posesión los favorcidos, además de ingratitud notoria, era una provocación temeraria a la nobleza." Francisco de Cárdenas, *Ensayo sobre la historia de la propiedad territorial en España*, Madrid, 1875, 23.

[28] He doubtless considered it a scribal error. See his critical edition of *El diablo cojuelo, ed. cit.*, 85, footnote 5.

[29] José Martín Jiménez, *op. cit.*, preface.

In fact, it is the Commissary Francisco Velasco who swears in the name of Queen Isabella a ratification of the *privilegios* of Écija. The confusion arose out of a misreading of Rodríguez-Marín's comment, for he does not cite the first part of the text, which gives the name of the Queen's Commissary.[30] As for Garci Sánchez's father, it is possible that his name was Fernando Sánchez and that he was the Fernando Sánchez named in the document. But it must be stated that neither this nor other assertions concerning the poet's family have been accompanied by any kind of evidence.

MARRIAGE, MADNESS AND IMPRISONMENT

Garci Sánchez married María de Orellana, had a daughter of the same name who married Gregorio de Guzmán and was childless.[31] The date of his marriage remains unknown, and I have been unable to discover anything of his wife's family.

The imprisonment of which he speaks in certain poems probably took place when he was a young man. It was certainly not later than 1514 for, by the middle of that year. Garci Sánchez's 'prison' poems, *e.g., En dos prisiones estó, Si de amor libre estuuiera* and *Quando yo vi vuestro gesto,* had already appeared (on 24th Juen in the *Cancionero general*). In these poems, Garci Sánchez, however confused his mind may have been about other points, is curiously careful to distinguish between metaphorical and physical imprisonment. Hence if the *Celestial jerarchía* describes him as being *loco en cadenas,* there is no need to take the phrase other than literally.[32] Since the date of the *Celestial jerarchía* is held to be 1511,[33] Garci Sánchez might have been locked up at least three years before his 'prison' poems were published. Unrequited love is the reason traditionally given for his madness, and indeed almost all of his poetry can be seen as an intense complaint against unrequited love in general and his own unresponsive lady in particular—a favourite theme of *cancionero* poets. Other reasons have been put forward: Sánchez de Lima, in 1580 —admittedly as a joke—suggests that writing poetry turned Garci Sánchez's head: «Y negaréys me vos», says Silvio to Calidonio, «que la Poesía no fue causa de que Garci Sánchez de Badajoz se bolviesse loco?».[34] But the sixteenth century was inclined to believe that no poets or musicians were wholly sane,[35] and in 1595 Fray Jerónimo Román gravely proclaimed that music and love had made Garci Sánchez mad: «dándose

---

[30] For the text of this document, see Appendix II.

[31] Juan de Hariza, *op. cit.,* 69.

[32] See Appendix III for text.

[33] The British Museum's dating, formerly "[1525?]", has been altered to "[1511?]".

[34] Miguel Sánchez de Lima, *El arte poética en romance castellano,* Alcalá de Henares, 1580, f. 13.

[35] Anecdote XIV is included as an illustration of this belief.

mucho a amar y querer y a la música, perdió el juyzio». [36] The anonymous author of the *Celestial jerarchia* attributes the poet's madness to celestial punishment for his irreverent adaptation of the Scriptures:

> las cosas dela sagrada escriptura profanaua trayendo las asu vano amor... Pues por estos desatinos está loco en cadenas al qual nuestro Señor con misericordia le privó de aquello que con su franca largueza le avíe concedido porque para mayor mal suyo no largo poseyese lo que para su mayor bien le avíe comunicado. [37]

He is referring in particular to the *Liciones de Job*, a sacrilegious and idolatrous adaptation of part of the Office of the Dead. Luis Zapata echoes this pious view in the 1590's: «enloqueció de amores, a lo que dicen, aunque yo pienso que porque profanó a la Sagrada Escritura.» [38] An anonymous writer of the late sixteenth century adds a humorous note: «Garci Sánchez de Badajoz, que compuso las Leciones de Job, alegorizadas al amor... estaba en punto si la locura de envidia no le atajara, de hacer al mismo tono las Homilías y Oraciones.» [39] Garci Sánchez himself attributes his madness to unrequited love—as, for instance, in the poem beneath the rubric «Garcisánchez preguntándole su amiga que cómo auía bastado ella a tornalle loco»:

> Quien por uos el seso pierde,
> ése sólo está en raçón,
> que los otros locos son

—though one may be permitted to doubt the validity of this diagnosis. Indeed, the traditional explanation of Garci Sánchez's madness might first have been propagated by the poet himself, anxious to invite comparisons with the tragic Macías who, wreathed in flowers, occupies the place of honour in the *Infierno de amor*.

After 1511—perhaps the year in which Garci Sánchez was put in gaol—the demand for his poems may have increased for, in the *Cancionero general* of 1514, the number of poems of Garci Sánchez added to the 1511 selection is greater than that of any other poet, and the total number is in fact trebled in this second edition. (This, of course, could be coincidence and should not be taken as irrefutable evidence of a greater interest in Garci Sánchez's poetry.) His imprisonment, or the reason for it, may have caused a stir and, since quiet lunatics often escape

---

[36] Anecdote IX (*b*).
[37] See Appendix III.
[38] In his Miscelánea (*c.* 1595); reprinted in *Memorial histórico español*, IX, Madrid, 1859, 401.
[39] *Carta del Bachiller de Arcadia y respuesta del capitán Salazar*, in *RABM*, XXVIII (1913), 357.

the attention of the authorities, the question arises whether a violent manifestation of his madness caused the poet to be put in chains. An anecdote imputes to him an urge to cut off human heads with a single blow of his sword. [40] Manifestations of such urges do indeed attract attention, and the story, even if entirely fanciful, could illustrate an impulsive nature or, at least, a justifiable reputation for one. [41] There is, however, no real evidence that Garci Sánchez was dangerous. But because of his blasphemous poems, he may have been placed in this category.

The *Cancionero general* was published in January, 1511. It contained Garci Sánchez's idolatrous parody of the Book of Job which was omitted, by order of the Inquisition, in the two Seville editions of 1535 and 1540. [42] From what has already been said, it will be seen that the poet might well have been imprisoned shortly after the appearance of the *Cancionero general*. And so, it is at least possible that there was more to his imprisonment than madness, although madness was almost certainly the official reason for it.

He may have spent less than three years in prison. His poem, *Como el que en hierros ha estado,* is in the second edition of the *Cancionero general,* published on 24th June, 1514. Since it occurs neither in the first edition (1511) nor in any other known pre-1514 collection, it looks as though it might have been written between 1511 and 1514. The poem is a simile; but the picture of the released prisoner is so striking as to suggest a personal experience:

> Como el que en hierros ha estado,
> y después se vëe suelto,
> y se halla tan atado
> para andar, que aprisionado
> estaua más desembuelto.

Further, Melchior de Santa Cruz refers to «el tiempo que salió de seso», [43] which could mean 'the period when Garci Sánchez went mad' —*i.e.,* his imprisonment—implying a subsequent one when he was not.

It is unlikely that Garci Sánchez ever wholly recovered his sanity, and if the scant available evidence suggests that he was released from prison in, or shortly before, 1514, this in turn suggests that insanity may not have been the real reason why he was imprisoned in the first place.

[40] Anecdote X.
[41] The Anecdotes in general, and that of Garci Sánchez's contemporary, Juan Aragonés, in particular (Anecdote III), are by no means incompatible with this picture of the poet.
[42] The Inquisition ban on the poet's parody of the Book of Job is mentioned by Vicente Nogueira, *Discurso sobre la lengua castellana* (1637), in *ZRPh*, III (1879), 31. "Io l'hebbe tutti duoi [two editions of the *Canc. gen.*] da un inquisitore, perche loro l'hanno prohibito affatto, bastando scartargli le parodie di Garci Sánchez de Badajoz delle 9 lettioni dell'ufficio dei defonti all'amor profano."
[43] Anecdote IV (*a*).

Indeed, if those who ordered his imprisonment had had no other motive than the poet's madness, they would not willingly have released him until he recovered his sanity. Yet we are told by Francesillo de Zúñiga, an eye-witness of the occasion he described, that the mad Garci Sánchez attended the *juegos de caña* decreed by the Emperor in 1525 to celebrate the presence in Toledo of the papal legate and the King of France's sister. [44]

IN THE SERVICE OF THE CONDES DE FERIA

Francesillo's information raises the question why Garci Sánchez was in Toledo in 1525; one wonders, too, how much longer he can have lived. It is not known when or where he died. Fray Jerónimo Román writes in 1595 that the poet was in Jerez de los Caballeros from the time he went mad («de continuo»), [45] and a modern writer remarks that he will have lived there to be near the waters of Alanje, credited from the earliest times with properties beneficial to those suffering from mental disorders. [46] We do not know on what evidence Román bases his assertion but it is clear that, strictly speaking, Garci Sánchez could not have lived 'continuously' in Jerez de los Caballeros and also attended the 1525 *juegos de caña* in Toledo. Francesillo's eye-witness testimony must prevail over unsupported statements which appear to contradict it. Furthermore, the theory about the Alanje baths must be questioned. If the curative waters were really close to Jerez de los Caballeros, it might have suited our unfortunate poet to have lived in that city. But it is some forty miles from Jerez de los Caballeros to Alanje, which lies between Almendralejo and Mérida. This is not to say that Garci Sánchez never lived in Jerez de los Caballeros but, rather, that he could scarcely have been persuaded to do so by the dubious proximity of Alanje. As we shall see, he did live much nearer Alanje than Jerez de los Caballeros, but there is no reason to believe that he was motivated by a desire to take the waters.

The histories of literature suggest 1526 as the date of Garci Sánchez's death. No other date has been proposed, nor has 1526 been rejected. [47] But if the poet was born some twenty years later than is thought (as suggested in this biography) he was only about forty-five when reported by Francesillo de Zúñiga in Toledo, and there is no need to presume that he did not live much longer.

And, in fact, he did live on for several years. Francesillo himself makes a further comic reference to him in 1527. Alluding once again, possibly,

[44] See Appendix IV for part of Francesillo's account of those present at the festivities.

[45] Anecdote IX (*b*).

[46] Méndez Bejarano, *op. cit.*, II, 369.

[47] Martín Jiménez, having given 1451, without explanation, as the date of Garci Sánchez's birth, accepts 1526; to avoid endowing the poet with improbable longevity, M. J. must have him die as soon as possible after the *juegos de caña* of October, 1525.

to the poet's insanity, he quotes the following cryptic remark to one of the doctors attending the Emperor in Valladolid:

> Dotor, parecéis mula rucia del prior de Guadalupe, o treinta y tres libras de azúcar piedra, y que os vais con todos los diablos, o con el señor Garci Sánchez de Badajoz. [48]

Since Francesillo was a *criado privado* to the Emperor and followed the Court wherever it went, and since he claims to have seen Garci Sánchez at the Court festivities in 1525 and refers to him two years later when the Emperor is in Valladolid, it is surely because Garci Sánchez himself spent some time following the Court. As we have seen, the mere presence of the mad Garci Sánchez at the Toledo *juegos de caña* in 1525 demolishes Román's assertion that the poet lived continuously in Jerez de los Caballeros after losing his wits. If he was still with the court at Valladolid in 1527, then it seems clear that, for some years at least, he was leading a peripatetic sort of existence. But while Román's information is not strictly accurate, it is by no means entirely fanciful: Garci Sánchez lived between Alanje and Jerez de los Caballeros in Zafra, in the service of the Condes de Feria. It was there that an event of considerable literary significance took place: Gregorio Silvestre met Garci Sánchez.

Silvestre was an ardent admirer and emulator of Garci Sánchez and Torres Naharro. His collected poems begin with no less than eleven *Lamentaciones*. [49] The meeting is recorded by Silvestre's friend and editor, Pedro de Cáceres y Espinosa:

> Y siendo Syluestre de casi catorce años, vino en seruicio de don Pedro Conde de Feria, do a la sazón florecía entre los Poetas Españoles Garci Sánchez de Badajoz. Y, como siempre, la casa del Conde fuesse llena de curiosidad, y visitada con los escritos de aquel célebre Poeta. Participó tanto de lo vno, y de lo otro, que en sus tiempos ninguno se pudo dezir que le hiziesse ventaja... a las quales [*i.e.,* 'coplas antiguas'] se dio tanto, o fuesse por el amor que tuuo a Garci Sánchez, y a Bartolomé de Torres Naharro, y a don Iuan Fernández de Heredia, a los quales celebraba afincadamente, que no pudo ocuparse enlas composturas italianas, que Boscán introduxo en España en aquella sazón. [50]

Since Silvestre was born on 30th December, 1520, and was not quite fourteen when he entered into the service of the Conde de Feria, he must have met Garci Sánchez towards the end of the year 1534. Hence, Garci Sánchez was alive at least eight years longer than is thought. More important, perhaps, is the inference that he was the leader of a school of poets

[48] *Biblioteca de clásicos amenos*, XXI, chapter 21, 69.
[49] *Las obras del famoso poeta Gregorio Sylvestre*, Granada, 1582.
[50] *Op. cit.*, preface.

who, in the fifteen-thirties, continued to cultivate peninsular metrical forms. If, as Pedro de Cáceres alleges, the prestige of the Zafra school was such as to induce the young Silvestre to postpone his adoption of the Italian metres, it is reasonable to suppose that other poets were similarly influenced. The traditionalists must have owed more to Garci Sánchez's fame than has been suspected. [51]

Something of Garci Sánchez's connexion with Zafra may perhaps be inferred from, and illumined by, circumstantial evidence and the study of his poems, despite the undoubted danger that mere speculation may, in the process, be unwittingly presented as biographical fact. He probably went there because it was the seat of the powerful Condes de Feria who, as Cáceres y Espinosa implies, normally had several poets in their service. Sudden destitution may have left him little choice but to seek a patron at a time when a powerful family, the Portocarreros, were making rapid inroads into territory once owned by the Sánchez de Badajoz family: in 1473, Pedro Portocarrero married Juana de Cárdenas; he died in 1519, having left his estates which included Villanueva del Fresno, near Badajoz, to his son, Juan Portocarrero. But in the same year Juan acquired the Barcarrota estate too, which had once belonged to our poet's family. [52]

Whether Garci Sánchez, before going to Zafra, had any occupation other than that of writing poetry is not known. It would be reasonable to suppose that he served other powerful Estremaduran or Andalusian families, but no evidence has emerged to support this supposition. On the contrary, study of his poems suggests that, for the most part, he wrote freely about courtly love, and was not constrained to write about anything else. For instance, of the thirty-nine poems published by 1514, only two, the *Infierno* and *Pues, señor, me preguntáys*, might be said to have been written on demand (although this is not at all certain in the case of the *Infierno*) and only one, *Yd mis coplas venturosas*, on request. This latter, moreover, was clearly not written à contre coeur since it was requested by the poet's lady. And even in *Pues, señor, me preguntáys*, Garci Sánchez was free to expand a favourite topic: his suffering and glory as an unrequited lover.

A very different picture is presented by some of the additional poems in the British Museum *Cancionero* (the manuscript with the distinction of containing thirteen of Garci Sánchez's poems not included in any other source). Two of these are devout pieces, one addressed to the Trinity and the Virgin *(O mi Dios y criador)*, the other to the Virgin alone *(Quanto más rrazón tenemos)*. Nowhere else in Garci Sánchez's works are there poems of this kind, nor indeed any verses that are not about courtly

---

[51] Cáceres y Espinosa's reference has escaped the attention of those who have so far written about Garci Sánchez. I have begun to collect material for a study of the Zafra poets which I hope, eventually, to offer for publication.

[52] Bethencourt, *op. cit.*, II, 310-316.

love. Garci Sánchez might have written the devotional poems for any or all of three reasons: devotion, prudence, gain. We do not know whether Garci Sánchez was devout, but we do know that his profane accommodation of *Job* shocked the moralists and was condemned by the Inquisition. [53] It by no means follows that the poet was not devout. But it would certainly have been prudent both to refrain from writing idolatrously in the future and to make amends for having done so in the past by composing religious verses. Garci Sánchez did both of these things, and therefore acted prudently. In so doing, he may have stood to benefit materially—hence the third suggested possibility, «gain». It must be examined. Don Pedro, the Conde de Feria, whom Garci Sánchez was serving in 1534, was renowned for his generosity and piety. Fray Luis de Granada pays written tribute to Don Pedro's Christian virtues and example, a notable compliment from one with such high standards in these matters. As Fray Luis points out, the good count eschewed life at the royal court, judging it an occasion of sin:

> Y bivía este Señor tan cuydadoso de su salvación, que ofreciéndole el cargo de Mayordomo mayor del Príncipe, que después fue, y es, el Rey nuestro Señor... no lo aceptó, aunque fue muy importunado de amigos y deudos. Lo que hizo no sólo por sus indisposiciones, sino por recelo de los peligros del ánima que hay en la vida cortesana, y más en semejantes cargos. [54]

Those who served him, the sixteenth-century Jesuit, Martín de Roa, claims, responded virtuously to his exemplary behaviour:

> ...cuyos criados: ó caminauan sienpre á su passo; ó quando salían del, era tanto el amor que le tenían, y la confiança que hazían de su bondad, y prudencia, que aun sus liuiandades no le encubrían. [55]

He was not content, however, merely to give good example: he did his best to ensure that his family and retainers led good lives and, particularly, that they avoided promiscuity by emulating his *honestidad*:

> Y como en sí amaua la honestidad, estimáuala, y procuráuala tanbién en los suyos, á ley de buen padre de familias: que persuadido ser de su obligación dar buena quenta, no sólo de su persona, sino tanbién de los de su casa, les enseñaua á obrar bien, obrándolo. [56]

And as for parodies of the liturgy, the less said about them the better for Don Pedro, says Martín de Roa,

[53] See footnote, 42.
[54] Bethencourt, *op. cit.*, VI, 191.
[55] Martín de Roa, *Vida de doña Ana Ponce de León, Condesa de Feria*, Córdoba, 1604, 81.
[56] Martín de Roa, *op. cit.*, 80.

castigaua seueramente blasfemias, parto de la desesperación, y fé muerta. [57]

That so stern and devout a man should have attracted to his service poets who wrote about profane love is perhaps a little surprising. It is nonetheless true, although Martín de Roa never mentions the fact: the Jesuit's picture of the count's piety is perhaps a trifle over-zealous. On the other hand, in praising the count's magnanimous and generous nature, Martín de Roa has permitted the reader to understand that Don Pedro was not only a man of warm character, but one who was much more at home in the world than the description of his piety alone would suggest:

> era amado de los Grandes, i respetado por los pequeños: ganáualos a todos su buen trato, su llaneza, i afabilidad. Aborrecía los escassos, i avarientos de cortesía; llamávalos ladrones de la onra, más dignos de castigo, que los de la hazienda, quanto es de mayor precio el ser onrado, que rico... Exercitó lo que sabía, i a la humanidad propria suya, añadió liberalidad de Príncipe... [58]

As a soldier in Flanders and Algiers between 1541 and 1545, he had a chance to exercise this princely *liberalidad:*

> Estando él en Flandes, dio vna grande enfermedad en el campo del Emperador, en la qual padecían los soldados mui grande necessidad. Remedióla el Conde con su pecho verdaderamente real, y Christiano: puso botica, y despensa en dos tiendas, y mandó pregonar por el exército, que todos los que tuuiesen necessidad, acudiesen a ellas; y allí les proveyó de medicinas, y mantenimientos. Quando la rota de Argel, salió á recebir al Emperador, y á los suyos, con vn nauío cargado de refresco, y vituallas; con que dio mesa franca á su corte, y gran refrigerio al Emperador, y á toda la armada. No ignoraua él, que el ser Príncipe es ser dadiuoso; y que es menos fea cosa ser vencido en armas; que en liberalidad: porque las vnas son de fortuna, y estotra de virtud [59].

Those who served him were alarmed by his undiscriminating way of bestowing largess:

> ...fue tan dadivoso, espléndido y liberal, que sus criados y familiares tenían que hacerle frecuentes observaciones sobre sus liberalidades. [60]

Allowing for some exaggeration by Martín de Roa, it is still evident that Don Pedro was an agreeably untypical sixteenth-century aristocrat:

[57] *Op. cit.,* 83.
[58] Martín de Roa, *Libro primero de la vida i maravillosas virtudes de doña Carrillo, de Córdova,* f. 79; in his *Flos sanctorum,* Seville, 1615.
[59] Martín de Roa, *Vida de doña Ana Ponce de León, Condesa de Feria,* Córdoba, 1604, 77.
[60] Bethencourt, *op. cit.,* VI, 191.

No se dexó cegar de la cudicia de su particular interés; mortal
veneno de la razón, i verdad; ni tuvo el ánimo despreciador, i
sobervio, mal común de nobles; antes juzgava él por urbanidad,
i prudencia, dar lugar, a que otros participassen de los favores
de su Rei... [61]

In sum, it is not surprising that a group of poets flourished under the
patronage of so equitable and generous a Maecenas; and it seems safe
to assume that neither the devout Don Pedro nor his father, Don Lorenzo,
would have encouraged the practice of writing irreverent verse. Hence,
Garci Sánchez had good reasons both for seeking the patronage of the
Condes de Feria and for not repeating his profanation of the liturgy. But
the notorious *Liciones* had made his respectability questionable. It is not
unlikely, therefore, that he wrote his religious poems while serving the
Condes de Feria: such compositions would not only help to establish the
poet's orthodoxy, but would be sure to please their patron, who would
perhaps reward their author with some token of his esteem.

Garci Sánchez, then, appears to have served the Condes de Feria as a
professional poet, composing verses to entertain nobles and ladies-in-
waiting, and possibly holding some administrative post as well. Now, of
the poems he wrote to be read or sung in the palace at Zafra, some,
surely, will have been informed by a desire to please his masters. It should
be possible to detect what might be expressions of such a desire. It so
happens that all of the thirteen additional poems in the British Museum
Cancionero are of a character which sets them apart from most of the
thirty-nine poems in the *Cancionero general;* for while in the former the
poet reveals the anguish of a mind battling with the paradoxes of the
courtly dilemma, in the latter he is sometimes weakly complimentary and
always curiously detached. Anecdote IV might well apply to these poems:
Garci Sánchez is writing badly because he is no longer in love. Quite
extraordinary is the fact that he addresses his lady in only one of the
thirteen poems, and in this one—it is discussed below—he regrets the platonic ardour of his youth. But, and this applies to all of them, the tension
and torment have gone, and scant use is made of paradox. Instead, Garci
Sánchez is either devout (as we have seen), disputatious *(Argúiese vna
quistión),* or polite *(Mirada la gentileza).*

These poems, then, seem to belong to a period in Garci Sánchez's career when he was not torn by the conflict of unrequited love. The two
devotional ones, for the reasons stated above, could have been written
when the poet was serving the Condes de Feria; hence, the other eleven
which are on the theme of profane love, but which all lack the characteristic tension of a spirit tormented by the amatory dilemma, may perhaps
be ascribed to a time when the poet's youthful ardour would be somewhat

---

[61] Martín de Roa, *Libro primero de la vida i maravillosas virtudes de doña
Carrillo, de Córdova,* f. 78; in his *Flos sanctorum,* Seville, 1615.

tempered. One of them was almost certainly written late in his career. Referred to above as the only one in the group in which the poet addresses his lady. *Yo me vi enamorado* is a gloss on the ballad of *Rosa fresca*. Here, in quite uncharacteristic fashion, in a tone indeed directly opposed to that of the *Cancionero general* poems, Garci Sánchez regrets not having sought the *galardón* in his youth. Consider the second stanza of this extraordinary poem:

> Perdí el tiempo en serviros,
> pudiera bien emplearos,
> gastélo, señora, en daros,
> deseándoos, mill suspiros;
> y entonçes con ynoçençia
> y poca edad que tenía,
> agora que os serviría
> non vos puedo [haber] no.

These can scarely be the words of a young man. In the fifteen-thirties, the poet was middle-aged. It may have been while serving the youthful Don Pedro, who was born in 1516 [62] that he wrote this odd, almost pali-nodial poem. The other twelve are equally, though not explicitly, disenchanted. None of the thirteen appears beneath the rubric *A su amiga,* and that is surely because he no longer has a mistress—in *Yo me vi enamorado* he addresses his *former* mistress—instead, he pays polite compliments all around, and some of his poems are significantly headed *A vna señora,* not at all the same thing as *A su amiga.* Garci Sánchez was clearly constrained to write such pieces. It appears to have been a degrading experience. Anecdote V, which is psychologically convincing, although one cannot be sure that it is not apocryphal, describes Garci Sánchez's reaction to his poverty and dependence. It is one of wounded pride and bitter resentment. The poet seems painfully conscious of being treated more or less like a court buffoon. It is easy to understand his touchiness: a grave and gifted poet, deservedly celebrated for the quality of much of his earlier work, he is now expected to perform, to say something amusing and witty for a slice of candied lemon peel. His madness, too, is doubtless considered very funny. But his reply is cruel and savage. Since he has been humiliated, he quickly snatches at the surest way of humiliating his humiliator: by referring, in front of everyone, to the latter's Moorish blood. As unpleasantly as he can, Garci Sánchez is asserting his superiority—social, intellectual and racial—over the unfortunate half-blood, making him pay dearly for a guileless display of arriviste brashness. Anecdote VI illustrates the poet's resentment of the popular equation of madness and stupidity; Anecdote VII is a more amusing indication of his contempt for the dull-witted. The Anecdotes in general

---

[62] Bethencourt, *op. cit.,* VI, 188.

present Garci Sánchez as a sharp-tongued and ingenious eccentric and, on the whole, an amiable one; but in the ones cited above, which appear to refer to his later life, the poet's wit seems soured by humiliation: the humiliation of his servile position and that of his insanity.

Finally, there is a brief flash of resentment in *Después, damas, que aquí entré,* a poem in this group which, more than anything else he wrote and more than any anecdote, reveals the pathetic nature of Garci Sánchez's dependence. Applying himself earnestly to his unenviable task, the poet addresses several ladies in turn, praising their beauty with hollow hyperbole and dutifully feigning love for all of them. To the ladies, this eccentric figure is no more than a clown, and they find his grave flattery hilarious. Clearly upset, the poet politely appeals to them, «No se pase todo en rrisa» (III, 4), politely, for they are ladies: he must accept his humiliation and continue to improvise verses on their beauty, as he is expected to do for their entertainment. It will have seemed to him a double indignity: in the past his family was respected and, in the past, so was he, for he had been a serious poet.

We have already noted the absence of evidence that Garci Sánchez served any family other than that of the Condes de Feria. A word, now, about the history of that family. The title of Conde de Feria was not old: it was given to Lorenzo Suárez de Figueroa in 1468. [63] His father, Gómez Suárez de Figueroa, was a petty noble, described as a «Rico-hombre» and «primer Señor de Feria y Zafra». [64] The rise in the family's fortunes followed the decline of those of the Sánchez de Badajoz. On acquiring the title, the Suárez de Figueroa soon married into the higher nobility. The second Conde de Feria married María de Toledo, a daughter of the first Duke of Alba. [65] Don Lorenzo Suárez de Figueroa became the third Conde de Feria in 1515 and, continuing his father's precedent of choosing an aristocratic wife, married Catalina Fernández de Córdoba, the second Marquesa de Priego, a member of the highest nobility (the House of Medinaceli). [66] In 1523, Charles V wrote to Don Lorenzo from Valladolid and asked him to send reinforcements to help recover Fuenterrabía from the French; and in the same letter, addressing him as *primo,* the Emperor begged him to leave Zafra and follow the Court. [67] Francesillo's references to the poet in 1525 and 1527 now make sense: he must have followed the Court in these years as a member of Don Lorenzo's retinue. This accounts satisfactorily for the poet's presence in 1525 at the *juegos de caña* in Toledo. And it suggests that the British Museum *Cancionero's* thirteen additional poems might have been written during the period when

---

[63] *Op. cit.*, 168.
[64] *Ibid.*
[65] *Ibid.*
[66] *Op. cit.*, 169.
[67] *Op. cit.*, 179: "Y demás desto os ruego que vengáis en persona en seguimiento nuestro, que en ello me haréis mucho placer y servicio."

Garci Sánchez was serving Don Lorenzo—that is, between 1515 and 1528—for in the latter year Don Lorenzo's son was only twelve years old. But of course, precisely how late these apparently late poems are is a matter of opinion.

Garci Sánchez's taste of life at the Emperor's Court was probably over by 1528, the year in which Don Lorenzo died in his palace at Zafra. [68] For, presumably, in that year, the poet entered into the service of his son, Don Pedro, who was opposed on moral grounds to the ways of the Court, and who actually turned down the offer of the post of Mayordomo Mayor to Prince Philip (the future Philip II), as we have seen. [69] Garci Sánchez may therefore have lived in or around Zafra for the rest of his life. We do not know that he was not alive in the middle of the sixteenth century but, on the whole, this seems improbable. I have been unable to discover any evidence of his activities after 1534. It is most unlikely that he died as early as 1534, however, since it was not until December of that year that Gregorio Silvestre met him. Perhaps it is also unlikely, given his fame as a poet, his notoriety as a lunatic, and what we know of his character, that he lived on for many years in obscurity and silence.

In his *Octava rima,* published in 1543, Boscán sees Garci Sánchez as a poet of the past:

> Y otro, que agora a la memoria ocorre:
> Que por amar perdió del seso el hilo:
> Garcisánchez se llama, ésta [the Virtue of Love] le puso
> En las finezas, que d'Amor compuso. [70]

Compare this with the way he refers, two stanzas later, to his friend Garcilaso:

> Y aquel que nuestro tiempo truxo ufano:
> El nuestro Garcilaso dela Vega. [71]

Garci Sánchez was alive at the end of 1534 and might have lived several years longer, but Garcilaso died in 1536. It is perhaps at first surprising that Boscán apparently treats them as though they belonged to entirely different periods. But there are several good reasons for this: (a) Garci Sánchez, although he may have outlived Garcilaso, belonged to an earlier generation; (b) as a poet, too, Garci Sánchez belonged to an older 'generation', since he did not use Italian metres; (c) Garci Sánchez was at the height of his fame in 1514 when Garcilaso was still a child; (d) what Boscán remembers about Garci Sánchez is that he went off his head, and this happened before 1514. Besides, Boscán might have taken

[68] *Op. cit.,* 180.
[69] *Op. cit.,* 191. Quotation to this effect on p. 16 of the present essay.
[70] *Las obras de Boscán y algvnas obras de Garcilasso dela Vega repartidas en qvatro libros,* Barcelona, 1543, Libro Tercero, f. 153ᵛ.
[71] *Ibid.,* f. 154.

it for granted that Garci Sánchez did not outlive the reign of the Catholic Monarchs, that he died before Isabella. This would be an understandable assumption to make about a poet whose most accessible work is found in the *Cancionero general*. Boscán's own words indicate that he did not know much about Garci Sánchez.

If Garci Sánchez lived on into the fifteen-forties one would expect references to him as a cultivator of Castilian metre. [72] But no such references have been found. Perhaps he accompanied his master to Flanders in 1541 (this might account for his silence). [73] If so, he probably died there, for Don Pedro returned to Spain in 1545 and, the following year, settled down in Zafra, where he spent the rest of his life.

SUICIDE?

Garci Sánchez's birthplace and madness are, as we have seen, mentioned by his contemporaries, but no contemporary support has been found for claims that he was in love with a close relation—thought to have been a cousin—and committed suicide. The earliest extant statement of the former claim was made by Nicolás Antonio in 1672: «Is cum ex amore propinquae cujusdam foeminae insaniam contraxisset...»; [74] of the latter, by Vicente Nogueira in 1637: «Doppo qual profanamento»—*i.e.,* the poet's irreverent adaptation of the Office of the Dead—«il detto Garci Sánchez, come di Theopompo si racconta, si impazzi, et al fine si ammazzo con le propie mani». [75] In 1797, José Luis Velázquez wrote that in Garci Sánchez's poetry «se ve bien pintada la terrible pasión que le quitó el juicio y ocasionó su muerte, habiéndose enamorado de una prima suya». [76] It is curious that the poet's alleged love for his cousin is mentioned, since it would not in itself be of great significance, unless we were to infer that the barrier of consanguinity impeded its fulfilment and brought him to a tragic end. It is not clear whether this is what Velázquez was suggesting. In any case, the inference is improbable, since marriages between cousins were not seriously opposed by the ecclesiastical authorities, [77] and since, moreover, poets and their mistresses did not normally marry. It may be a simple, unilluminating fact that he was in love with a cousin. But it may equally, together with the alleged suicide, be part of a posthumous myth that appears to have evolved about Garci Sánchez, similar, no doubt, to

[72] The published works of Boscán and Garcilaso acquainted a wide public in the fifteen-forties with Italian verse-forms, against which traditionalists, notably Castillejo, held out.

[73] More accurately, 1541 was the year of Don Pedro's departure from Spain for Algiers; from there he went first to Germany and then to Flanders, returning to Spain four years later. See Bethencourt, *op. cit.,* VI, 189.

[74] *Biblioteca hispana,* I, Rome, 1672, 395.

[75] *Discurso...,* *loc. cit.*

[76] In his *Origen de la poesía castellana,* Málaga, 1797, 49.

[77] I refer to cousin-marriages among the nobility only; a brief consultation of any *nobiliario* gives an idea of how frequently they took place.

the popularly-accepted ones about those two other tragic lovers, Macías and Juan Rodríguez del Padrón. There is a fanciful account by an anonymous sixteenth-century author of Padrón's amorous adventures which appears to form part of a collection of biographies or tales about troubadours. [78]

There was an account of Garci Sánchez's adventures too, but it has not survived. The fact that there is no extant contemporary suggestion of his love for a cousin or his suicide makes one suspect that both allegations originated in some such account; and the tone of his later poems casts further doubt upon assertions that unrequited love drove him to take his life. In any case, unsupported allegations about Garci Sánchez made as late as the seventeenth and eighteenth centuries are naturally suspect.

But they are by no means to be dismissed out of hand: they could have sprung from tradition or written evidence no longer available. Those with the depressive symptoms Garci Sánchez appears to have had are prone to impulsive acts of violence, including the taking of their own lives. In prison, he seems especially preoccupied with death and, at times, even to be contemplating suicide:

> No sé de mí qué hazer
> si el morir no me socorre:
> ¿quién podrá al preso tener,
> el cuerpo en aquesta torre,
> y el alma en vuestro poder?

Elsewhere, he says:

> Despedido de consuelo,
> con pena de amor tan fuerte,
> queriendo darme la muerte, *etc.*;
>
> No se puede remediar
> con la vida mi dolor:
> que la muerte es [la] mejor.

Talk of death is of course a commonplace of *cancionero* poetry, but in Garci Sánchez's work the references to it seem so unusually frequent and insistent as to suggest an authentic obsession. [79] That such a man as

---

[78] This biography of Rodríguez del Padrón, a manuscript, was published in the *Revista de Madrid*, November 1839, and reprinted in the appendix to the *Obras de Juan Rodríguez de la Cámara, o del Padrón,* ed. A. Paz y Melia, Bibliófilos españoles, XXII (1885).

[79] Statistical evidence confirms this impression: on average, Garci Sánchez mentions death once every ten lines; Lópe de Stúñiga once every fourteen; Alonso de Cardona once every fifteen; Luis de Biuero once every nineteen; Jorge Manrique once every twenty-one lines; and Antonio de Velasco once every twenty-three. Thus, Garci Sánchez mentions the subject aproximately 1 ½ to 2 times as often as a random selection of *cancionero* poets.

3

he should commit suicide would not, one imagines, greatly astonish anyone. But there is no evidence that he did, and we are bound to reserve judgement.

LITERARY REPUTATION

To what extent Garci Sánchez would have won attention on poetic merit alone it is impossible to say. His poems certainly remained popular throughout the sixteenth century, despite enthusiasm for Italian forms. Or, perhaps, because of this enthusiasm: the Italianisers, being numerous, doubtless drove traditionalists to give Garci Sánchez more attention than he might otherwise have received. But he was praised by both, and generally considered one of the major poets of his time.

For Antonio de Villegas, he is the most famous writer of amatory verse, coming before Jorge Manrique and Juan Rodríguez del Padrón. Addressing Love, Villegas exclaims:

> Tú diste a los famosos trobadores
> el son, la consonancia, el concierto,
> la furia, las sentencias, los primores.
>
> Tú heziste a Garci Sánchez tan despierto
> y tú le diste al mundo, y le lleuaste,
> y tú le tienes viuo, siendo muerto.
>
> A don George Manrique tú le honraste,
> y al otro Juan Rodríguez del Padrón
> la pluma y pensamiento leuantaste. [80]

Lope de Vega asks nostalgically: «¿Qué cosa se iguala a una redondilla de Garci Sánchez o de D. Diego de Mendoza?» [81] Miguel Sánchez de Lima places Garci Sánchez in very exalted company—that of Petrarch, Boscán, Montemayor and Garcilaso:

> *Calidonio...* también en estos nuestros tiempos se han hallado, hallan, y hallarán autores que han escripto, y cada día escriuen cosas con que los discretos auiuan sus entendimientos, con los auisos, sentencias y dichos agudos, que por memoria de los tales autores han quedado, quedan y quedarán hasta el fin del mundo. Y sino mirad a vn Petrarcha, Boscán, Montemayor, Garcilaso dela Vega, y Garci Sánchez de Badajoz: que aunque ha muchos años que son passados, hallaréys que son harto más nombrados agora por sus obras, que en su vida lo fueron por sus personas. *Silvio.* Ellos fueron en el tiempo en que la Poesía era verdaderamente Poesía, y tenía más grauedad que agora tiene. [82]

[80] Antonio de Villegas, *Historia de Píramo y Tisbe,* in *Inventario,* Medina del Campo, 1565, f. 75. The first three lines of this quotation are given by Marcel Bataillon, on p. 45 of the article discussed in footnote 101.
[81] Lope de Vega, *Isidro,* ff. 6r-6v.
[82] Miguel Sánchez de Lima, *op. cit.,* 12.

It may surprise to find Garci Sánchez thus thrown in with an Italian and three *italianizantes*. It looks as though Sánchez de Lima was either listing his favourite poets—*qua* poets—or the most famous names.

Resentment of the *italianizantes* found a spokesman in Cristóbal de Castillejo. In his satirical polemic *Contra los que dejan los metros castellanos y siguen los italianos* he has Garci Sánchez wish that his life and sanity were restored to him so that he might join battle with these heretics:

> ¡Quién me otorgase, Señora,
> Vida y seso en esta hora
> Para entrar en campo yo
> Con gente tan pecadora! [83]

The fact that Castillejo chooses Garci Sánchez to champion the native metres may perhaps be taken as an indication of the esteem in which our poet was held. That this esteem was not confined to the traditionalists is shewn by Herrera, who describes Garci Sánchez as a «dulcísimo i marauillosamente afetuoso poeta». [84] Castillejo approved of peninsular metres but poked fun at extreme expressions of courtly love. Thus, in *Contra los encarecimientos de las coplas españolas que tratan de amores,* Garci Sánchez is the butt of Castillejo's satire:

> ...aquellos extremados,
> Que por estilo perfeto
> Sacan del pecho secreto
> Hondos amores penados:
> Son del cuento
> Garci-Sánchez, y otros ciento
> Muy gentiles caballeros,
> Que por esos cancioneros
> Echan sospiros al viento [85].

The anonymous author of the *Panegyrico de la poesía* (1627) politely praises a handful of poets, but reserves his enthusiasm for Garci Sánchez:

> El comendador Román escriuió muy bien, Soria muy dulce, don Diego Carrillo muy afectuoso: ¿quién más propio que el Comendador Avila? Fueron muy buenos Hernando Mexía, Diego de San Pedro; y de aquel tiempo, famosos, Iuan Rodríguez del Padrón, Romero, Durango, Ayllón: el Comendador Ludeña: y milagroso y de grandes pensamientos, y afectuoso, en esplicarlos, Garci Sánchez de Badajoz. [86]

[83] *BAE,* XXXII, 157.

[84] *Obras de Garci Lasso de la Vega con anotaciones de Fernando de Herrera,* Seville, 1580, 416.

[85] *Op. cit.,* 156.

[86] *Panegyrico por la poesía,* Montilla, 1627, f. 50ᵛ. Copy in British Museum, shelf-mark: 11825.de.17.

Francisco Manuel de Mello has Quevedo mention the well-attested wit of «nosso salgadissimo Garci Sánchez de Badajós, hum dos homens de mayor graça que o mundo teve».[87] At another stage in this imaginary dialogue, when Bocalino cites Rengifo, the author of *Mingo Revulgo*, and Jorge Manrique as good poets who wrote before Gregorio Silvestre, Quevedo retorts : «Mas venha também García Sánches, & Dom João Manuel con os seus cantares.»[88]

Jerónimo de Arbolanche affected to despise pre-Renaissance poets in a way which suggests sour grapes and an urge to be considered up-to-date:

> Ni se me entiende de nigromancia,
> Ni para devociones tengo vena
> Como el de Santillana la tenía,
> Ni saco *Farsas* d'escriptura ajena
> Como Bartolomé Torres hacía
> En su tiempo, ni como Cartagena
> Me he preciado jamás de muy coplero,
> Ni saco yo invenciones por dinero
>
> Ni sé hacer la *Pasión*, como hizo Diego
> De Sampedro, y después *Cárcel de amores:*
> Que lo uno pareció oración de ciego
> Y lo otro cuento para cavadores.
> Ni como el *Cuestión de amor* yo niego
> Mi nombre a los solícitos lectores,
> Ni como Badajoz hago el *Infierno,*
> Con estilo más viejo que moderno.[89]

Jorge Ferreira de Vasconcellos mentions Garci Sánchez in four plays. In one, a bragging Castilian asks his friends «quién trouó como Iuan Royz del Padrón, el Bachiller de la Torre, Cartagena, Garcisánchez, y mil cuentos dotros».[90] Remarks about courtly love in *Ulyssipo* include several references to Garci Sánchez:

> REGIO : Sabeis senhor que me consola? Tenho em tanta conta, & pareceme tão ultamente bem minha senhora que de ter por bem empregado tudo o que por ella posso sentir, me dou por satisfeito do que sinto.
> OTONIAM : Eu sou esse, & tendes muita razão, ja não tenho outra gloria se não ver quanto sinto de morrer nesta fe. Porque senhor fazer homen bom emprego de si, he grande acerto.
> REGIO : Pera que he falar nisso. Sabei que por esse respeito me não trocarei por Iuan Rodriguez del Padron.

[87] See *Hospital das letras,* in 1721 edition of *Apologos dialogaes,* 371.
[88] *Ibid.,* 346.
[89] In *Epístola de Jerónimo de Arbolanche a don Melchor Enrico, su maestro en artes,* Saragossa, 1566; reprinted in Gallardo, *op. cit.,* I, 231.
[90] *Aulegrafía,* Act V, Scene 9, f. 66ᵛ (1619 edition).

OTONIAM: Vos passãis pela vanagloria que homen tem de taes pensamentos? Quatro figas pero Garci Sanches. Pera que he nada senhor, não se verão dous homes hoje tão ditosos na sorte d'amor. E contudo eu queria achar meyos de viuer con esperanças.» [91]

COSTANÇA DORNELLAS: Ai senhor inda lhe eu ora digo. Longe ando de toda a alegria ha muitos annos despois que meti em hũa mortalha o conpanheiro que Deos me deu...

OTONIAM: Sabeis senhora que posso dizer eu a isto? Garci Sanchez dizia: Ia no llegará el plazer, donde llegó la tristeza. Eu derei ja no chegara o mal, donde chegou o remedio. [92]

Later, Regio deplores the rashness in love of certain pre-Renaissance poets:

Eu tambem por mais galante tenho o contemplarla, & não cometer cousa sem sua licença. E forão alguns deuaços, pelo tanto, que tem pera si, & o dize sem pejo na praça, sem auer que os apedreje; que o que entro nos fica em curteza, he julgado por ellas a paruoice: porque em tudo home comedido ganha pouco, & com ellas perdesse. E tratão de fazer bõ este seu erro cõ que o parou de Mancias foi desprezado; & o doudo de Graci Sanches ficou em aire; & o Gevara escarnecido; & outros, porque se darão por estas enleuaçoes de que se ellas não fião, antes as auisão pera se acautelarem de nos. [93]

The feeling that such poets were childish and unbalanced is humorously expressed in *Eufrosina*:

Sabeis o que passa, como dezia o galego, de longas vias longas mentiras. Eu não creyo tanto desses, e que o cresse. Foy hũa paruoyce que então auia. Agora somos homens maduros e discretos, como o filho da velhice. Pretendem ja mais cada hum seu propio proueyto, que essas vaidades d'amores que passarão. E esse cabrão de Juan Rodriguez del Padron, que se vivera agora andara aas canastras. E a essoutro Badajoz deranlhe mil çapatadas. Que en tempo tam sengo como este, não se sofrem openiõs vãas, hipocresias mais ainha. E assí não vereys jagora os namorados que forão, que andauão desuelandos etegos e cegos. [94]

Lastly, in this speech from *Aulegrafía*, the voice of religious orthodoxy joins in the disapproval:

Eu senhor tenho minha poesia noua, & faço minha viagem por fora da rota de Ioão de Lenzina, & benzome da vitola dos anti-

[91] II, 2, f. 85ᵛ (1618 edition).
[92] IV, 2, f. 187 (1618 edition). Reference is made in this passage to the last two lines of Garci Sánchez's poem, *El graue dolor estraño*.
[93] V, 2, f. 233 (1618 edition).
[94] V, 5, pp. 311-312 of CSIC edition, Madrid, 1951—based on first edition (1555).

gos como de espirro; porque são musicos de fantesia sem arte,
& não alcanção o bom dagora, que tem furtado o corpo a ido-
latrias contempratiuas quando lhe dezia; en tus manos la mi
vida encomiendo condenado, y então luego morrião; vinhão os
testamentos, os infernos damor, & tudo era ayre. E vos jaseys
na cama, & eu ando pela lama, & a dita senhora sua dama. [95]

Gracián was interested in Garci Sánchez's poetic technique, especially
in his use of the paradox. In a chapter of his *Arte y agudeza* headed «De
los conceptos por una propuesta extravagante, y la razón que se da de la
paradoja», he cites an example:

> En la propuesta y en la razón de ella suele intervenir variedad,
> porque unas veces la proposición suele ser la repugnante y pa-
> radoja, como ésta de Garci Sánchez:
>
>> Tan contento estoy de vos
>> que estoy de mí descontento
>> porque no me hizo Dios
>> a vuestro contentamiento.

Later, in the same chapter, he expresses admiration for one of Garci
Sánchez's conceits:

> Por una valiente paridad, y ponderando el exceso del extremo
> con el mayor término, dijo Garci Sánchez:
>
>> Ved que tanto es más mortal
>> que la muerte mi tormento
>> que todos mis males siento
>> sino el fin que no es mal. [96]

Nicolás Antonio claimed that Garci Sánchez was a «poeta suo tem-
pore nulli secundus». [97] He is second only to Jorge Manrique in the judgment of Juan de Valdés, who held all but five of the *Cancionero general*
poets in contempt:

> En el mesmo Cancionero hay algunas coplas que tienen buen
> estilo, como son las de Garci Sánchez de Badajoz, y las del ba-
> chiller de la Torre y las de Guevara, aunque éstas tengan mejor
> sentido que estilo, y las del marqués de Astorga. Y son mejores
> las de don Jorge Manrique que comiençan 'Recuerde el alma
> dormida', las quales a mi juizio son muy dignas de ser leídas y
> estimadas assí por la sentencia como por el estilo. [98]

Quintana considered Santillana, Mena, Jorge Manrique and Garci
Sánchez the outstanding poets of the pre-Renaissance —a period with

[95] F. 78ᵛ (1618 edition).
[96] *Arte de ingenio, tratado de agudeza*, Madrid, 1642. Discurso XXIV; *Obras
completas de Gracián*, Madrid, 1944, 149 and 151.
[97] *Bibliotheca hispana*, I, Rome, 1672, 395.
[98] *Diálogo de la lengua*, Ms, Naples, c. 1533; CA, 1944 edition, 132.

which he is markedly out of sympathy. Garci Sánchez «escribió coplas con mucho calor y agudeza». [99]

José Luis Velázquez says (1797) that Garci Sánchez equals Jorge Manrique «en pureza de estilo». [100]

Finally, Marcel Bataillon wrote in 1952 that Garci Sánchez's poetry was «la obra lírica más notable tal vez de todo el siglo xv español por la gravedad patética de su resonancia». [101] Bataillon accepts the usual assumption that Garci Sánchez was a fifteenth-century poet, but his judgment is not invalidated by the fact that Garci Sánchez wrote at the beginning of the sixteenth century since most of his *kind* of poetry was written in the fifteenth century, and it is natural to associate him with it. For poetical purposes, the fifteenth century might be said to end about 1520.

MUSICAL REPUTATION

Near the end of the sixteenth century, Fray Jerónimo Román—exaggerating a bit, perhaps—said that there cannot have been anyone in the reign of the Catholic Monarchs who played the *vihuela* with such skill as Garci Sánchez. [102] He is alleged to have accompanied himself with this instrument while composing verses. This is not to say that he wrote music: he may simply have used existing airs. The *Cancionero musical* ascribes no musical composition to Garci Sánchez. But many of its settings are anonymous. Perhaps one of the anonymous settings of *Mortales son los dolores* was by Garci Sánchez. [103] On the other hand, since so little profane music is extant, it is perhaps unlikely that any music Garci Sánchez might have written would have reached us. The question whether he wrote music must therefore remain an open one.

The taste for profane music was considered disreputable among the pious minority; by some, it was even judged sinful. Fray Juan Bermudo was especially censorious. Writing in 1555, he says.

> El mal que los poetas y cantores han hecho en la república christiana con sus torpes coplas y pestíferos cantos, los que en el otro mundo están, lo saben por el castigo; y alos biuos ruego a Dios que se lo dé asentir para que de ello hagan penitencia. Grande es la pestilencia que por ellos ha venido. Dios por su infinita

[99] Manuel José Quintana, *Introducción a la literatura española, BAE*, XIX, 130.
[100] *Loc. cit.*
[101] Marcel Bataillon, "¿Melancolía renacentista o melancolía judía?", in *Estudios hispánicos, Homenaje a Archer M. Huntington*, Wellesley, Mass., 1952, 39-50. Two points in this article call for comment here. 1. M. Bataillon thinks Garci Sánchez may have been a *converso*, but makes it clear that he has no evidence to support this possibility; attributing 'Jewish melancholy' to poets in the hope of shewing that they are conversos is, surely, to beg the question. 2. On p. 46, M. Bataillon says that Garci Sánchez "no llegó al suicidio como Macías", but—again—without evidence.
[102] See Anecdote IX (*b*).
[103] See p. 5 of this biography.

bondad embíe prelados, que lo mal hecho castiguen, y destruyan; y en lo que está por venir, pongan remedio: para que cesse tan diabólica enfermedad, y buelua la Música a su primera honestidad. [104]

One wonders whether the good cleric, a native of Écija, may not have had Garci Sánchez in mind, particularly when he says, «No es de todos entendidos los males causados por los torpes cantares», and «Tan mal han tractado los moços la Música, que para dezir a vno ser loco basta dezir que es cantor». [105] His work is esoterically technical and does not mention any profane musician by name. And it exhibits a slightly contemptuous disapproval of the popular forms: «En España ay infinidad de cantantes, muchos buenos cantores, y pocos músicos». [106]

As a writer of idolatrous verse and a player of profane music, therefore, Garci Sánchez was, to some, doubly disreputable. But despite this, and perhaps because of the ways his madness affected him, he seems to have been regarded as an amiable eccentric, especially admired for his quick-witted sallies. This, at any rate, is the consistent picture that emerges from stories told about him. We have no way of knowing whether they are true or apocryphal, but the fact that, coming from various sources, they nevertheless build up a coherent picture of Garci Sánchez, permits us to assume that they may throw at least some light on the real character of the man. That is why they are appended to this biography.

BADAJOZ EL MÚSICO

Garci Sánchez's reputation as an accomplished *vihuelista* has caused him to be confused with Badajoz el Músico, a professional musician at the Court of João III. [107] There are some poems by him in the *Cancionero general* where he is called either Badajoz el Músico or «Badajoz». The rubric above his works reads: «Comiençan las obras de Badajoz el Musico», *etc.* He has eight pieces, set to music by himself in the *Cancionero musical,* wich refers to him as «Badajoz». His real name was João de Badajoz. [108]

When Barbieri discovered the *Cancionero musical* he took Badajoz to be Garci Sánchez. [109] He changed his mind when he found in a book published in 1547 a printer's note about «Badajoz, musico da camara del rey nosso señor». [110] Cotarelo did not confuse Garci Sánchez and

[104] *Declaración de instrumentos,* Osuna, 1555, f. 11.
[105] *Ibid.*
[106] *Op. cit.,* f. 10^v.
[107] Theophilo Braga, *Historia da Universidade de Coimbra,* I, Lisbon, 1892, 581.
[108] Antonio Caetano da Sousa, *Provas da historia genealógica da casa real portugueza,* VI, Lisbon, 1739-622.
[109] See Menéndez y Pelayo, *Antología...,* Madrid, 1944, 142.
[110] Braga, *loc. cit.*

Badajoz el Músico; instead, he thought the latter and João de Badajoz two different persons. But Antonio Caetano da Sousa makes it clear that they were not.

Amador de los Ríos, Menéndez y Pelayo, Carolina Michaëlis de Vasconcelos and others have stressed the fact that Badajoz el Músico and Garci Sánchez were not the same person.

Diego Sánchez de Badajoz

Standard works of reference suggest that Diego Sánchez de Badajoz and Garci Sánchez were related. The notion persists: Martín Jiménez states—without explanation—that Garci Sánchez was Diego's uncle. Other degrees of kinship are suggested from time to time. That they were not related at all was satisfactorily established by López Prudencio in 1915. [111] He points out that Diego was known both as Diego Sánchez de Badajoz and Diego Sánchez de Talavera. He was parish priest of Talavera, a village in the diocese of Badajoz. Outside this area, he was known as Diego Sánchez de Badajoz, inside it, Diego Sánchez de Talavera. His name was plain Diego Sánchez, to which in his signature he always prefixed the words *El Bachiller*. Had he belonged to the Sánchez de Badajoz family, he would hardly have refrained from letting this be known.

[111] J. López Prudencio, *op. cit.*

ANECDOTES

I

(*a*) En una ciudad a do residía Garci-Sánchez de Badajoz, era costumbre, que el día del Corpus hubiese una joya para el Sacristán que sacase mejor invención. Vino a Garci-Sánchez un Sacristán que no estaba bien vestido, en especial de calzas, que las trahía muy rotas, y le dixo: Señor, ¿qué me aconseja V. que saque para esta fiesta? Respondió: unas calzas. [112]

(*b*)
> A Garci Sánchez pedía
> un sacristán que le hallase
> una invención que sacase
> su manga de cruz un día;
> pero viéndole el calzón
> roto, y en pedir prolijo,
> saca unas calzas, le dijo,
> y será buena invención. [113]

II

Trayan a vn sobrino de Garcisánchez dos mugeres en casamiento, de las quales la vna era de muy buena parte, sino que auía hecho vn hierro de su persona; y la otra era confessa, con la qual le dauan vn cuento en dote. Llegando este mozo a demandar consejo y parescer a su tío sobre quál de aquéstas tomaría por muger. Respondió le assí: Sobrino yo más querría que me diessen con el cuento que no con el yerro. [114]

III

Al affamado poeta Garci Sánchez de Badajoz, el qual era natural de Écija ciudad en el Andaluzía. Este varón delicado no solamente en la pluma mas en prontamente hablar. A éste le acaesció que estando enamorado de

[112] Melchior de Santa Cruz, *Floresta española, de apotegmas, o sentencias, sabia y graciosamente dichas, de algunos españoles,* Toledo, 1574; ed. Ramón Ruiz, *s. l.,* 1790, 125.

[113] Lope de Vega, *Quien ama, no haga fueros,* in *Obras de Lope de Vega,* edition of the Real Academia Española, Madrid, 1930, 405.

[114] Juan Timoneda, *Aliuio de caminantes,* Medina del Campo, 1563, f. 62.

vna señora la fue a festejar delante de vna ventana de su casa, a la qual estaua apartada. Pues como encima de su cauallo le hiziesse grandes fiestas, dando muchas bueltas por su seruicio: acertó a tropeçar el cauallo, y como la señora lo viese casi caydo en tierra, dixo de manera que él lo pudo oyr. Los ojos, respondió él tan presto, y sin tener tiempo para pensar lo que auía de dezir: Señora y el coraçón vuestros son. [115]

IV

Preguntó vno a Garci Sánchez porqué cauza hauiendo hecho tan buenas coplas, las hazía entonces tan malas, respondió: Porque agora no ando enamorado. [116]

V

Allegóse un caballero a una rexa do estaba Garci-Sánchez de Badajoz, el cual venía a caballo y rogó a Garci-Sánchez dixese algún buen dicho, y envió a un Paje por una caxa de diacitrón, y dio una tajada a Garci-Sánchez. Tomó él otra y lo demás repartió a los que estaban allí. Tornándole a rogar que dixese algo, respondió: «Todos me miran a pie y el Moro Zaide a caballo.» Dixo esto porque aquel Caballero era hijo de una Morisca. [117]

VI

(a) Salióse un día Garci Sánchez de Badajoz desnudo de casa por la calle y un hermano suyo fue corriendo tras él llamándole loco y que no tenía seso. Respondió él: Pues, ¿cómo? ¡Hete sufrido tantos años yo a tí de nescio y es mucho que me sufras tú a mí una hora de loco! [118]

(b) Garci Sánchez de Badajoz, príncipe de los trovadores de las coplas castellanas, enloqueció de amores, a lo que dicen, aunque yo pienso que porque profanó a la Sagrada Escritura, que fueron las Liciones de Job; y un hermano suyo, que era de bando contrario, le dijo: «Recia cosa es que hemos de sufrir aquí un año a este loco.» El dijo: «Señor, no es mucho que me sufras un año de loco, pues yo os he sufrido de nescio tantos años.» [119]

---

[115] Juan Aragonés, *Cuentos,* in Timoneda, *op. cit.,* f. 13ᵛ.
[116] Francisco de Portugal, *Arte de galantería,* Lisboa, 1670, 72.
[117] Santa Cruz, *op. cit.* (ed. Ruiz), 119.
[118] Luis de Pinedo, *Libro de chistes, s. l., s. a.* (16th century); in A. Paz y Melia, *Sales españolas o agudezas del ingenio nacional,* Madrid, 1890, 295.
[119] Luis Zapata, *Miscelánea* (c. 1595); in *Memorial histórico español,* XI (1859), 401.

VII

El mismo a su hermano, que estaba enfermo, le preguntó: ¿Cómo os va, hermano? Dijo él: «Cómo queréis que me vaya, que tengo una calentura lenta, lenta que nunca se me quita.» «Cómo—dijo él—no ha de ir lenta si va en asno?»[120]

VIII

(a) A Garcisánchez le acaesció, que estando penado por vna dama subió se muerto por sus amores a vn terrado que tenía, desde donde algunas vezes la podía ver. Y estando allí vn día vn grande amigo suyo lo fue a ver. El qual preguntando a sus criados que a dónde estaua, le fue dicho que allá arriba en el terrado. Él se subió derecho allá, y hallando lo solo le dixo que cómo estaua allí. Respondió promptamente Garcisánchez: «A dónde puede estar mejor el muerto que enterrado.»[121]

(b) Estava Garci-Sánchez paseándose por un terrado y entró un Cavallero en su casa y preguntó: ¿Dó está el señor Garci-Sánchez? Respondió el mismo: «Dónde à de estar el muerto sino enterrado.»[122]

IX

(a) Dicen que Garci Sánchez el tiempo que salió de seso estaba componiendo aquellas coplas que comienzan: «salgan las lágrimas mías»; y como las componía tañía juntamente con la vihuela. Rogóle el Corregidor de la Ciudad do residía, un día que tañese y cantase. Él lo hizo y cesando dio la vihuela al Corregidor, diciendo: «Tome V. M. porque vea yo en poder de justicia a quien tanto mal me hizo.»[123]

(b) Quién pues dexara de hablar de un Garci Sánchez de Badajoz, cuyo ingenio en vihuela no lo pudo auer mejor en tiempo de los Reyes Cathólicos, y assí dando se mucho a amar y querer y a la música, perdió el juyzio, aunque no para dezir un gracioso mote, que le acaeció en Xerez de Badajoz, adonde estaua de continuo después que tuuo esta enfermedad. Y fue assí que como fuesse a Xerez un corregidor gran músico, y desseoso de ver a Garci Sánchez lo fuesse a visitar, y también porque era noble cauallero en estos reynos: El corregidor rogóle que tañesse un poco, porque acaso tenía el instrumento en las manos. El Garci Sánchez, que ya sabía que el corregidor peccaua un poco de aquel humor, dixo que no, mas que quedasse para el officio que lo haría mejor. En fin, que andando en sus cortesías y comodimientos, tanto pudo Garci Sánchez que vuo de entregar la vihuela al corregidor, y después que los dos tañeron, parecióle

[120] Zapata, loc. cit.
[121] Juan Aragonés, op. cit., f. 4ᵛ.
[122] Santa Cruz, op. cit., Valencia, 1580, f. 3.
[123] Santa Cruz, op. cit. (ed. Ruiz), 223.

al Corregidor que aquella porfía que tuuo el Garci Sánchez en dar de la vihuela no auía sido a caso, sino que lo hizo por algún respecto, y no queriendo estar con duda, dixo le: Señor Garci Sánchez, ¿por qué porfió vuesa merced tanto que yo tañesse primero? Respondió súbitamente (que en esto tuuo especial gracia): «Señor Corregidor, por ver en poder de justicia a la que tanto mal me hizo.» [124]

X

Garci Sánchez de Badajoz, hallándose con una espada en la mano dixo a un escudero, que estaba solo con él en una cámara: «¿Será buen tiro quitaros la cabeza de un golpe?» Respondió el escudero: «Mejor sería si llevásedes dos, que una no es mucho. Si queréis iré a llamar a otro.» Y así se escapó del aposento. [125]

XI

Preguntando un escudero que se decía N. Romero, a Garci Sánchez de Badajoz, si le conocía, respondió: «¿Pedís todavía por Dios?» [126]

XII

Estava espirando Garci Sánchez, quando se mandou vestir no hábito de São Francisco por acabar nelle: & como por cima lhe puzessem o hábito de Santiago, cujo Cavalleyro era, ficou com tanta roupa, notàvelmente pompozo; olhou para si, & vendo-se de tal sorte, dizem que disse aos circunstantes: «Agora dirá Dios: Mi amigo Garci Sánchez, muy arropado venís.» Y yo le responderé: «Señor, no se maraville, que partí en Invierno.» [127]

XIII

Llevaba un caballero chico de cuerpo una señora muy hermosa de la mano, y pasando cerca de un caballero que estaba leyendo unas coplas a su puerta, preguntó aquella señora qué coplas eran. Respondió: «Son unas lamentaciones de amor que hizo Garci Sánchez de Badajoz.» Díxole ella: «Esas más viejas son que la China gala.» Replicó el caballero: «Vm. es la *gala* y ese caballero es la *China*.» [128]

[124] Fray Jerónimo Román, *Repúblicas del mundo,* VII, Medina del Campo, 1575; 2nd edition, Salamanca, 1595, 304.
[125] Santa Cruz, *op. cit.* (ed. Ruiz), 225.
[126] *Ibid.,* 131.
[127] Francisco Manuel de Melo, *Hospital das letras,* ed. cit., 371.
[128] Santa Cruz, *op. cit.* (ed. Ruiz), 131.

XIV

(*a*) *Porque se dixo músicos y poetas carescen de seso.*

Estauan en corte juntos en vna posada por ciertos negocios, vn poeta y vn músico, a los quales seruía vn solo moço. Y estando los dos vna noche platicando, dixo el vno al otro: «¿Qué os paresce, señor, en qué reputación tienen estos cortesanos a los Poetas y Músicos, que nos llaman hombres sin seso?» Para eso, buen remedio, dixo el otro: «Ven acá, moço. Mañana traerás vn par de cabeçuelas de cabrito. Tome, cata ay los dineros. El moço, comprado que vuo por la mañana las cabeçuelas y puestas a punto para las comer, viendo que sus amos se tardauan de venir, aquexando le la hambre, sacó los sesos, y comidos,ató los como se estauan. Puestos sus amos a la mesa, y ellas delante vazías assí dixeron: «Ven acá, moço. ¿Qué es esto? Músico y Poeta carescen de sesos.» [129]

(*b*) A vn señor púsole vn page en la mesa vn plato con vna cabeçuela de cabrito sin sesos, que se los comió en el camino. Preguntó al page: «¿Cómo está esta cabeça sin sesos?» Respondió: «Señor, era músico.» [130]

[129] Juan Timoneda, *op. cit.*, f. 36.
[130] Santa Cruz, *op. cit.*, Valencia, 1580, f. 36

APPENDICES

I

12 Deciembre 1464.

Sentencia que pronunciaron el conde de Plasencia, el marques de Villena, Don Juan Pacheco, y Don Pedro Hernández de Velasco, Jueces diputados entre el Rey Don Henrrique 4.° y los Grandes y Prelados para resolver lo que occurriesse sobre la pacificación del Reyno, por la qual condenaron a Alfon de Badajoz secretario del Rey en privación perpetua de oficio y destierro de la Corte. En Medina del Campo 12 diciembre Año 1461.

Otra sentencia del mesmo dia contra Garci-mendez de Badajoz, condenandole en la mesma pena, y a que se le pusiesse a buen recaudo enla Mota de Medina del Campo hasta que diesse cuenta al Rey de las recaudaziones que havia tenido.

Y otra semejante sentencia contra Fernando de Badajoz pronunciada en el mismo día.

Y otra sentencia de otros Jueces en otro dia contra Alfonso de Torres, condenandole por parcial del conde de Ledesma en destierro de la Corte.

Y otra sentencia semejante y por la mesma causa contra el obispo de Calahorra.

Y otra por lo mesmo contra Alfonso de Herrera. [131]

I I

En la mui noble y leal ziudad de ezixa viernes veinte días del mes de Marso del nazimiento de nuestro saluador Jesu xristo de mil e quatrocientos e setenta y zinco años este dia en presencia de mi Alphon de Aguilar, scriuano de Camara de nuestro señor el Rey e scriuano del Consejo de la dicha Ciudad, e delos testigos susoscriptos estando ayuntados

[131] This is the text of a copy of the document in the Biblioteca Nacional, Madrid, Ms 13109, f. 173. In giving the year of the sentence as 1461, I have followed the text, although the heading gives 1464. Since the day and the month are the same in both cases, it seems probable that the discrepancy over the year was due to a slip of the quill, and that the date of sentence was either 12:XII:1461 or 12:XII:1464, and not any other year.

en la Casa Real del Cauildo segun lo hán de uso y de Costumbre los honrrados *Señores* y conxej*eros* Asistentes Alcaldes Alguasil Rexidores e jurados Caualleros, que se Ayuntaron enel Cauildo e Ayuntamiento de este dia, y estando su m*erce*d prezente el Comisario Francisco Velasco ennombre dela muy alta, y muy esclaresida Prinzesa Reyna y señora nuestra señora la Reyna D*oña* Isauel e por virtud delos Poderes que de su Alteza tenia, que ende mostró aviendo Reziuido delos dichos señores conxej*eros* e Azistente*s* la fidelidad juramento e omenaje que eran tenidos de fazer ala dicha señora Reyna como Primogenita heredera destos Reynos de Castilla, y de Leon e al muy alto e muy esclaresido Prinzipe Rey e señor nuestro señor el Rey Don Fernando su legitimo marido, luego dicho Comizario enel dicho nombre e por virtud de los dichos Poderes, dixo que juraua e juró, por el nombre de Dios e de santa María, e por las Palabras de los santos evangelios e por la señal dela Cruz, en que puso su mano derecha. E fizo pleito *o*menaje en manos de fernando sanchez de Vadajos Cauallero no fixo delgo una dos e tres veses según fuero y costumbre de españa so cargo del qual promettio e juro en Anima y presona de la dicha se*ñor*a Reyna de confirmar e guardar los Preuilegios e buenos vsos e costumbres e ordenanzas, e estasiones e libertades deesta Ziudad e dela Restituir enlo suio e de nunca la enagenar ni la apartar dela Corona Real de sus Reynos para la dar a ninguna persona aunque aquella sea consti-tuida en qualquiera Dignidad Real ni enotro qualquiera :

Item: que guardara e confirmara todas las mercedes e privilegios asi de juro de Heredad como otros quales quiera Generales e Especiales e oficios e facultades que los se*ñor*es Don fadrique Porto carrero e los otros Vezi-nos deesta Ziudad e tienen asi delos Reyes Profesiones dela dicha señora Reyna como del Rey Don Henrrique de Gloriosa memoria que Dios aia en todo e por todo según enlos dichos Preuilegios e mercedes e cada uno deellos se contiene, esto en quanto el puede e deue fazer, por virtud delos Poderes dela señora Reyna, e alos que ellos se estienden a todo lo qual fueron prezentes por testigos El B*achiller* Juan de Jaen e el B*achiller* Rui Gonzales de la Puebla, y Pero Gonzales *scriua*no fernando Gonzales de Bonillo, Portero del dicho Cavildo, e otros muchos Rexidores e jurados de esta Ziudad e deesto en como Paso di ende testimonio firmado e signado, que es f*ech*o del dicho dia mes i año sobre dicho ; Pedro Gonzales *scriua*no sotestigo—Alonso de Aguilar *scriua*no de camara del Rey nuestro señor e su notario *publ*ico en estos sus Reynos y señorios, y *scriua*no del conzejo dela dicha ziudad fuy prezente a todo lo sobre dicho, y sotestigo ; E fize aqui mio signo : Pedro Gonzales escribano sotestigo. Es copia de su ori-ginal con quien concuerda a que me refiero que para efecto de dar el prezente se saco del Archiuo desta dicha ciudad con asistencia del señor D*o*n J*ose*ph Obando, Corregidor deesta ciudad y delos Caualleros Diputa-dos llaveros deel, en donde se boluio a incluir con la misma, y para que conste en virtud de auto, proveido alos veinte y quatro de nov*iembre* proximo pasado deeste presente año por dicho señor Corregidor a pedimiento presentado por dichos señores Diputados deel, Doy el presente enel que a de firmar su señoría en Ezija en quatro de Diziembre de mil setezientos quarenta años.

> Don Joseph Ovando
> Yo Anttonio Díaz del Castillo, escribano del rey nuestro señor, y vezino de esta Ciudad de Ezija.
>   en testimonio de verdad
>   Signado
>   Anttonio Díaz
>   del Casttillo. [132]

I I I

Comiença el libro de la celestial jerarchia y inffernal laberintho metrificado en metro castellano en verso heroyco grave por un religioso de la orden de los minimos dirigido al illustre y muy magnifico señor don Juan de la Cerda, duque de Medina Celi Conde del Puerto de Sancta Maria.

P R O L O G O

Acuerdome, illustre y muy magnifico señor, quando el año pasado nuestro padre provincial y yo fuymos a ver a vuestra yllustre señoria: quiso (estando nosotros presentes y muchos nobles caualleros de su cassa) se leyese en no se que coplas que avie compuesto Garci Sanches de Badajos con una prima fiction y elegante dezir; en la que el ponie muchos cavalleros de España que el galanes cortessanos avie conocido. El fin para que se leyeron segun yo comprehendi fue para tomar nuestro parescer sobre la biuez del ingenio y elegancia de palabras del auctor de aquella obra. Adonde yo, preguntado, respondi que tenia yo compassion de un hombre de ingenio tan biuo y subtil, con tanta elegancia de palabras doctado, no se aver ocupado donde fuera mejor empleado—es saber, en servicio de aquel de quien todas las gracias vienen; las quales si para mayor juyzio no son recebidas a el an de ser reduzidas. Lo que el no hizo, mas por el contrario las cosas de la Sagrada Escriptura profanava trayendolas a su vano amor, o mas verdaderamente, furioso desatino, como paresce en la *Liciones de Job* por el trobadas; las quales quando me fueron mostradas no pude sino maravillarme porque despues de la elegancia de palabras estavan alli cosas tan primas del amor divino que no pude yo sino dezir que todo pecado, en especial este deste vano desatino es idolatria;

---

[132] *Refundición de privilegios de la ciudad de Écija*, I, No. 60; in the Archivo Municipal, Écija.

4

ca se da al ydolo lo que se deve a la Soberana Magestad de Dios, adonde esta suprema amabilidad con magestad incomprehensible. Pues por estos desatinos esta loco en cadenas al qual nuestro Señor con misericordia le privo de aquello que con su franca largueza le avie concedido porque para mayor mal suyo no largo poseyese lo que para su mayor bien le avie comunicado. Pues como yo conosciese quanta fuerça tenga este metrificado escrevir en los nobles y sabios coraçones—y alli se me maniffesto vuestra señoria serle afficionado—determineme escreuir este libro en este estilo aunque en la verdad de mi el fue muy poco acostumbrado y esto para que assi como en essos otros proffanos con la dulce cadencia del metro se traga el ponçoñoso venino que es verdadera muerte del alma; assi en este nuestro con la dulce cadencia cayesse el amor de las cosas celestiales adonde esta la vida verdadera...

Sera este libro para personas devotas y prudentes y sabios caualleros... [133]

I V

A 14 de octubre del año 1525, estando su majestad en Toledo... [*Rubric*]: De como estando el Emperador en Toledo, vinieron allí el cardenal de Salviati, legado del papa Clemente VII, y el maestro de Rodas y madama de Alenzón, hermana del rey de Francia, a demandar misericordia.

E como el legado fué entrado en la ciudad, el Emperador se fué para su palacio, y despues dende á ocho dias su majestad mandó ordenar fiestas e juegos de cañas; y este legado, por complacer al Emperador, salió con los demás perlados que en la corte se hallaron. Iban con él el arzobispo de Santiago, presidente de la corte, y el ministro de la Trinidad, y el canónigo Diego López de Ayala, y el obispo de Mondoñedo y maestre Liberal, médico, que parescía en su gesto que comía apio, y de un cañazo que le dieron le quedó la gamba coja y el brazo envarado; y salió también al juego don Francisco Ruiz, obispo de Avila, asido de una mano a Blas Caballero, canónigo, y de la otra a Samaniego, aposentador de su majestad. Salió también a las cañas don Diego de Ribera, obispo de Segovia, y el alcalde de Leguizamón, y el oidor Pedro de Guevara, limosnero, obispo de León, que si le hiciesen de Burgos no le pesaría; embrazadas sus adargas como buenos jinetes, é pusiéronse en sus puestos.

Del puesto contrario estaban el obispo de Canarias é limosnero, que si le hicieran de Toledo, á fe que no le pesara, y monsiur de Roloc Metenay, mayordomo, y la Trullera, que eran buenos jinetes desde su niñez, por ser criados en Jerez de la Frontera; y á la brida fueron con este legado, Pero Hernández de Córdoba, hermano del marqués de Comares, que de antes fue llamado «alcaide de los Donceles», y don Francisco Pacheco de Córdoba, y otros muchos caballeros, obispos, condes y perlados,

[133] *El libro de la celestial jerarchía, s. l., s. a.* [1511 ?]; in the British Museum, shelf-mark: C.63.k.13.

y los Vozmedianos, y el obispo de Almería, y Garci Sánchez de Badajoz, vecino de Écija, que por sus pecados tiene depositado el seso en don Hernando de León. [134]

V

Don Alonso de Cárdenas, Comendador mayor de León, era un onrado caballero e hijo de Don Garci López de Cárdenas, Comendador mayor de León, el qual Don Alonso vivía en Sevilla; e como en tiempo del rey Don Henrrique muriese en Trujillo el maestre Don Juan Pacheco, a quien el Rey avía dado aquella cibdad con título de duque de Trujillo, luego Don Alonso de Cárdenas, Comendador mayor de León, pretendió tener derecho al maestrazgo de Santiago, e se llamó maestro; pero tenía grandes contraditores en Don Rodrigo Manrrique, conde de Paredes e Comendador de Segura, que se llamava también Maestre, para tener favor bastante para lo alcançar a ser, paresciéndole que no avía otro señor de puertos abaxo tan pujante e próspero e de quien tanto favor e ayuda pudiese reçibir para su propósito, como de Don Henrrique de Guzmán, duque de Medina, conde de Niebla, para lo tener grato, ofreçióse en su serviçio, e llevó partido dél, e dos hijas que tenía casólas con dos hermanos bastardos del Duque: la mayor, que se llamava Doña Juana de Cárdenas, desposó con Don Pedro de Guzmán, que llamaron del Lunar, hermano del Duque; e como Don Pedro del Lunar murió, la tornó a casar con Don Pedro Puertocarrero, hijo segundo del maestre Don Juan Pacheco, de quien desciende hoy el marqués de Villanueva del Fresno, e la otra hija que le quedava casóla con Don Juan de Guzmán; quo otros llaman Don Juan Urraco, hermano bastardo del duque de Medina; e todo esto hazía para que con el favor del Duque se pudiese señorear del maestrazgo, la mayor parte del qual confina con tierra de Sevilla, la qual en esta sazón tenía el duque de Medina, porque estava apoderado en la cibdad de Sevilla con todas las fuerças que hay en ella y en las villas y castillos de Arazena, Frexenal, Aroche, Lebrixa, Alania, Constantina, Alcantarilla, e otros pueblos e fortalezas, e pidió favor e ayuda al duque de Medina, rogándole que le fuese valedor e ayudador para aver el maestrazgo, e que le prometía e jurava que cuando él no le pudiese aver para sí y lo hubiese de ser algún grande de Castilla, que al duque de Medina e no a otro daría su voto para Maestre, y entregaría los pueblos que tenía del maestrazgo. El duque con este trato pensó de aver el maestrazgo de Santiago, porque pensó que nunca Don Alonso de Cárdenas tuviera potencia para llegar a ser Maestre, teniendo tan grandes competidores como tenía, al conde de Paredes e al marqués de Villena; e que como Don Alonso de Cárdenas no lo pudiese ser, que así con su voto dél, como con las fortalezas del maestrazgo, que le prometió de entregar, que eran Xerez de Badajoz,

[134] BAE, XXXVI (1855), 37-38.

Llerena, Reyna, Montemolino e Hornachos, Medina de las Torres e otras, tendría él gran parte en el maestrazgo para ser Maestre: pero como murió el rey Don Henrrique y començaron a reinar los reyes Don Fernando e Doña Isabel, los quales por tener contentos al duque de Medina le embiaron la çédula que ya dixe, en que le hazían merced del maestrazgo de Santiago, tuvo con ella varios pensamientos, si se yntitularía maestre de Santiago por virtud de aquella çédula, o no. Finalmente, le paresció que no era bien tomar título de Maestre hasta tener el maestrazgo, por no quedar falto, aviéndose llamado Maestre si no llegase a serlo, e para tener alguna entrada que paresçiese justa para aver el maestrazgo, confederóse con Don Lorenço Suárez de Figueroa, conde de Feria, su primo segundo, que tanbién deseava ser Maestre. E casó Doña Isabel de Figueroa, hija del Conde de Feria, con Don Alvaro de Guzmán, hermano bastardo del duque de Medina, el qual Don Alvaro era hijo del Duque Don Juan de Guzmán e de Doña Catalina de Gálvez, una donzella de Sevilla. E tuvieron manera el duque de Medina e el conde de Feria que juntaron ciertos comendadores e hizieron alzar por maestre de Santiago a Don Diego Alvarado, comendador de Lobón, para que después quel Duque y el Conde con su ayuda e favor uviesen ganado e retenido los pueblos del maestrazgo, quel Don Diego de Alvarado renunçiase el maestrazgo en el duque de Medina, y el duque de Medina diese al conde de Feria ciertos pueblos del maestrazgo. E con este sonido e color de dezir el Duque que quería favoresçer e ayudar a su criado Don Diego de Alvarado, para que fuese Maestre, pensó de aver el maestrazgo, e si no lo pudiese aver no quedaba con tanta falta quanta si se llamara Maestre. Para lo qual juntó dos mil de cavallo, gente muy luzida, para yr a favorescer a su criado el maestre Don Diego de Alvarado, e salieron de Sevilla con el Duque muchos señores e cavalleros, entre los quales yua Don Martín de Cordoba, hijo del conde de Cabra, yerno del conde de Arcos, e Martín Alonso de Montemayor, nieto del conde Don Pedro Ponce y el mariscal Fernandarias de Saavedra e otros muchos. E fue a Araçena e de allí a Frexenal, donde salió el conde de Feria a reçebir al Duque, e de allí los dos departieron con sus gentes sobre Xerez, çerca de Badajoz; e como sabían la venida del Duque e del Conde, avíanse bastecido e artillado de tal manera que se defendieron, e estos señores fuéronse por Burguillos a Çafra. E de allí entraron poderosamente en el maestrazgo por los Santos, e dende a Ribera; estuvieron sobre Ribera algunos días, hasta que se le entregó el alcayde, e dende vinieron a Fuente de Cantos, donde allí y en otros pueblos del maestrazgo se detuvieron algunos días trayéndoles a su opinión; e hecho esto partióse el conde de Feria a combatir las Torres de Medina, y el Duque con su gente fue a dar vista al Llerenal, donde el Maestre estava, e pasó por cerca de la villa su gente muy bien reglada e acaudillada, pero no llevava la mitad de la gente que avía traído, porque muchos se avían despedido y a otros los avían despedido viendo que no eran menester, porque no hallavan con quien peleasen, e por los grandes gastos que se ofreçían, especialmente por algunos daños que hazían en los pueblos del maestrazgo, de lo qual al Duque le pesava mucho. E determinava el Duque de llevar su camino para Sevilla, por yr a çiertos negocios de importançia que se le avía ofrecido. Don Alonso de Cárdenas, que se llamava maestre de Santiago, asomóse entre las almenas a mirar las batallas del Duque como pasavan, e tuvo bien cerradas las puertas de la villa, e por todo aquel día no dexó a ninguno salir ni entrar en la villa; este día era martes de Carnestollendas del año de 1475. Y el Duque e su hueste se fueron aquella noche a aposentar a Guadalcanal con tanta siguridad como si estuvieran en sus casas, siendo por el contrario que los de Guadalcanal eran amigos del maestre Don Alonso de Cárdenas, el qual salió aquella noche de Llerena con hasta tresçientos e çinquenta de cavallo e quinientos peones e al quarto del alba, miércoles de la Ceniza, vinieron a Guadalcanal y enbiaron delante diez onbres, que entrando uno a uno cada uno por su calle, fuesen echando los cerrojos a las puertas; e estavan avisados los de Guadalcanal de tomar las armas e los frenos de los cavallos cada uno al huesped que tuviese en su casa, e con estos ardides de guerra dieron de súpito sobre Guadalcanal, tocando las tronpetas, e tañiendo atanbores, e diziendo ¡Cárdenas! ¡Cárdenas! A cuyas vozes, alborotados, se levantaron todos, e los vezinos matavan o prendían a la gente del Duque que tenían en sus casas, o deteníanles que no saliesen. El Duque, como tenía guarda en su casa y le velavan, como oyó el ruido, se levantó armó e cavalgó a cavallo, e salió al campo. Yvan con él Martín Suárez e Don Martín de Çafra e Martín Alonso de Montemayor, e otros caballeros, donde recogieron la gente que salía del Duque; e desque fue de día mandó el Duque a Don Martín de Córdoba e a Martín Alonso de Montemayor, que con dozientas e cinquenta lanças que avían recogido, tornasen a pelear con el Maestre, en la pelea fueron heridos estos dos señores de Córdoba, y el Maestre con su gente se entró en el pueblo, e se hizo fuerte en el, donde uvo algunas cosas de despojo, que no se pudieron sacar. E no quiso salir del pueblo a pelear con la gente del Duque; unos dizen que porque tuvo temor que la gente del Duque, que se avía recogido, no le quitasen la buena suerte que avía ganado; e otros, que por contemplación del Duque, que avía sido su señor, que estava en el canpo, no solamente no quiso salir a él, mas aún todas las cosas que halló en el pueblo que eran del Duque, las guardó o se las envió.

El Duque se vino a Alanís, e de allí prosiguió el camino que traía para Sevilla, e no tornó a dar sobre el Maestre, porque aquella mañana con la turbación se le huyó mucha gente a diversas partes, e quedava con poca. E porque dende a poco tienpo falleçió Don Rodrigo Manrrique, conde de Paredes, en la villa de Ocaña, que se llamava maestre de Santiago, no tuvo Don Alonso de Cárdenas contraditor al maestrazgo, antes lo uvo pacíficamente, con consentimiento del Rey e la Reina, con que fuese obligado a pagar en cada un año tres quentos de maravedís de las rentas del maestrazgo, para ayuda a los gastos de los castillos fronteros de moros... [135]

[135] Pedro Barrantes Maldonado, *Ilustraciones de la casa de Niebla*, Ms 1541, II, chapter 10; in Vicente Barrantes, *Catálogo razonado y crítico de los libros, memorias y papeles impresos y manuscritos que tratan de las provincias de Extremadura*, Madrid, 1865.

II
THE WORKS

NOTE ON THE PRESENT EDITION

This critical edition has no antecedents. Two modern collections of Garci Sánchez's poems reprint those in Castillo's *Cancionero general* and the *Lamentaciones de amores* from a *pliego suelto* version, but the task of editing and studying the poet's works was not undertaken [1].

Although the *Cancionero general* contains more poems by Garci Sánchez than any other anthology, over a third of the poems in this edition come from other sources. The most important of these is the British Museum *cancionero*, since it not only provides us with a wealth of variant readings for many of the poems in the *Cancionero general*, but also offers the greatest number of unique versions of poems by Garci Sánchez. All but one were published before the turn of the century by H. A. Rennert [2]. The fragment, *que después porque se esmera* (number 59 in this edition), now printed for the first time, escaped his attention because it appears to form part of the *Sueño*.

Hernando del Castillo's *Cancionero general* and the British Museum manuscript *cancionero Add. 10431* together provide all but ten of he sixty-four poems in the present edition. The variants shew that these two anthologies belong to different traditions, but there is nothing to shew that either tradition has more authority than the other, and the affiliation of the texts is as follows:

Original by Garci Sánchez

Copy or copies no longer extant	Copy or copies no longer extant
Cancionero general (1511 and 1514)	British Museum *Cancionero*

[1] R. Foulché-Delbosc's collection of Garci Sánchez's poems is in his most useful *Cancionero castellano del siglo XV*, *NBAE*, XXII (1915), 624-654, The other collection is J. M. Jiménez's «Cancionero de Garci Sánchez de Badajoz»..., *Archivo hispalense* (1947), 36-37, 193-236, 326-366; reprinted as a book, same title, Seville, 1948. Neither collection was intended as a critical edition. Jiménez mistakenly includes in his three poems by Diego de San Pedro: *No temo dama real, Quando junto me dolieron* and *Pues me tiene medio muda*.

[2] In his article, "Der Spanische cancionero des Brit. Mus.", *Rom. For.*, X (1895), 1-178.

Nevertheless, for the twenty-odd poems common to both collections, I have chosen as my basic text the *Cancionero general* because the equally-valid tradition of the British Museum manuscript is badly damaged in this sole surviving copy by inaccurate and fragmentary transcription. For example, the following stanzas of the *Infierno de amor* (number 51), as numbered in this edition, are omitted: VII, VIII, X, XIV, XX, XXIV, XXVIII; in another long poem, *Fantaseando las cosas de amor* (number 60), the following lines are missing: 94-97, 242, 253, 263-264, 285-286, 341. Short poems, too, are sometimes incomplete: line 8 of number 16 —which should have ten lines in all— is missing. Number 39, on the other hand, has an extra line at the end, while the last stanza of number 52 is included —notwithstanding its greater length and different rhyme-scheme— as the last stanza of number 49. Careless transcription is matched by the copyist's untidy hand, sometimes barely legible. Examples of nonsensical readings can be seen among the variants in the footnotes of the present edition. The manuscript is not, of course, completely corrupt: it yields many interesting readings, some of which are preferable to those of the *Cancionero general*. In these cases, the basic text has been emended.

The *Cancionero general* was painstakingly printed. The number of misprints is commendably small. There is no muddling of Garci Sánchez's poems; nor are there any nonsensical readings or unwitting omissions of lines or stanzas. The first edition (1511) contains only thirteen of Garci Sánchez's poems but, in the second (1514) and subsequent editions, these and twenty-six others appear. The reason for the comparatively small number of poems in the first edition may be that Garci Sánchez had not written all the additional ones published in 1514 before the first edition went to press[3]. Although the 1511 edition was unique, the text of the poems by Garci Sánchez is substantially the same as that of subsequent editions. The additional poems of 1514 were merely reprinted in subsequent editions with occasional, minor emendations. The present edition takes the 1511 *Cancionero general* as basic text for its thirteen poems, and the 1514 *Cancionero general* for the additional twenty-six. The British Museum manuscript is of necessity the text for the poems which are not also in the *Cancionero general*, because no other text has come to light.

Of the ten poems not included in these texts only one, the well-known *Lamentaciones de amores*, has survived in more than one version and offers variant readings. Two not dissimilar versions exist in various *pliegos sueltos* but neither is complete, and in neither is the order of the stanzas satisfactory. Fortunately, however, nearly twenty years ago, a third version was discovered by Antonio Rodríguez-Moñino in a manuscript *cancionero* compiled in Salamanca by Pedro del Pozo in 1547. In publishing this anthology[4], Señor Rodríguez-Moñino drew attention, among other things, to what may well be considered the complete and definitive text of the *Lamentaciones*, Garci Sánchez's most widely-emulated poem.

Three of the remaining poems (numbers 1, 6 and 33) are taken from

[3] This point is discussed on p. 4 of the Biography.
[4] "El cancionero manuscrito de Pedro del Pozo", *BRAE*, XXIX (1949), 453-509; (1950), 123-146 and 263-312.

the very rare 1554 edition of Esteban de Nájera's *Cancionero general*, reprinted in 1878 by A. Morel Fatio; number 2 is from «Gallardo's» *Cancionero*, published in 1962 by J. M. Azáceta; number 31 appears in Pedro del Pozo's *Cancionero* between poems by Boscán and Garcilaso; numbers 16, 23 and 46, hitherto unpublished, are from an anthology in the Biblioteca de Palacio, Madrid. (These poems, and perhaps many more unpublished ones, would doubtless long ago have found their way into print if they had not been kept in a library with the curious distinction of having foiled the attempts of generations of scholars to find out what it contains [5]; number 41, which has not, to my knowledge, been published, is a poem which Garci Sánchez sent in a letter to his sister (the text of the letter is included in the footnotes).

This edition does not reproduce the long *s* and makes the following orthographic changes:

(a)   *algund, ningund* and *quand* (modern Spanish «cuán») lose their last letter (but *grand, sant* and *segund* do not);

(b)   plural imperatives are supplied with their last letter *(atende* becomes «atende*d*»);

(c)   words are separated or joined according to modern usage *(ala)* becomes «a la», *conlos* becomes «con los», *daquel* becomes «de aquel», etc.; *hagades me* becomes «hagádesme», *por que* ('because') becomes «porque», *ruy señor* becomes «ruyseñor», etc.;

(d)   in accordance with *(c)*, *camor* becomes «que amor», *cassi* becomes «que assí», *caura* becomes «que aurá», etc.;

(e)   contractions are resolved.

The punctuation, accentuation and use of capitals are modern. The accent-mark has not, however, been used above *y (crey, destruys, trays).*

ABBREVIATIONS

I   *Cancionero general*, 1511.
IIa   *Cancionero general*, 1514.
IIb   *Cancionero general*, 1517.
IIc   *Cancionero general*, 1520.
IId   *Cancionero general*, 1527.
IIIa   *Cancionero general*, 1535.
IIIb   *Cancionero general*, 1540.
A   *Maldiciones de Salaya...*
B   *Lamentaciones de amores hechas por vn gentil hombre...*

[5] In footnote 31 on page 12 of the introduction to his facsimile edition of the 1511 *Cancionero general*, A. Rodríguez-Moñino complains of the "sistema de reserva y cerrazón, de instancias y permisos" in the Biblioteca de Palacio. But, as he mentions with some relief, most of the manuscript *cancioneros* were transferred in 1958 to the library of Salamanca University.

BMC   British Museum Cancionero, Add. 10431.
BPC   Biblioteca de Palacio Cancionero, F-b-3.ª—20.
CM   *Cancionero musical,* ed. Barbieri.
G   Gallardo's Cancionero.
N   Nájera's 1554 *Cancionero general.*

Full titles and details of these works are given in section 1 of the Bibliography.

The notes give the basic text for each poem; any general comment on a poem will follow.

Variant readings and line-by-line comments are set out in four columns: the first contains the line-reference, the second indicates authority for the emendations (all of which are square-bracketed in the text), while the third and fourth give other readings and line-notes.

1

Amé y aborrescí.
Hase de entender assí:
que yo fuy enamorado,
pero después que la vi,
5 oluidé y aborrescí
a quantas houe mirado.

Text: *N.*
Rubric: GARCISÁNCHEZ estando loco puso este mote en la pared: *Amé y aborrescí*. Preguntóle su amiga qué quiere decir. Respondió:
Allusions to the poet's madness also occur in the rubrics of Nos. 6, 31 and 41. This poem confirms a feature of the author's character stressed in the Anecdotes: inventive ingenuity in impromptu replies.

2

A mi amiga escojida en çiento
la çiento en mill escojidas:
las mill sacadas de un quento,
y el quento de las naçidas.

Text: *G.*
Rubric: De García Sánchez loando a su amiga.
A pithy display of amatory hyperbole with ingenious interlocking of conceits and internal rhymes.

3

Este morado y pardillo
que cobré,
ganélo con mucha fe
donde no pude dezillo.

Text: *BMC.*
Rubric: Cimera.
This sort of poem was usually intended to serve as a device for jousters although, strictly speaking, *cimera* means 'the crest of a helmet or coat-of-arms'. The poem alludes to the winning of an amatory favour and the courtly vow of secrecy.

4

Más penado y más perdido,
y menos arrepentido.

Text: *I.*
Rubric: Garci Sánchez de Badajoz sacó por cimera vn diablo, y dixo:

51

5

Porque el bien que amor hiziere
se caya quando viniere.

Text: *IIa.*
Rubric: Garci Sánchez de Badajoz porque estaua mal con su amiga sacó vnos
tabaques de pedir por Dios quebrados y dixo:
This *invención* may be an adaptation of a medicant's formula.

6

Soys la más hermosa cosa
que en el mundo hizo Dios,
y lo menos que ay en vos
es ser hermosa.

Text: *N.*
Rubric: Preguntó su amiga a Garcisánchez si la conoscía.

7

[I]

Como ya mejor sabés,
todas las enfermedades
que nos vienen
son curadas al reués
5   del ser y las calidades
que contienen;
pues si los fríos humores
se curan con el calor,
su aduersario,
10   ¿cómo muero yo de amores
curado con desamor,
su contrario?

[II]

El mal que del cuerpo es
le curan contrariedades
15   que convienen,
mas de amor no lo verés
con tantas diuersidades
que le tienen;
por do si con disfauores
20   pensáys curar mal de amor,
por ser vario,

seguirse ién los amadores,
que el fauor darié dolor
necessario.

Text: *I.*
Rubric: Pregunta de Garci Sánchez de Badajoz. Respuesta de don Francés Carroz.

Francés Carroz Pardo has six poems in the *Cancionero general* of 1511. The first of these, *Cargado de pensamientos,* opens with lines reminiscent of *Caminando por mis males* (No. 19) and continues in a manner which recalls both *A la hora en que mi fe* (No. 60) and *Ven, Ventura, ven y tura* (No. 50).

8

[I]

¿Quál nueua al preso llegó
con que mayor plazer aya
que soltalle, y que se vaya
a las tierras do salló?
5 Pues nuestra alma está en cadena,
desterrada en tierra agena,
dezidme, ¿por quál razón
siente tanta turbación
al tiempo que Dios ordena
10 que salga de la prisión?

[II]

El ciego que nunca vio,
como no sabe qué es ver,
no biue tan sin plazer
como el que después cegó:
15 y assí ell alma en morir pena,
porque tiene por muy buena
la vida, que es la prisión,
y aun porque va en condición
si se salua, o se condena,
20 si aurá pena, o galardón.

Text: *I.*
Rubric: Pregunta de Cartagena. Respuesta de Garci Sánchez de Badajoz.

9

[I]

Pues, señor me preguntáys
qué passatiempo he tenido,
yo quiero que lo sepáys,
porque estéys apercebido

5   para que en tal no os veáys:
    passo tiempo en ser penado,
    porque me hallo apartado
    de mirar su hermosura
    de la más linda figura
10 de quantas Dios ha criado.

[II]

    Ved mi passtiempo aquí
    quánto está sin alegría,
    porque yo la causa di
    ¡o qué desdicha la mía
15 no morir quando partí!
    Toda esta noche tenía
    su gesto en la fantasía
    como delante los ojos,
    y en mis mortales enojos
20 tales palabras dezía:

[III]

    «¿Por qué me congoxo agora?
    no sé de qué causa peno
    siendo vos la causadora:
    ¿no *es* más pena ser ageno
25 de vuestra merced, señora?
    Bien sé, desdichado yo,
    que por veros me he perdido,
    mas aquel que nunca os vio,
    en respecto d*e* el que os vido,
30 no deuiera ser [nascido].

[IV]

    «Mi dolor crüel, estraño,
    por vos siendo, no es tan fuerte,
    que aunque no es menos tamaño,
    podrá ser pena de muerte,
35 pero no es pena de daño.
    Sello es para mí dolerme
    muerte que por veros muera;
    mejor es ser y perderme,
    que y*o* os vi de tal manera,
40 que [si] n*o* os viera, no fuera.»

Text: *IIa.*
Rubric: Otras suyas, porque vn cauallero le preguntó en qué passaua tiempo,
estando ausente de su amiga.
This poem is written in answer to a question quite unlike that of a question-and-

answer pair. The question here is a simple query, whereas in the *preguntas y res-
puestas* proper, the *pregunta* is a riddle to which the *respuesta* must supply an
ingenious solution.

Rubric		IIc	"de" omitted.
9		IIc	"de las m.l.f."
26-30			yo / perdido / vio / vido / nascido: Garci Sán-chez ingeniously uses for rhyming purposes the two still acceptable forms of the third person singular preterite of "ver".
30	Editor.	IIa	"nasido".
40	IIIa.	IIa, IIc	"si" omitted.

10

[I]

Pues este mundo trauiesso
es terrero do tiramos,
y el blanco el bien que esperamos,
¿por qué echamos tan auiesso,
5 pues tanto precio jugamos?
Gran aparejo tenemos
para que el precio ganemos
de la gloria prometida,
pues la ballesta es la vida,
10 [los] tiros, obras que hazemos,
do ganamos o perdemos.

[II]

Son tales la llaue y huesso
de esta ballesta que armamos,
que quando al blanco apuntamos
15 hazen al dexo tan tiesso
que por desarmar erramos;
y esto haze que no auemos
plazer dando do acertemos,
mas ser cosa dessabrida,
20 y ell errar que nos combida
inclinación en que fuemos
nascidos para que erremos.

Text: *I.*
Rubric: Otra del bizconde de Altamira. Respuesta de Garci Sánchez de Badajoz.

10	IIc.	I, IIa	"los" omitted.
21-22			Garci Sánchez solves the riddle by reminding Alta-mira of the Church's teaching that Man inherits with the sin of Adam a consequent inclination to error.

11

Calla, no hables, traydor,
el pico nunca más abras,
que no serán tus palabras
sino como tu color;
5 demás, sy aquello aprendiste,
que por mi desdicha oyste,
no lo digas do estuviere,
pues por ella he de ser triste
todo el tienpo que viviere.

Text: *BMC.*
Rubric: Otras suyas a vna señora que enseñaba a vn tordo dezir «no».

5-9   *BPC*   "si la palabra que oyste / por mi dicha la aprendiste / callala do yo estubiere / que en el coraçon me heriste / pues por ella e de ser triste / todo el tiempo que biuiere."

12

Como el que en hierros ha estado,
y después se vëe suelto
y se halla tan atado
para andar, que aprisionado
5 estaua más desembuelto;
assí yo, que os he mirado,
soy tan vuestro, tan no mío,
tan subiecto a os adorar,
que aunque me fuesse tornado
10 mi libre, franco aluedrío,
no [podrié] libre quedar.

Text: *IIa.*
Rubric: Vna copla sola suya.
11   Editor.   *IIa, IIb, IIc.*   "podre"—possibly the right reading, though sequence of tenses would suggest conditional.

13

Desde la hora que os vi,
nunca mas plazer sentí
hasta estas oras, señora,
y muchos trauaxos, sí,
5 de lo qual sois causadora
y si pensáis remediallo,

dama hermosa y valida,
cunple luego comenzallo,
porque cierto, a dilatallo,
10 no tengo un ora de vida.

Text: *BPC*.
Rubric: Otro del mismo poeta en unas oras.

14

El graue dolor estraño
q*ue* vuestra merced sintió,
aunqu*e en* su cuerpo dolió,
en mi alma hizo el daño;
5 y fue ta*n*ta su graueza,
que aunq*ue* sana os torne a ver,
nunca llegará el plazer
a do llegó la tristeza.

Text: *I*.
Rubric: Esparsa suya porq*ue* su amiga auía estado mala.

8   *IIa, IIc*   "llega"—the preterite *hizo* (line 4)
                                                      would suggest that this verb, too,
                                                      should be in the preterite tense, as
                                                      it is in *I*.

15

¡O dulce contemplación!
¡o excellente fantasía,
que me muestras cada día
vna tan clara visión,
5 qu*e* es salud del alma mía!
Es tan grande la excelencia
de tu linda preminencia,
que por tu gracia escogida
biuo yo de nueua vida,
10 después de muerto en ausencia.

Text: *IIa*.
Rubric: Otra suya a su fantasía.

16

¡O rauioso despedir,
dolor que vida recela!
¿qué dolor duele, que duela
más que agora mi beuir?
5 ¡O vida que se consuela
con tornar,

con tornar a más penar
en miraros,
pues es cierto el dessearos,
10   es cierto el desesperar!

Text: *I.*
Rubric: Otra esparsa suya a vna partida.
This esparsa is ascribed to Luis de Vivero in the *Cancionero general* and to
Garci Sánchez in *BMC.*

6-7	*BMC*	«con tornar a mas tornar».
8	*BMC*	line omitted.
9	*BMC*	"pues que es".

17

¡Qué rrostro tan acabado,
que con toda su fortuna
parece entre aquel tocado
como pareze la luna,
5   quando sale [del nublado],
que da luz a toda cosa;
y su rrostro es muy [perfeto]:
assí la perla preçiossa
haze hermoso lo prieto,
10   y ella queda más hermosa!

Text: *BPC.*
Rubric: De Garci Sánchez de Badajoz a una dama que traía una toca negra:

| 5 | Editor. | *BPC* | "de la luna". |
| | Editor. | *BPC* | "perfecto". |

18

Señora, la bendición
que en los confites venía,
llegó en tal punto y sazón,
que me boluió el coraçón
5   al alma que ya salía:
porque sólo en ser tocados
de la mano angelical
de quien causa mis cuydados,
fueron luego trastrocados
10   en manjar celestial.

Text: *IIa.*
Rubric: Esparsa suya, porque le truxeron vnos confites en que auía puesto la
mano vna señora.

| 5 | *IIc* | "all alma ya que salía". |

19

Caminando por mis males,
alongado de esperança,
sin ninguna confiança
de quién pudiesse valerme,
5   determiné de perderme,
de irme por vnas montañas,
donde vi bestias estrañas,
fieras de quien vue miedo,
mas esforçé con denuedo
10 de mi desesperación:
fuyme a ellas de rrendón
por ver si me matarían,
mas vnas a otras dezían:
—No le dé nadie la muerte,
15 que el mal que trae es más fuerte
que ninguno que le venga:
dexalde muera ala luenga,
que de amor viene herido,
pues assí tan aborrido
20 hazia nosotras se viene;
y aun porque el mal que tiene
a nosotras no se pegue,
huyamos antes que llegue
su fuego tan peligroso—.
25 Yo les dixe con reposo
quando tal temor les vi:
—¿Para qué huys assí
de ombre de tan triste suerte?—
Y queriendo allí la muerte,
30 Y también la sepoltura,
començé con gran tristura
este cantar que diré:

[Villancico]
—¡Hagádesme, hagádesme
monumento de amores he!

35 Son en campo [de esperança]
vn manojo de [querellas],
vna vanda azul por ellas
porque fueron de criança;
que en mi mayor malandança,

59

40 siendo vencido, gané.
¡Hagádesme, [hagádesme
monumento de amores he!]

Pone*d* más por mi memoria
las armas que en esta guerra
yo gané, porqu*e* en la tierra
45 quede por campal vitoria:
que allá sentiré su gloria
adonde quiera qu*e* esté.
¡Hagádesme, [hagádesme
monumento de amores he!—]

Assí como fue acabada
50 mi triste lame*n*tación,
díxeles esta razón:
—Atende*d*, no ayáys temor,
mas pues q*ue* sabéys de amor
dezi*d*, ¿con q*ué* os remediáys
55 qua*n*do en el lugar q*ue* amáys
vuestro amor no es recebido?—
Dixieron: —Por respondido
te deurías tú tener,
pues consejo quieres ver
60 de quie*n* no tiene razón—.
Vie*n*do qu*e en* su relación
no podía auer emie*n*da,
abaxé por vna senda
a vnos valles [muy] süaues,
65 donde vi ca*n*tar las aues
de amores apassionadas,
sus cabezas enclinadas
y sus rostros tristezicos.
Desque vi los paxaricos
70 en los lazos dell amor,
me*m*bréme de mi dolor
y quise desesperar;
mas escuché su ca*n*tar
por ver si podría ente*n*dellas:
75 viles sembrar mil querellas
q*ue* de amor auí*en* cogido;
desque vi assí condido
el poder de amor en todo,
yo tomé desde allí vn modo

80 de tener consolación:
      díxeles esta razón,
      rogándoles que cantasen,
      porque ellas no sospechasen
      que quería más de oyllas:

         [Villancico]
85 —Cantad todas, avezillas,
      las que hazéys triste son:
      discantará mi passión.
      No porque queda cansada
      de sufrir tanto tormento,
90 que si mi pena es doblada,
      házela bien empleada
      el mucho merescimiento;
      porque doble el pensamiento
      cantad, y con triste son
95 discantará mi passión.
      Quien tiene grande pesar
      como yo pena mortal,
      con son de triste cantar
      quiebra en lágrimas su mal;
100 quiere ser la letra tal
      que dé también ocasión
      que se quiebre el coraçón—.
      Quando oyeron mi ruego,
      por mis penas amansar
105 començaron a cantar
      este cantar, con sosiego:

         [Villancico]
      Mortales son los dolores
      que se siguen del amor,
      mas ausencia es el mayor.

110 Aunque tal dolor os duele,
      yo soy de él muy más doliente
      porque, si me hallo ausente,
      no he alas con que buele:
      y con esto se consuele

115 vuestro muy graue dolor,
      pues yo tengo lo peor.
      Y desque ouieron cantado,
      y yo les oue respondido,
      y mi pena por más fuerte,

120   y assí mi vida en la muerte,
         pensé si me despidiesse,
         y que de allí me boluiesse,
         o si passasse adelante;
         y no estando bien constante
125   en el mi determinar,
         pensando no acertar
         este cantar començé:
         —¿adónde yré, adónde iré,
         ¡qué mal vezino es amor!

Text: *I.*
Rubric: Romance de Garci Sánchez de Badajoz.

4		*BMC*	"puede socorrerme".
7		*BMC*	"do vi muchas alimañas".
9		*BMC*	"esforçe alli c.d.";
		IIc	"m. esforceme c.d."—nine syllables.
21-22		*BMC*	"y por que del mal que tiene / algo del se nos pegue"—this reading does not make sense in the context of the poem.
26		*BMC*	"desde t.t.l.v."
28		*IIc*	"dvn hombre d.t.s."—nine syllables:
		BMC	"de vn hombre de tal suerte"—normally, seven syllables.
33-34		Omitted in *BMC.*	
35-48		Omitted in *I*—text: *IIa.*	
35		*IIIa*	"Pone";
	IIIa, BMC.	*IIa, IIc*	"desesperança".
36	Editor.	*IIa*	"querrellas".
39-40		*BMC*	"q.e. mayor y mal a. / gane siendo vençido dellas".

Estribillo omitted in *BMC.*

41		*IIc*	"h.m. hagades he".
42		*BMC*	"Porne".
46-47		*BMC*	"que adonde quiera que yo este / alla sentire su gloria".

Estribillo omitted in *BMC.*

49		*BMC*	"Desque ya ovieron oydo".
51		*BMC*	"d. en conclusion".
58		*BMC*	"t. devieras de tener".
59		*BMC*	"p. rrespuesta q.v."
60		*BMC*	"d.q.n. tienes r."
62		*BMC*	"n. pudiendo aver e."
63		*BMC*	"baxeme".
64	*BMC.*	*I, IIa*	"muy "omitted.
65		*BMC*	"alli v.c.l.a."
67		*BMC*	"las c.e.".
68		*BMC*	"y las caras tristezicas".
69		*BMC*	"las avezicas".
70		*BMC*	"con los".
74		*BMC*	"p.v.s. pudiese e.".
75		*IIc*	"Vile".
77		*BMC*	"mirando ser c."—seven syllables.
78		*BMC*	"del p.d.a.e.t."
79		*BMC*	"como que tome alli vn modo".

| 81 | *BMC* | "y estando en medio dellas / dixe-les esta rrazon". |
| 88-95 | *BMC* | "No porque ella este cansada / de mi tormento cruel / que avnque el que trabaja es el / mi vida es la que trabaja / mas porque con [asona-da] / triste de triste cancion / huelga mas mi coraçon". |

96-139		Omitted in *I*; contained in *BMC, IIa, IIb, IIc*, etc. Text: *IIa*.
96	*BMC*	"grandes pesares".
98	*BMC*	"tristes cantares".
118	*BMC* has an extra line "yo quede por mas perdido", immediately after line 118.
120	*BMC*	"la vida".
121	*BMC*	"p.s. la d.".
122	*BMC*	"o si d.a.m.v.".

20

Despedido de consuelo,
con pena de amor tan fuerte,
queriendo darme la muerte
de verme desesperado,
5 por consolar mi cuydado,
me salí por vna senda;
Dolor me tomó la rienda,
por no lleuarme en sossiego;
Desamor, que vino luego,
10 se puso junto comigo.
Con estos males que digo,
comencé a caminar.
Yua tan biuo el pesar
metido en mi coraçón,
15 que no dexaua razón
con que pudiesse valerme.
Tanto temí de perderme,
con el mucho dessatino,
vime fuera de camino,
20 lo que más yo desseaua
con la passión que lleuaua;
me metí por vnos valles,
por do vi cantar las aues
con señales de alegría.
25 Viendo tan muerta la mía,
dobláronse mis dolores;
con mucha pena de amores,
este cantar comencé:

—¡Fagádesme, hagádesme
30 monumento de amores he!—

A las bozes que tenían,
triste con lo que sonaua,
el coraçón discantaua
con sospiros su passión;
35 al son de tan triste son,
descansaua el pensamiento,
mas amor y su tormento
se pusieron en el alma;
con vna passión sin calma
40 me yua dando la muerte,
que fuera rica mi suerte
si lo hizieran assí.
Desque yo, triste, sentí
que me alegrauan la vida,
45 con boz el alma partida
me fue con este cantar:

[Villancico]
—No se puede remediar
con la vida mi dolor:
que la muerte es [la] mejor—.

[Canción]
50 Justa cosa fue quereros,
no ay mayor bien que miraros,
impossible es oluidaros
quien vna vez pudo veros.

Porque Dios os ha [querido]
55 hazer de tal excelencia,
que para con vos aussencia
no puede çausar oluido;
pues si sabéys conosceros,
bien podéys asseguraros,
60 que es imposible oluidaros
quien vna vez pudo veros.

Text: *IIa.*
Rubric: Otro romance de Garci Sánchez de Badajoz.
A shorter versión of *Caminando por mis males:* the wild beasts are not there this time — only the birds; in most other respects, the two poems are very similar. *Despedido de consuelo* is not contained in the first edition of the *Cancionero general.*

1-6	BMC	The folio on which these lines were written is missing.
8	BMC	"p.n.ll. consigo".

32		BMC	"asonavan"—rhyme-s c h e m e demands third person singular.
45		BMC	"c.b. all a.p."
49	BMC.	IIa	"q.l.m.e. lo m.";
		IIc	"lo peor".
50		BMC	"J. causa f.q."
53		BMC	"pues que una ves pude veros".
54	Editor.	IIa	"quesido".
61		BMC	"pues que una ves pude veros"

21

El cuerpo tengo de vn rroble,
los brazos de vn pino alvar,
mi corazón es de piedra,
mis entrañas de vn sillar:
5 callo tengo fecho en ellas,
de sufrir y de callar;
ya no siento la tristeza,
ni me da pena el pesar:
si plazeres se me ofreçen,
10 no me pueden alegrar;
no me podrié venir cosa
que me pudiese mudar,
que me mude, ni derribe,
ni me haga levantar:
15 tan forçudo so ya hecho,
de costumbre de lidiar,
como los árboles altos
donde el viento suele dar,
que les hinca las rrayzes
20 de hazelles menear,
llévales las hojas secas,
fázelos más afyrmar.
Pues no pene a vos, señora,
verme a mí en penas andar,
25 que el corazón tienes tierno,
no lo podriés conportar;
y dolerían más en vos
que en mí pueden lastimar.
Si lo creéys vos, señora,
30 [escuchadme] este cantar.

Text: BMC.
Rubric: Romance suyo.
A curious poem, full of disenchantment and a stoical acceptance of adversity—attitudes which suggest that this *romance* was written in the latter part of the poet's life.

6   Suffering in silence suggests courtly love, but there is no other clear reference to the subject.

15-22 This striking and unusual comparison rounds off the poem on a note of triumphant, even slightly scornful, assertion over adversity.

16 *Lidiar:* it is possible that this is intended in an amatory sense, but it might just refer in general to the poet's life.

30 Editor. *BMC* "escucame".

22

Estaúase mi cuydado
allí do suele morar,
los tres· de mis pensamientos
le comiençan de hablar:
5 all uno llaman tristeza,
all otro llaman pesar,
all otro llaman desseo,
que no los quiere dexar.
—¡Dios te salue, enamorado,
10 pues no te quieren saluar!—
—Bien vengáys, mis mensageros,
si me venís a matar;
dezi*d,* ¿qué nueuas traés
del campo de mi penar;
15 si queda alguna esperança
en quien yo pueda esperar?—

Text: *I.*
This poem is ascribed to Nicolás Núñez in the *Cancionero general* and to Garci Sánchez in *BMC*. Not unnaturally, it is also ascribed to Núñez in sixteenth-century printed anthologies and *pliegos sueltos* based on the *Cancionero general*. Like *O rauioso despedir* (No. 16), it cannot be definitively ascribed to Garci Sánchez. It is either his or Núñez's just as No. 16 is either his or Luis de Vivero's. It is included here because (like No. 16) it is attributed to Garci Sánchez by *BMC,* a manuscript which begins with his collected works.
    The poem is an allegorical amatory adaptation of the following anonymous historical romance:

Ya se asienta el rey Ramiro, / ya se asienta a sus yantares; / los tres de sus adalides / se le pararon delante: / al uno llaman Armiño, / al otro llaman Galvane, / al otro Tello, lucero / que los adalides trae. / —Manténgaos Dios, señor. / —Adalides, bien vengades: / ¿pues qué nuevas me traedes / del campo de Palomares? / —Buenas las traemos, señor, / pues que venimos acá: / siete días anduvimos, / que nunca comimos pan, / ni los caballos cebada, / de lo que nos pesa más; / ni entramos en poblado, / ni vimos con quien hablar / sino siete cazadores / que andaban a cazar. / Que nos pesó o nos plugo, / hubimos de pelear: / los cuatros dellos matamos, / los tres traemos acá, / y si lo creeis, buen Rey, / si no, ello lo dirá.

Text: Durán, *Romancero general,* No. 1.232, *BAE,* xvi (1921), p. 214.

    Durán appends the following note: "No sabemos a qué rey Ramiro de Aragón pertenece la época de este romance, el cual parece que es sólo fragmento de alguno que se ha perdido: pero de todos modos, es, acaso, uno de los más célebres y populares y que más han servido para glosas, y para temas de otros muchos que lo han mudado o contrahecho."

In the *Cancionero general*, the rubric of the adapted poem gives the first line of the *romance* as "Estauase el rey Ramiro".

23

[I]

Si de amor libre estuuiera,
no sintiera mi prisión
y si fuera donde os viera,
fuera gloria mi passión;
5 lo que más me desespera,
más de todo mi dolor,
quando siento más desmayo,
por el mes era de mayo,
quando haze la calor.

[II]

10 El que tiene lastimado
el coraçón de pesar,
en el tiempo aparejado
para más plazer tomar
biue más desesperado;
15 tal estó en llamas de amor,
biuo como salamandria,
quando canta la calandria
y responde el ruyseñor.

[III]

Y de verme [*assí*] catiuo,
20 en todo sin libertad,
es la vida que yo biuo
menos de mi voluntad
que la pena que rescibo:
que en pesares y dolor
25 veo mis días gastados,
quando los enamorados
van a seruir al amor.

[IV]

En el tiempo que las flores
cubren los campos süaues
30 de estrañas, lindas colores,
y comiençan ya las aues
a cantar por los alcores,

todos biuen sin passión,
todos andan sin cuydado,
35 *sino yo, triste cuytado,*
que biuo en esta prisión.

[V]

En la qual la luz no veo
no viéndoos a vos, señora;
y sin veros no la creo,
40 ni la noche sola vn ora
no la duermo de desseo;
y de aquesta ocasión
tal estó, señora mía,
que ni sé quando es de día,
45 *ni quando las noches son.*

[VI]

No sé de mí qué hazer
si el morir no me socorre:
¿quién podrá al preso tener,
el cuerpo en aquesta torre,
50 y el alma en vuestro poder?
De estas penas la menor
fuera impossible sufrilla,
sino por vna auezilla
que me cantaua all aluor.

[VII]

Fin

55 Ésta es la breue esperança
que en vos, señora, he tenido,
que ya por mi malandança
la a tirado vuestra oluido
y, muerto en vuestra membrança,
60 ya no espero redención,
que en su muerte desespero:
matómela vn vallestero—
déle Dios mal galardón.

Text: *IIa.*

1	*IIc*	"de" omitted.
8	*BMC*	"Que es por el mes de mayo"—it is better syntax to have the verb in the present tense, but the basic text prefers to reproduce exactly the first line of the poem Garci Sánchez is glossing.

19	Editor.	IIa	"essi".
32		IIc	"altores".
36		BMC	"pasion".
42		BMC	"a que desta o."
46		BMC	"N.s.d.m.q. a de ser"—there seems little to choose between this reading and that of the text.
48		IIc	"el peso";
		BMC	"al" omitted.
54		BMC	"el al a."
55		BMC	"la" omitted.
59		BMC	"esperança".
63		BMC	"Dios de le m. g."

24

[I]

Yo me vi enamorado
de vuestra merced, señora,
de menos edad que agora,
pero no menos penado;
5 y avnque con mortal dolor
de niños con embaraços,
cuando os tuve en mis braços
non vos supe servir, no.

[II]

Perdí el tiempo en serviros,
10 pudiera bien emplearos;
gastélo, señora, en daros,
deseándoos, mill sospiros;
y entonçes, con ynoçençia,
y poca edad que tenía,
15 *agora, que os serviría,*
non vos puedo [haber], no.

Text: *BMC.*
Rubric: Glosa suya de *Rrosa fresca.*
Garci Sánchez glosses four lines only of this most popular ballad which has come down to us from a *Cancionero general* version of 22 lines:

Rosa fresca rosa fresca / tan garrida y con amor / quando yos tuue en mis braços / no vos supe seruir no / y agora que os seruiria / no vos puedo yo auer no / vuestra fue la culpa amigo / vuestra fue que mia no / embiastes me vna carta / con vn vuestro seruidor / y en lugar de recabdar / el dixera otra razon / querades casado amigo / alla en tierras de leon / que teneys muger hermosa / y hijos como vna flor / quien os lo dixo señora / no vos dixo verdad non / que yo nunca entre en castilla / ni alla en tierras de leon / si no quando era pequeño / que no sabia de amor.

Text: *I,* f. cxxxijv.

The whole of this version was glossed by Pinar (*op. cit.,* ff. cxxxijv-cxxxiij).

| 16 | Editor. | BMC | «servir». |

25

[I]

De mi dicha no se espera
que alcance cosa que quiera.

[II]

Y pues ya está conoscida
mi esperança ser perdida,
5   quiero dessear la vida
por tener cierto que muera;
mas mi ánima recela
que, según mi dicha vela,
no le entiendan la cautela,
10 y que lo que quiero quiera.

Text: *IIa.*
Rubric: *Otra de Garci Sánchez.*
Set to music by Peñalosa (*CM*, f. cxixv), this ten-line *villancico* is a good example of the dexterity and concision Garci Sánchez could occasionally achieve in the intellectual manipulation of paradox.

26

[I]

Después, damas, que aquí entré,
mi coraçón me faltó:
quien me lo tiene y rrobó
pídole que me lo dé.

[II]

5 Y si alguna lo a tomado
por burlar de mis servicios,
démelo, porque ay endiçios,
¡No me haga estar penado!
que si aquí se me a olvidado
10 no es posible ser perdido;
y aunque lo sea es partido.
Quien lo tiene me lo dé
por sólo el lugar do fue.

[III]

Suplico a vuestra merced,
15 que mande hazer pesquisa
quien me lo prendió en su rred.
¡No se pase todo en rrisa!

Secreto que así se avisa,
la que tal afrenta espera,
20 encubrillo a de manera
que nunca lo cobraré.

[IV]

Señora doña María,
si vuestra merced lo tiene,
no es rrazón que de ello pene,
25 ni tenga sino alegría;
pero sabello querría
porque, estando en sus prisiones,
si está con las condiciones,
por dichoso me [terné].

[V]

30 Señora doña Ysabel,
si lo tiene en su prisión,
aya de mi compasión,
que me lleva el alma en él;
suéltelo o sírvase de él:
35 preso, no sé quién lo quiera,
para dar causa que muera
al que bivo nunca fue.

Text: *BMC.*
Rubric: Otras suyas.

29   Editor.   *BMC*   "ternia".

27

[I]

El día del alegría
al muy triste,
de mayor dolor le viste.

[II]

En el día del plazer,
5 acordándose el dolor,
házesele muy mayor
que es, ni fue, ni pudo ser;
y dóblasele el querer,
con pena de verse triste.

Text: *BMC.*
Rubric: Villancico suyo.
In *BMC,* this poem appears among Garci Sánchez's works beneath the heading
"Villancico suyo"; in the *Cancionero general,* it appears anonymously as a

6

deshecha to the anonymous allegorical *romance, Decidme vos, Pensamiento,* but with a different *mudanza.* The fact that the *mudanzas* are different makes it less likely than it might otherwise have been that Garci Sánchez also wrote the *romance,* the text of which is as follows:

> Dezime vos pensamie*n*to / donde mis males esta*n* / *q*ue alegrias era*n* estas / *q*ue tan gra*n*des bozes dan / si libra*n* algun catiuo / o lo saca*n* de su afan / o si viene algun remedio / donde mis sospiros van / no libra*n* ningun catiuo / ni lo sacan de su afan / ni viene ningu*n* remedio / donde tus sospiros van / mas venido es vn tal dia / *q*ue llaman señor san juan / quando los *q*uestan conte*n*tos / con plazer comen su pan / qua*n*do los desconsolados / mayores dolores dan / no digo por ti cuytado / *q*ue por muerto te terna*n* / los *q*ue supiere*n* tu vida / y tu muerte no vera*n* / los vnos te aura*n* embidia / los otros te llorara*n* / los *q*ue la causa supiere*n* / tu firmeza loaran / vie*n*do menor tu pecado / *q*u*e*l castigo *q*ue te dan.

Text: *I,* f. cxxxiiij.

28

[I]

Lo *q*ue queda es lo seguro,
*q*ue lo *q*ue conmigo va
desseánd*o*os morirá.

[II]

Mi ánima queda aquí,
5 señora, en vuestra prisión,
partida del coraçón
del dolor con *q*ue partí;
mas los ojos con *q*ue os vi,
y el cuerpo *q*ue n*o* os verá,
10 desseánd*o*os morirá.

[III]

Los ojos que van comigo,
aquel que de vos los parte,
razón es que de mal arte
lo miren como a enemigo;
15 y el coraçón sin abrigo
del alma que queda acá
desseánd*o*os morirá.

Texts: *I* for stanzas I and II; *IIa* for stanza III.
Rubric: Otro villancico suyo.
Stanza III, since it is omitted in *I,* may not be by Garci Sánchez. It is included in *IIa, IIb, IIc, IId,* etc., as well as in *BMC,* which contains the following additional stanzas:

> Encubre con descriçion / lo que lloras que perdiste / pues de nunca verte triste / no quede por condicion / da descanso a tu pasion / que no deves ya llorar / deseando [morira].
> En el buen tiempo pasado / holgabas de contenplar / pues no tomes tal cuidado / que el tal que suele matar / si lo puedes olvidar / cordura es delo dexar / deseando morira

No paresca desamor / el coraçon sosegado / que destar mortificado / quexoso del disfavor / que sienpre en vos [he] hallado / puede ser quexoso ya / deseando morira

Que de verse entristeçido / con vuestras obras y sañas / da golpes en las entrañas / do el querer esta metido / y viendo su disfavor / llorando vuestro desgrado / esta el coraçon llagado / quexoso del desamor / que sienpre en vos he hallado / no lo puede sofrir ya / deseando morira.

CM yields yet another stanza:

Lo que llevo es ocasion / dela muerte que recibo / lo que queda queda viuo / donde queda el coraçon / tened desto compasion / que lo que conmigo va / desseandos morira.

There seems no good reason for accepting any of these additional stanzas as the work of Garci Sánchez. It is more likely that other poets wrote the *mudanzas* for this *villancico* which became famous in the sixteenth century and which was often imitated and glossed. The extra stanza in the *CM* version (f. cxxix) with its setting by Escobar may have been added for musical purposes.

29

[I]

¡O castillo de [Montánchez],
por mi mal te conoçí!
¡Mesquina de la mi madre
que no tiene más de a mí!

[II]

5   Puso Dios tal hermosura,
castillo, en ti, que en mirarte,
fue ponerme en abentura
de morir o de ganarte;
para sienpre desearte
10 me conviene pues te vi.
¡Mesquina [de la mi madre
que no tiene más de a mí]!

[III]

¡Castillo de mis tormentos,
do tiran crueles tiros,
15 çercado de pensamientos,
conbatido de sospiros;
por ganaros y serviros!
mi tiempo y vida perdy.
¡Mesquina [de la mi madre
20 *que no tiene más de a mí]!*

[IV]

Las causas que yo me veo
de levantar el rreal,

73

quando creçe más mi mal,
me ponen mayor deseo;
25 la memoria del mi padre
oy se a de perder aquí.
¡Mesquina [de la mi madre
que no tiene más de a mí]!

[V]

fin
Mis tormentos se contaran
30 por vida mejor que buena,
si sola de ti vn almena
por mis serviçios ganaran;
pues que mi males declaran
la fe con que te servy,
35 ya no e duelo de mi madre,
ni ella lo aya de mí.

Text: *BMC.*
Rubric: Otras suyas a vn villancico que dize castillo de [Mont*ánchez*].
Like Encina (*Cancionero*, 1496), Garci Sánchez writes some amatory *mudanzas*
to the *estribillo* of this *villancico*. It is only in these two accommodated versions
that the *estribillo* has survived, and the original *mudanzas* have not come to
light. Famous during the wars between Spain and Portugal in the fifteenth
century, the hill-fortress of Montánchez near Mérida is perched on sheer rocks
which make it virtually unassailable from the west. This vantage point commands
a view of a vast expanse of land stretching well into Portugal. Transposed by
Garci Sánchez on to a metaphorical plane, Montánchez presents a problem of
amatory, instead of military, strategy: the lofty, unassailable castle is the
poet's lady, while the besieging army is the poet himself. In Encina's version, the
amorous poet is imprisoned in the castle.

1	Editor.	*BMC*	"montañelis"; same spelling in rubric.
17-18			The tone of disillusionment in these lines is close to that of lines 13-16 in No. 24, a poem which Garci Sánchez appears to have written in the latter part of his life.
25			"del mi padre": this archaism matches the "de la mi madre" of the original *villancico*. It would be interesting to know whether the matching was done by Garci Sánchez or whether the phrase occurred in one of the missing *mudanzas*.

30

[1]

quando no queda esperança,
si es perdida,
la fe defiende la vida.

[II]

    porque yo a my bivir,
5 segund es el mal tan fuerte,
    ya le avría dado muerte,
    que no es la muerte morir;
    y pues no puedo sofrir
    ya como está tal herida,
10 la fe defiende la vida.

Text: *BMC*.
Rubric: Desecha y villancico suyo.
With some variants, this *villancico* appears in *I* as a *desfecha* to an allegorical adaptation of the ballad *Ya se asienta el rey Ramiro*. This adaptation is ascribed in *I* to Nicolás Núñez (see footnotes to No. 22) but the rubric does not make it clear whether the editor attributes the *desfecha* to the same author. In *BMC*, both poems appear among Garci Sánchez's works.

1	*I*	"esperar".
6	*I*	"la muerte".
7	*I*	"el morir".
9	*I*	"su herida" (whole line).

31

    Quien por uos el seso pierde,
    ése sólo está en raçón.
    que los otros locos son.

Text: *P*.
Rubric: Garcisánchez preguntándole su amiga que cómo auía bastado ella a tornalle loco.

32

[I]

    Secáronme los pesares
    los ojos y el coraçón,
    que no pueden llorar, non.

[II]

    Los pesares me secaron
5 el coraçón y los ojos,
    [ya] mis lágrimas y enojos,
    ya mi salud acabaron:
    muerto en vida me dexaron
    traspassado de passión,
10 que no puedo llorar, non.

[III]

    Y de estar mortificado
    mi coraçón de pesar,
    ya no está para llorar,
    sino para ser llorado.

15 Ésta es la causa, cuytado,
   ésta es la triste ocasión,
   que no puedo llorar, non.

[IV]

   Al principio de mi mal
   lloraua mi perdimiento,
20 mas agora ya estó tal,
   que de muerto no lo siento:
   para tener sentimiento
   tanta tengo de razón,
   que no puedo llorar, non.

Text: *I.*
Rubric: Otro villancico de Garci Sanches de Badajoz.

3		IIc, BMC	"puedo".
6	IIc.	I	"y a mis".
10		IIa	"no" omitted.
18		IIa, IIc	"El";
		BMC	"Al comienço".
23		BMC	"pasion".

Stanzas II and III are omited in *BMC. CM* yields the following additional stanza:
Y pues muestran mis suspiros / lo que en lagrimas no muestro / remediadme pues soy vuestro / y naci para serviros / pues que quiero descobriros / que sto en tal disposicion / que no puedo llorar non.

33

[I]

Yo me parto y no me aparto,
y partiendo no me vo,
porque con vos quedo yo.

[II]

   Y aunque me parto, no parte
5 lo que yo so propiamente,
   porque vo dell alma ausente,
   y no so yo, que ella es más parte,
   y queda con vos presente.
   Es yo mi alma que os vio,
10 y con vos queda penada,
   ella es yo, y yo no nada,
   y éssa a vos de mí partió:
   assí que yo no soy yo.

[III]

   No soy aquel que vos veys,
15 ni soy cosa en que pensáys;
   no so yo quien vos miráys,

76

mas soy el que ver queréys
más lexos de donde estáys.
Soy una sombra o hechura,
20   la figura de aquél so,
sin ser más que sepultura
donde ell alma se enterró.

Text: *N.*
Rubric: Villancico del mismo a una partida.
This *villancico* appears between two short poems ascribed to Garci Sánchez in
the rubric (numbers 1 and 6 of the present edition). Its position suggests that Esteban de Nájera, the editor of *N,* thought Garci Sánchez wrote it, but the author's
identity must remain in some doubt in the absence of firm attribution. Its first
eight lines recall another (much glossed) *villancico, Lo que queda es lo seguro*
(number 28); the rest of the poem displays the curious confusion to be found in
stanzas II and VII of *No espero por ningún arte* (number 49). A canción by the
Comendador Escrivá, *Yo me parto sin partirme* (*I,* f. cxxix) expresses the same
paradox with greater dexterity and concision.

34

[I]

Argúiese vna quistión
sobre vuestra fermosura:
si podría otra figura
ser en tanta perfeçión.

[II]

5   Vnos dizen que no ay cosa,
otros algunos porfían
que los ángeles podrían
tomar forma tan hermosa.
Mas la común opinión
10   es que, siendo criatura,
no podría otra figura
ser en tanta perfeçión.

Text: *BMC.*
Rubric: Canción suya.

35

[I]

El bien que mi mal alcança
es que fue que lo causó
la cosa que Dios crió
más propia a su semejança.

[II]

5   Y muestra la diferencia
que ay entre ella y los humanos,
que es más propia [a] su ecelencia,

pues la hizo con sus manos:
por do es bienauenturança
10 que a las manos muera yo
de aquella en que Dios mostró
más propia su semejança.

Text: *IIa.*
Rubric: Otra suya.
In number 34, which is presented as a reported courtly disputation, Garci Sánchez prudently sets a limit for amatory hyperbole by his reference to the perfection of angelic beauty. But in this poem, doubtless written in different circumstances and perhaps of earlier date, the poet's lady is explicitly made superhuman
and, without exception or reservation, placed next to God as the most nearly
perfect of all creatures.

2		*IIc, IId. IIIb*	«e.q.f. lo que c.» *BMC* «e.q.f. quien l.c."
6		*BMC*	"hermanos".
7	*BMC.*	*IIa, IIc*	"a" omitted.
12		*IIc*	«mas propia a su semejança».

36

[I]

En dos prisiones estó
que me atormentan aquí:
la vna me tiene a mí,
y la otra tengo yo.

[II]

5 Y aunque de la vna pueda
que me tiene libertarme,
de la otra que me queda
jamás espero soltarme;
ya no espero, triste, no,
10 verme libre qual nascí,
que aunque me suelten a mí
no puedo soltarme yo.

Text: *IIa.*
Rubric: Otra suya.

37

[I]

Mirada la gentileza
de la dama que te enbía,
te puedes llamar alegría
más que por naturaleza:

[II]

5 puede dar al coraçón
  alegría tu vyrtud,
  y quien te enbía salud,
  all alma consolaçión:
  que de ver su gentileza
10 aquel venturoso día,
  quedé con tanta alegría
  que nunca terné tristeza.

Text: *BMC*.
Rubric: Canción de Garci Sánchez a vna señora que le envió vn nuégado de alegría.

38

[I]

Pues vuestra merced ganó,
yo en miraros me perdí,
d*e* auerme ganado assí,
que tan contenta quedó.

[II]

5 De mí, ya es cosa sabida
  con el plazer que quedé,
  pues perdí, quando jugué,
  la libertad y la vida;
  pero si se contentó
10 de ganar lo que perdí,
  con más ganancia sallí
  que vuestra merced quedó.

Text: *IIa*.
Rubric: Otra de Garci Sánchez porque auía jugado a los naypes con su amiga.

7   *IIc*   "quanto"—a reasonable reading, but not good enough to replace that of the basic text.

39

[I]

Quando os vi, en mí sentí
que jamás podría venceros,
ni vencerme vos a mí
para dexar de quereros.

[II]

5 Porque vi vuestra bondad,
donde nacen mis sospiros,
vi mi cierta voluntad
vencida para seruiros;
vi que quando os conoscí
10 supe [tan] bien conosceros,
[que] sentí en vos y en mí
no vencerme ni venceros.

Text: *IIa.*
Rubric: Otra suya.

| 10 | Editor. | *IIa, IIc* | "tambien"; *BMC* "tanbien". |
| 11 | *BMC.* | *IIa, IIc* | "y". |

BMC has an extra line:
"ni partirnos de querernos".

40

[I]

Quanto más rrazón tenemos,
Madre, de te alabar
tu grandeza singular,
menos loarte podemos.

[II]

5 Quanto tu mereçimyento
es mayor, y tú más buena,
te hizo Dios más ajena
de nuestro conoçimiento;
por do, avnque nunca acabemos,
10 es poco nuestro loar,
no sólo para acabar,
mas para que començemos.

Text: *BMC.*
Rubric: Otra suya a Nuestra Señora.

41

[I]

Que de veros y dessearos
es la causa de que muero,
de do no puedo oluidaros,
y aunque pudiese, no quiero.

[II]

5 E d*e* estar desatinado,
    y en tales fierros de amor,
    no fue posible amador
    de otra causa ser penado.
    Ni ay más ganas de miraros,
10 mi mal, mi bien, ni lo espero,
    de do no puedo oluidaros,
    y aunque pudiese, no quiero.

Text: Ms. 773, f. 197, Biblioteca Nacional, Madrid.
This canción has survived in a copy of a letter by the poet to his sister. The letter, a pointer to the form of madness which afflicted Garci Sánchez, is also the only example of his prose to come down to us. The relative clause in line 1 is explained by the fact that the poem is placed immediately after the letter proper, the last phrase of which contains the subordinating verb. The text of the letter, preceded by an explanatory heading, is as follows:

      Traslado de la carta de Garçisánchez de Badajoz que estando loco escriuió a su hermana.
    Muy virtuosa señora, yo estoy aquí a filosomia de mi misma persona *in quantum potest* y no más, que en la verdad ni sé quién me soy agora ni quién, no más de quererme acordar que en tiempos passados mi propio nombre era Garçi Sánchez; ya agora como *vuestra merced* saue, y pues Dios lo permittió por mis peccados, quisiera tener más conoçimiento del que tengo de mí para darle infinitas gracias. No sé si ose decir qué siente mi cuerpo que estando viuo muere: el alma querría que no padesçiese por estar aposentada en cuerpo tan desdichado. Esperança en Dios que, pues la redimió, terná por bien de salvalla; y así supplico a *vuestra* merçed tenga especial cuidado della para lo supplicar a Dios, y sea en pago de l*a* negligencia que hasta aquí a auido en no acordarse de mí; que yo aunque muerto siempre viuo en este cuidado, el qual jamás dexaré ser sujeto a la razón que ay que sea su seruidor, y en canción o clamor de mi desseo siempre dixe
      Que de veros...

42

[I]

    Siempre se deue contar
    por dichosa mi venida,
    avnque muero en la partida,
    qu*e* eso se [podrá] escusar.

[II]

5 Y si no viniera aquí
    no partiera como espero,
    pues si porque parto muero,
    no me parto porque os vi;
    que avnque fuesse por mirar

10   vuestro gesto mi partida,
     no se perderá en la vida
     qua*n*to en veros fue ganar.

Text: *IIa.*
Rubric: Otra de Garci Sánchez.

4   *IIc.*   *IIa*   "perdra".

43

[I]

Si por caso yo biuiere,
partiendo con tal dolor,
claramente muestra Amor
que para más mal me quiere.

[II]

5   Quiéreme porque mi suerte
    entre todas fue escogida,
    pues que biuo sin la vida
    porque muero sin la muerte;
    ansí que, si no muriere,
10 es que no quiere el Amor
    la muerte del amador,
    mas que biua y desespere.

Text: *IIa.*
Rubric: Otra de Garci Sánchez.

44

[I]

Tan contento estoy de vos
qu*e* estó de mí descontento,
porque no me hizo Dios
a vuestro contentamiento.

[II]

5   Pero si en lo tal me viera,
    ¿quién gozara el bien que yo?
    Bien supo Dios que me dio
    por qué le desconosciera.
    Seremos [am*b*os] a dos

82

10   causa de mi perdimiento:
yo, de contento de vos,
y vos, de mi descontento.

Text: *IIa.*
Rubric: Otra suya.

2		BMC	"q. soy d.m.d."
6		BMC	"q.g. como yo".
9	*IIc.*	*IIa*	"amos".
11		BMC	"descontento".

45

[I]

Ved que tanto es más mortal
que la muerte mi tormento,
que todos mis males siento
sino el fin, que no es mal.

[II]

5   El dolor que sentir suele
el ánima quando va
del lugar adonde está,
yo lo siento, y más me duele:
que mi vida está ya tal—
10   aunque de ella soy contento—
que todos sus males siento,
sino el fin, porque no es tal.

Text: *IIa.*
Rubric: Canción de Garci Sánchez de Badajoz.

46

Vee do uas, mi pensamiento,
enbidia tengo de ti,
pues veerás el bien que ui
sin sentir el mal que siento.

Text: *BPC.*
Rubric: Otras suyas.

47

[I]

Aunque mi vida fenesce
por la causa por quien muero,
quiéroos tanto, que yo quiero
morir por lo que merece;
5   mas si agora me hallase
ageno de su porfía,
quiero ver de quién ternía
la quexa, si me aquexasse.

[II]

No es Amor el matador,
10 aunque es el que me degüella,
ni sin él me mata [aquella]
que es la señora de amor;
Ventura no tiene culpa,
porque siento en [mi] penar
15 mayor mal que [puede] dar,
ni bien que de su disculpa.

[III]

Que mis ojos causadores
me parece a mí que fueron:
vieron mucho que la vieron
20 a quien no mata de amores;
de ella me quiero quexar,
de ella, y no de Ventura,
que se me quiso mostrar
en toda su hermosura.

Text: *IIa.*
Rubric: Canción de Garçi Sánchez Badaxoz.

11	*BMC.*	*IIa, IIc*	"n.s.e.m.m. ella".
14	*BMC.*	*IIa, IIc*	"mi" omitted.
15	*BMC.*	*IIa, IIc*	"puedo".
19		*BMC*	"veo m.q.l.v."

48

[I]

El día infelix, noturno,
que nasció eclipsado Apolo,
contra las fuerças de Eolo
Ventura influyó Saturno;
5 y al tiempo de mi nascer,
Boreas, con su influencia,
secutó en mí la sentencia
de lo que auía de ser.

[II]

Y lo que después ha sido,
10 ha sido que so amador,
y so tal, que muy mejor
me fuera no auer nascido,

pues es tal quien me condena,
que venciendo me es victoria;
15 si es gran ocasión de gloria,
muy mayor es de dar pena.

[III]

Tráxome colmado el cuerno
del veneno chineo Copia,
porque no tuuiesse inopia
20 de las penas del infierno;
que si busco por deporte
de penarme en nueuo estilo,
auré de cortar el hilo
ante que Antropus lo corte.

[IV]

25 Y si en esto el bien se alcança,
ombre su enemigo siendo,
más quiero morir biuiendo,
porque tome de él vengança;
mas pues no puede crescer
30 mi dolor, ni estar más firme,
quiero vn rato maldezirme,
pues no puedo más hazer:

[V]

[Salgan Pamphago], Dorceo,
[Hárpalos], también Oribas
35 deuoren [mis] carnes biuas,
den ya fin a mi desseo:
tan desconoscido sieruo
halle como Melampo
fue en aquel [gargafio] campo
40 al señor tornado cieruo.

[VI]

Nunca mande Dios, ni quiera,
que te adolezcas de mí,
menos sepas que por ti
peno yo, aunque por ti muera;
45 siempre biua yo sin verte,
sin desseo de biuir—
nunca te quieras seruir
de mi vida, ni mi muerte.

[VII]

Y [leuántese] Ceruero
50 con el su cuello tride*n*te,
[cobre] sañoso acide*n*te
contra mí, q*ue* desespero;
[Pásseme] el viejo [Acarón]
por las ondas de oluida*n*ça
55 donde están, mas sin holga*n*ça,
las hijas de [Nox y Acherón].

[VIII]

Mi vida se desespere,
mi espera*n*ça se destruya,
sie*m*pre la muerte me huya
60 qua*n*do más tras ella fuere:
pues en todo fuy menguado
crezca mi pena y torme*n*to—
fálte*m*e el conte*n*tamie*n*to
q*ue* tengo de ser penado.

[IX]

65 No coma ya el buyetre más
en la molleja de Ticio,
haga sie*m*pre aq*ue*l officio
en mi coraçón jamás;
y no muera d*e* esta pena
70 hasta q*ue* d*e* Estís laguna
[las] cinq*ue*nta menos vna
tengan la tina bie*n* llena.

[X]

Cabo

D*e* estas penas no he temor
quál [mal] me pueda venir,
75 q*ue* do yo puedo sentir,
lleno [estó] de las de amor;
mas mi vida esté despierta
si la muerte procurare;
y si vida desseare—
80 q*ue* tenga la muerte cierta.

Text: *I.*
Rubric: Otras suyas.
Despite its title, this poem has little in common with Juan de Mena's *Claro os-
curo* apart from classical allusions. It is, in fact, Garci Sánchez's only 'learned'

poem, a malediction which the poet pronounces on himself for suffering an unrequited passion.

2	IIc.	I, IIa	"q.n. ell e. A."—nine syllables;
		BMC	"y. naçi eclipsava A".
3	Eolo:	Eolo:	'the god who imprisons the strong winds and calms the sea at will' (Ovid, *Metamorphoses*, xi).
4		BMC	"fortuna".

6   *Boreas:* A Thracian god of the north winds, he fell in love with Orinthya, one of the four beautiful daughters of King Erectheus, and was not requited. «When his endearments were of no avail, the wind bristled with rage, his normal temper which he all too commonly displays. "And rightly so", he cried. "Why did I abandon my own weapons, violent savagery, anger and threats, and make humble prayers, quite unsuited to my character? Violence is natural to me: by violence I drive away the grim clouds, by violence stir up the sea, bring gnarled oaks crashing down, freeze the snow, and lash the earth with hail... This is how I should have asked for the princess's hand in marriage, not begging but forcing Erectheus to be my father-in-law.» (Ovid., *Metamorphoses*, vi, transl. M. Innes).

10		BMC	"h.s.q. fue a".
11		IIc	"y.s.t.q.m."—seven syllables.
12		BMC	"m.f.n. ser n."
13		BMC	"y avn que es tal que me condena".
14		IIc	"q.v. mas v.";
		BMC	"q. vençido m. ventura"—clearly a corrupt reading.
15		BMC	"s.g.o.d.g."

18   *Copia:* Goddess of abundance, usually shown bearing a horn filled with fruit. Lines 18-20 may thus be paraphrased: 'Copia gave me a full measure of bile so that I should not be wanting in infernal torment'.

| | | BMC | "d. venino echome C." |
| 22 | | BMC | "d. ponerme e.n.e." |

23-24   These lines mean 'I shall have to take my life': Atropos, Clotho and Lachesis, the Parcae, were the goddesses of Fate who presided over the life of man; Atropos, the eldest of the sisters, cut the thread of life with a pair of scissors.

26		BMC	"yo tan e.s.";
		IIc	"yo tan mi e.s."
27		BMC, IIc	"m.q. bivir muriendo".
28		BMC, IIc	"por tomar de mi v."
29		BMC	"Y p.n.p.c.";
		IIc	"E p.n.p.c."
31		BMC	"q. todo m."

Stanzas V and VI are omitted in *I*; they appear in *IIa, IIb*, etc. *BMC* gives stanza V, but omits VI and VII. For stanzas V and VI our text is *IIa*.

33	BMC.	IIa, etc.	"Sagas pansagus d."
34	Editor.	IIa, etc.	"arcades tanbien oriuas;
		BMC	"harpados tanbien arpia".
35	Editor.	IIa, etc.	"d. nimis c.b."—nine syllables.
		BMC	"devoren mi carne fria".
38	Editor.	IIa, etc.	«h.c.a M.»;
		BMC	"hallen c. Menalampo"—this incorrect form of the name gives the line eight syllables instead of the seven which it has without it.

7

39	*BMC.*	*IIa,* etc.	"gargaseno".

33-40   The malediction proper begins in this stanza. The poet invokes the hounds of Actaeon, wishing upon himself the latter's frightful death. Actaeon, grandson of Cadmus, the founder of Thebes, was turned into a stag by Diana for (accidentally) discovering the goddess as she bathed her naked limbs in a clear pool. The metamorphosis rendered the illfated youth incapable of preventing his own hounds from giving chase to him and tearing him to pieces. The story is set in Gargaphie, a wooded valley sacred to the virgin huntress.

Garci Sánchez's treatment of the myth constitutes a significant departure from the Ovidian tradition, which presents Actaeon's fate as a cruel and unjust one: he sees it as a merciful release from the burning and unrequitable passion by which the young man must have been overcome at the sight of the naked goddess, and welcomes a similar release for himself from an unrequited passion which, it is implied, devours his spirit with more appalling ferocity than that of the hounds devouring Actaeon.

Ovid names some thirty-five hounds in Actaeon's pack (*Metamorphoses,* iii) Garci Sánchez appears to mention five, but the texts differ in spelling and identifying some of these. Lines 33 and 38 present no difficulty: it is clear from all the texts that the poet is referring to the Arcadian hounds Pamphagus and Dorceus, and to the Spartan hound Melampus.

49	Editor.	*I. IIa*	"Y nouates y C."
51	Editor.	*I. IIa*	"cobro s.a."
53	Editor.	*I. IIa*	"Passome e.v. acarón".

49-56   The poet imagines himself in the classical underworld as it is described in Ovid, *Metamorphoses,* iv. His place is in hell's prison before the gates of which sit the three sister goddesses, the children of Night, combing their snaky locks.

56	Editor.	*I. IIa,* etc.	"mogorgon", "las hojas de moygorgon", etc.
	Editor.	*I, IIa*	"Mogorgon"—this reading is clearly corrupt: the Furies were the daughters of Nox and Acheron. It seems reasonable to regard *Mogorgon* as a corruption of *Nox y Acherón,* even though this gives the line a count of nine syllables.
65		*IIc*	"N.c.yo e. b.m."
66	*Ticio:*		"Tityus attempted to offer violence to Latona, but the goddess delivered herself from his importunities by calling to her assistance her children, who killed the giant with their arrows. He was placed in hell, where a serpent continually devoured his liver; or, according to others, where vultures perpetually fed upon his entrails which grew again as soon as devoured. It is said that Tityus covered nine acres when stretched on the ground" (Dr. J. Lemprière, *Classical Dictionary of Proper Names mentioned in Ancient Authors,* Oxford, 1788; ed. 1958, pp. 637-638). In Ovid's account, a single vulture tears at the giant's entrails.
69		*IIc*	"E no cause en mi esta pena".
71	*BMC.*	*I, IIa*	"la".
74	*BMC.*	*I, IIa*	Omitted;
		IIc	"que m.m.p.v."
76	*IIc.*	*I*	"esta".

In *BMC,* the stanzas of this poem are interpolated with the following explanatory notes which I have punctuated for the sake of clarity:

El dia *ynfelice:* palabra es latina: quiere dezir "mal aventurado, desastrado".

Nocturno: "de la noche", aunque aquí lo pone por escuro.

Eclipsaba Apolo: "hazía eclipsi el sol". Es verdad que en latín se escribe con dos *ll.* Ansy mismo le llaman sol, Titán y Febo.

Eolo: segund los poetas fue dios de los vientos; el qual los tenía encerrados en Sicilia, debaxo de vnos montes, y el con vn cetro encima con que los regía. La verdad es que, segund opinión de algunos, fue el primer ynventor de velas, y por esto dixeron que tenía a los vientos a su mandar. Fue rey de Siçilia, pues las fuerças de Eolo son los vientos. Los Latinos dizen Eolo en la primera sílaba el acento.

Fortuna influyó Saturno: Saturno fue llamado dios entre los gentiles, e fue padre del dios Jupiter. Es Saturno el sétimo planeta de los siete; el primero es Luna; el segundo, Mercurio; el terçero Venus; el quarto, Sol; el quinto, Mars; el sesto, Jupiter. El sétimo, Saturno, haze a los que nazen, regnando él, fríos de complexión, secos, mal enconycos, avarientos, pobres, maliciosos, con otras malas propiedades; y por esto dizen que al tienpo que naçió Saturno ynfluyó Fortuna.

Boreas: quatro vientos son los principales segund las quatro partes del mundo: el primero es Euro, que nace en oriente; contrario suyo es Zefiro, que los Latines escriben *zephiro,* que nace en ocidente; Boreas nace en Setentrión, que es la parte del norte; Austro es su contrario, que naçe al mediodía. Quando anda Boreas es tiempo frío y de muchas aguas.

Copia: dixeron los poetas que era diosa de la abundancia y que a cada vno dava con vn cuerno, segund le plazía, a vnos lleno y a otros medio, y a otros poco o mucho, segund le plazía, de bien o mal. Otros le fingieron de otra manera que en la casa de Jupiter avía dos cuvas, vna de hiel y otra de miel, y [a] cada vno que entrava dava Copia a bever con el cuerno, segund le plazía, o mucho o poco de hiel o de miel. La casa de Jupiter es este mundo, y en entrando en el nos da Dios lo que emos de aver segund su presencia divina.

Avíe de cortar el hillo antes que Atropus le corte: Los poetas fingieron diversas opiniones de lo que acá comúnmente llaman Hado, porque dixeron que eran tres hermanas, fijas de Mogorgón, que fizieron ser la naturaleza de todas cosas, del qual haze mención en la sétima copla donde dize "las fijas de mogergón". Otros dixeron que eran fijas de Erebo y de la Noche. Erebo puede dezirse que fuese en ynfierno. Finalmente, los nombres dellas son Cloto, La Chesis, Atropus. Fingieron que estas hillavan nuestra vida, la qual compraron a vna husada o huso; y dixeron que Cloto saca el hilo, La Chesis le coge en la husada o huso, Atropos lo quiebra o corta después de cogido. Esto es por que quando nascemos sacamos el hilo, mientras vivimos se coge el huso, quando morimos se corta. Llamaron las Parchas, por que *parco* en Latín quiere dezir "perdonar", y ellas, por el contrario, a ninguno perdonan.

Salgan de: Ovidio, en el tercero libro *Metamorphoseos,* que quiere dezir de la conversión, dize que en vn día de verano viniendo Diana, diosa de la caça, cansada de caçar y sudando, al mediodía llegó con sus ninfas donzellas al campo de Arfia donde avía vna huerta hermosa; y desnudándose a las sombras de los árboles donde estaba la fuente para bañarse, por caso pasó por allí vn caballero caçador, y viola desnuda. Las donzellas corren para ponerse delante y en derredor della por la cobrir que no la viese; pero ella era más alta que todas desde los ombros ariba, y así no pudo encobrirse que no la conoçiese; de lo qual la diosa, indignada contra él, convirtióle en ciervo. Llegando sus perros, no conociéndole y puesto que se quexase ansí, le despedaçaron; los nombres de los quales fueron: Ichnobates, Melampo, Pamphago, Dor-

89

ceo, Ondaso, Nebrophonus, Selape, Heron, Pterelas, Agie, Hileo, Nape, Pemenis, Harpia, Ladondromas, Hanacho, Tigris, Alce, Leucon, Clo, Thoo, Ciprio, Lycisce, Harpalos, Agriodus, Hilactor.

Y levántese Çerbero: Fingieron los poetas que Cerbero era vn perro de tres cabezas, que estaba a la puerta del ynfierno. Este era tan grande que tomaba gran tierra, al qual Hércules sacó atado con tres cadenas quando fue allá a sacar a Theseo, su amigo. Y por esto dize "con el su cuello tridente", que es 'de tres dientes', pero aquí díxolo por tres cabeças. Comúnemente Çerbero es la Muerte, que de tres maneras mata: o por guerra, que es muerte açidental, o por hambre, o por enfermedad. *Carón* llamaron los poetas casi todos al marinero del ynfierno, y fingiéronle desta manera: vn viejo muy cano, grosero, suçio, los ojos como de fuego, pero muy rezio para el trabajo; tiene vna barca vieja, muy sucia, en que pasa las ánimas; trae vna vara con que aparta la barca de la ribera del río Aquerón, aunque en latín escriben *Caron* y *Acheron.* El qual río dixeron que estaba en la entrada del ynfierno, y que todas las ánimas que yvan deste mundo avían de pasar de la otra parte del río; y el oficio del viejo Carón era pasarlas de la otra parte para que reçibiesen bien o mal, segund sus obras. Este río llamavan 'de olvydo' porque en pasando por él olvidaban todas las cosas deste mundo; y por otro nombre le llaman Lethes, que era Río del Olvido; y por esto dixo en la copla "por las ondas de olvidança". Finalmente, que Carón le tomaron por el tiempo, que haze olvidar todas las cosas; y lo demás que fingieron, ser grosero suzio son propiedades de viejos; que tiene los ojos como de fuego, por que el tiempo vee mucho; que tiene vna barca vieja en que pasan las ánimas, es nuestra vida que pasa; las ánimas desde que nacimos hasta la muerte pasan por el río de olvydo, que es la misma muerte, y tienpo que todo lo haze olvydar.

49

[I]

No espero por ningún arte
ser más ni menos que so,
ni sé si vengo, si vo,
si *estoy* aquí, si en otra parte;
5 mas, según mis pensamientos,
repartido deuo estar,
y todo en todo lugar
donde ay penas y tormentos.

[II]

No soy libre ni catiuo,
10 dichoso ni desdichado,
ni constante, ni mudado,
menos so muerto [ni] biuo;
ni en mi muerte, ni en mi vida,
ni bien ni mal no consiste,
15 ni so alegre, ni so triste,
ni sano, ni con herida.

[III]

Ni cobrado, ni perdido,
antes, agora y después,
por quien nunca fue, ni es,
20 ni es posible que aya sido;
ni me acuerdo que me viesse
con más pesar o plazer,
ni pienso que pueda ser,
si por caso ser pudiesse.

[IV]

25 Assí que pena ni gloria
tengo, ni gloria ni pena,
ni oluidança ni memoria,
ni cosa mala ni buena;
porque quien no tiene vn modo
30 de biuir, nada no tiene,
ni yo, porque soy todo
quanto arriba se contiene.

[V]

De gloria, pena, ni llaga
a la par siendo acercarse
35 estas cosas sin mezclarse,
porque en medio no se haga;
yo de morir no me temo,
ni espero de auer remedio,
ni tampoco estó en el medio,
40 porque todo estó en estremo.

[VI]

Y pues no tengo poder
de tener mal conoscido,
remedio no te lo pido,
que tampoco no ha de ser;
45 mas pues vees que tan doblada
en biuir passo la muerte,
¿por qué te muestras tan fuerte
contra cosa que no es nada?

[VII]

Tan de memoria me pierdo,
50 de trasportado en tu fe,
que pienso que nunca fue,

o si fue, yo no me acuerdo
a causa de este perderme,
que quando me catiuaste,
55   señora, no me dexaste
saber para conoscerme.

[VIII]

Quedóme, para mi mal,
quando quesistes robarme,
vna forma de quexarme,
60   por instinto natural;
y pues [vëes] que encubrillo
no puedo, señora, a ti,
aued ya dolor de mí,
que peno, y no sé dezillo.

Text: *IIa.*
Rubric: Otra obra suya llamada Claro escuro.

2		*IIc*	"s.m.n.m.q. yo soy"—nine syllables.
4		*BMC*	"s.e.a. o en otra p."
12	*BMC.*	*IIa*	"que".
30		*IIc*	"d.b.n. ni t."
44		*BMC*	"q.t. tiene d.s."
61	*BMC.*	*IIa, IIc*	"veo."

In *BMC,* stanza VIII is followed by the last stanza of *No pido, triste amador.*

50

[I]

Ven, Ventura, ven y tura;
si no turares, no vengas,
mas antes en mí detengas
tu rueda queda y segura;
5   pues diste causa que amasse
mi fatiga,
da lugar con que la diga,
pues lo das con que la passe.

[II]

Gran buena ventura fuera
10   auer visto si durara,
mas amor luego matara
la causa porque nasciera;
mas estó por la cayda
de tal suerte,
15   requebrado con la muerte,
y de quiebra con la vida.

[III]

Responde la ventura

Tan apassionado estás
que no miro que me culpas,
mas vengo a ver, que verás
20   quán claras son mis desculpas;
por do podrás conoscer
que no he seydo
causa de verte perdido
en lo que pudiera ser.

[IV]

25   Causan tus males y afrentas
nueua manera d*e* amar,
que yo no te puedo dar
pena ni gloria que sientas;
ni tu muy graue tormento
30   tanto fuera,
si virtud mía pudiera
ser por acaescimiento.

[V]

Que los daños de ventura
vienen ciegos, sin razón,
35   no con tan justa ocasión
como los de tu tristura.
Mira lo que digo agora,
y verás
por donde me hallarás
40   causada y no causadora,

[VI]

De mil nombres me han nombrado,
yo no siendo cosa alguna:
vnos, Ventura, Fortuna,
otros, Dicha, y Suerte, y Hado;
45   so vn efecto sin sustancia
de ocasiones,
como cuando entre los sones
se causa la consonancia.

[VII]

Y estos nombres que me caben
50   d*e* estas cosas que fenescen,
son de aquellas que acaescen,

que el comienço no le saben;
mas quien tu mal començó
y tu tristura,
55 es más bella criatura
que [naciera] ni nació.

[VIII]

Pues si tiene mi esperança
el doliente de mi mal,
por ser mi mudança tal,
60 haré bien su malandança.
La esperança que tuuiste
nació muerta;
por lo qual es cosa cierta
porque siempre ha de ser triste.

[IX]

Responde el autor

65 No creo, Ventura mía,
que has causado mi afición,
mas con la mucha passión
digo lo que no creya;
pero plégate hazerme
70 sabidor:
¿qué maneras tuuo amor,
o qué formas de perderme?

[X]

Responde la ventura

Verdad es que me hallé
quando tú te catiuaste,
75 que fue quando la miraste
donde yo causada fue;
como los ojos la vieron,
de vn momento
dieron al entendimiento
80 cuenta de lo que sintieron.

[XI]

Rescebida información
de los ojos, el juyzio
vido todo el perjuyzio
venidero, y su passión;

85   y visto por quien se ordena
      su compás,
      juzgó que pesaua más
      la gloria que no la pena.

[XII]

      Desque juzgó la potencia,
90   començó de recrear:
      recreaua en contemplar
      quánta era su excellencia;
      tenía en la fantasía
      por más gloria,
95   desseando ser memoria,
      por lleuar la mejoría.

[XIII]

      Desque ya ouo entendido,
      a la voluntad se fue,
      dando muy entera fe
100 de lo que oyó y vido.
      Dixo: «Señora, tomad
      tal porfía»,
      declarando que ternía
      la razón por voluntad.

[XIV]

105 Visto ya y determinado,
      la voluntad luego amó,
      y a la memoria mandó
      que lo ouiesse encomendado.
      Dixo que se lo guardasse,
110 si no en pena,
      harié que de cosa buena
      nunca jamás se acordasse.

[XV]

      La forma vista y amada
      la memoria recibió,
115 y su puerta se cerró
      con fe de amores sellada;
      sellada de tal manera
      que su estoria
      nunca pueda en la memoria
120 despintarse, aunque ella muera.

[XVI]

Y pues vees tú que procedo
yo misma de tu penar,
no te esperes remediar
de mi mano, pues no puedo:
125   que tu muy alta passión
y porfía
fuera va de jumetría
de mi gran juridición.

[XVII]

Dize el autor

Pues dame tu parescer
130   en tal angustia y tormento,
si aquexasse el mal que siento,
o si calle el padescer.

    [*Responde la Ventura*]

Parésceme, pues, mejor
lo que tienes,
135   pues que en no amalla penes,
y escuses su desamor.

[XVIII]

Parésceme que has penado,
mas tal pena es gualardón:
al quexar de tu passión
140   auráslo por escusado.
Antes porque no te acabe
si biuieres,
si seruicios le hizieres,
no sienta que Amor lo sabe.

[XIX]

Haze fin el autor

145   Tal estó, que a mi ventura
le paresce que es mejor
que, callando mi dolor,
siga amando mi tristura;
y pues tal remedio alcança
150   la salud,
aflaquezca la virtud,
convalezca la esperança.

Text: *IIa.*

96

Rubric: Otras suyas contra la fortuna.
A poem in the tradition of Santillana's *Bias contra Fortuna* and Mena's *Laberinto de Fortuna*.

56	IIc.	IIa	"nacera".
75		IIc	"q.f.q. tu m.";
		IId	"q.f. donde tu m."

51

[I]

Caminando en las honduras
de mis tristes pensamientos,
tanto anduue en mis tristuras
que me hallé en los tormentos
5 de las tiniebras escuras:
vime entre los amadores
en el *Infierno de amores*
de quien escriue Gueuara;
vime donde me quedara
10 si alguno con mis dolores
en ser penado ygualara.

[II]

Vilo todo torreado
de estraña lauor de nueuo,
en el qual, después de entrado,
15 vi estar solo vn mancebo
en vna silla asentado.
Hízele la cortesía
que a su estado requería,
que bien vi que era ell Amor,
20 al que le dixe: «Señor,
[aquí] vengo en busca mía,
que me perdí de amador.»

[III]

Respondióme: «Pues que vienes
a uer mi casa real,
25 quiero mostrarte [mis] bienes,
pues que has visto mi mal,
y lo sientes y lo tienes.»
Leuantóse y luego entramos
a otra casa, do hallamos
30 penando los amadores
[entre ellos] grandes señores,
en las manos sendos ramos,
todos cubiertos de flores.

[IV]

Díxome: «Si en vna renta
35 vieres andar mis catiuos,
no te ponga sobrevienta,
que, de muertos y de biuos,
de todos hago vna cuenta:
todos los tengo encantados—
40 los biuos y los finados—
con las penas que touieron,
de la misma hedad que fueron
quando más enamorados
en este mundo se vieron.»

[V]

45 En entrando vi assentado
[en] vna silla a Maçías,
de las heridas llagado
que dieron fin a sus días,
y de flores coronado;
50 en son de triste amador
diziendo con gran dolor,
vna cadena al pescueço,
de su canción el empieço:
«Loado seas, Amor,
55 por quantas penas padeço.»

[VI]

Vi también a Juan Rodríguez
del Padrón dezir penado:
«Amor, ¿por qué me persigues?
¿no basta ser desterrado?
60 ¿aun [en alcançe] me sigues?»
Éste estaua vn poco atrás,
pero no mucho compás,
de Maçías, padesciendo,
su misma canción diziendo:
65 «Biue Leda, si podrás,
y no penes atendiendo.»

[VII]

Vide luego a una ventana
de una rexa estar parado
al Marqués de Santillana,

70 preso y muy bien recabdado,
    porque estaua de su gana;
    y diziendo: «Mi penar,
    aunque no fue a mi pesar,
    ni son de oro mis cadenas,
75 siempre las tendré por buenas—
    mas no puedo comportar
    el grand dolor de mis penas.»

[VIII]

    Vide all Amor que ponía
    vna guirlanda de flores
80 a Monsalue, que sentía
    de sus penas las mayores,
    y vascando assí dezía:
    «La merced que Amor me haze
    sin vos no me satisfaze,
85 ni el dolor que me atormenta,
    mas mis penas acrescienta,
    pues seruiros os desplaze
    y loaros descontenta.»

[IX]

    A Gueuara vi quexarse
90 tal que me puso manzilla,
    y en biuas llamas quemarse,
    como quien hizo capilla
    para en ella sepultarse;
    y el secreto mal de amores,
95 de penas y disfauores
    no podiendo más sofrir,
    comiença luego a dezir:
    «Liuianos son los dolores
    que el seso puede encobrir.»

[X]

100 Vi estar a don Rodrigo
    de Mendoça en soledad,
    diziendo solo consigo:
    «O dama de gran beldad,
    ¿por qué estás así comigo?»
105 Mas dezía sin tristura:
    «Dichosa fue mi ventura,
    por darme vos el tormento,

pues a mi conoscimiento
no vence sola hermosura,
110   mas otras gracias sin cuento.»

[XI]

Y vi luego a Juan de Mena
de la hedad que amor sintió,
con aquella misma pena
como quando lo encantó
115   ell Amor en su cadena;
y de tal llaga herido
que le priuaua el sentido,
y así estaua transportado,
diziendo como oluidado:
120   «¡Ay, dolor del dolorido
que non oluida el cuydado!»

[XII]

Vi que estaua en vn hastial
don Diego López de Haro
en vna silla infernal,
125   puesto en el lugar más claro
porque era mayor su mal;
vi la silla en fuego arder,
y él sentado a su plazer,
publicando sus tormentos
130   y diziendo en estos cuentos:
«Caro me cuesta tener
tan altos mis pensamientos.

[XIII]

Don Jorge Manrique andaua
con gran congoxa y tormento:
135   de pensar no se hartaua,
pensando en el pensamiento,
que pensar más le agradaua,
diziendo entre sí consigo:
«Siempre seré mi enemigo,
140   pues en darme me perdí;
mas si yo mismo me di,
no sé por que me fatigo,
pues con razón me vencí.»

[XIV]

A Sant Pedro preso vi,
145 que dezía muy sin pena:
«Manzilla no ayáys de mí,
que aquesta gruessa cadena
yo mismo me la texí.»
Y tornaua con dolor:
150 «¡O cruel, ingrato amor,
lleno de rauia mortal!
¡O biua muerte y gran mal:
tenémoste por señor,
y tu galardón es tal!»

[XV]

155 Vide a Juan de Hinestrosa
llorando con gran passión,
de vna flecha ponçoñosa
herido en el coraçón
de mortal llaga rauiosa:
160 nunca tan perdido vi
ninguno—despés de mí—
diziendo: «Pues biuo yo
con mal que nadie biuió,
no sé para qué nascí,
165 pues que en tal estremo estó.»

[XVI]

Vi venir a Cartagena,
diziendo con pena fuerte:
«Ved que tanto Amor condena
que aun no me pudo la muerte
170 libertar de su cadena.»
Y dezía con passión:
«Para mí ouo conclusión,
mas no para mis dolores:
ved quán fuera de razón
175 va la ley de los amores—
ser los ojos causadores,
y que pene el coraçón.»

[XVII]

Vi tanbién andar penando
el Vizconde de Altamira,
180 en amores contemplando,

de rato en rato sospira,
muy amenudo hablando,
diziendo con gran tristura:
«Aued vn poco mesura:
185 no me deys ya más cuydados,
que bien bastan los passados,
señora de hermosura,
guía de los desdichados.»

[XVIII]

Vi a don Luys arder,
190 su hermano, en llamas de amores
que sus gracias y saber,
ni sus muy altos primores
le pudieron socorrer.
Del todo desesperado,
195 pero no desamparado,
según su dicho se esmera,
diziendo desta manera:
«Si no os ouiera mirado
pluguiera [a] Dios que no os viera.»

[XIX]

200 Vi luego que vn gran harpón
a don Diego de Mendoça
le passaua el coraçón
por la mano de una moça,
tirando con afectión,
205 y diziendo: «Pues sin verte
biue mi vida en la muerte,
muera ya porque no pene.»
Y luego cantando viene:
«Pues no mejora mi suerte,
210 cedo morir me conuiene.»

[XX]

Don Luys de Torres vi
en el norte estar mirando,
mirando y como entre ssí
tales palabras hablando—
215 hablando y diziendo assí,
los ojos en el estrella:

«Si el remedio de perdella
ha de ser ver otra tal,
¡quán sin él está mi mal,
220 pues ninguna es tal como ella!»

[XXI]

Vi a don Manrrique de Lara
como ombre muy aborrido,
su pena escura muy clara,
de todas partes herido,
225 muerta la flor de su cara:
por el suelo vi tendida
su real sangre vertida,
sin guardarle preminencia,
diziendo muy sin paciencia:
230 «Desespérese mi vida
de sanar de esta dolencia.»

[XXII]

Vi más a don Bernaldino
de Velasco allí encantado,
que estaua assí de camino,
235 vestido de colorado,
de seda y de paño fino;
vi otros en derredor,
con él heridos de amor,
que yuan en su compañía,
240 diziendo como aquel día:
«No juzguéys por la color,
señora, que nos cobría.»

[XXIII]

Vi don Hernando de Ayala
con toda la gentileza
245 que murió, y toda la gala,
herido de gran tristeza;
vilo andar por vna sala;
vi que ninguno no vale
tanto que en amor se yguale
250 con el de los amadores;
vi su esfuerço y sus primores,
vi que ell alma se le sale
diziendo: «¡Amores, amores!»

[XXIV]

Don Esteuan de Guzmán
255 vi que andaua muy lloroso,
sufriendo cuyta y afán,
y quanto más él quexoso,
tanto más pena le dan.
Dezía: «Si atormentarme
260 queréys por la muerte darme,
señora de grand valer,
ternéos que agradescer—
mas no queréys acabarme
por más mal poder hazer.»

[XXV]

265 Allí vi al Comendador
Juan de Hinestrosa andar
herido de vn passador,
[tal que el hasta vi tembrar
que era cosa de temor:]
270 [sus penas se descubrieron,
sus manos mis ojos vieron,]
sacadas con gran dolor,
diziendo hazia el Amor:
«Las tus manos me hizieron
275 y formaron amador.»

[XXVI]

A don Bernaldino vi
Manrrique tañer cantando,
como ombre fuera de sí,
en tristezas lamentando,
280 tal que en verlo enmudescí;
tal lo vi qual yo me veo
con el mal con que peleo,
muy lloroso y sospirando,
diziendo de quando en quando:
285 «Descanso de mi desseo,
te meresco desseando.»

[XXVII]

A don Yñigo Manrrique
vi penar de tantos modos,
que es razón que lo publique,
290 porque en él castiguen todos,

y sus penas notifique:
vi su gesto y su plazer,
y el cuerpo en llamas arder
con el coraçón partido,
295 diziendo: «Aunque soy perdido,
mejor fue perder mi ser,
señora, que no auer sido.»

[XXVIII]

Y también vi a don Diego
de Castilla desseando,
300 muy vascoso y sin sossiego
con la muerte andar lidiando
en lo más biuo del fuego.
Verdaderamente creo
que nunca fue tal desseo
305 qual mostraua que tenía,
diziendo sin alegría:
«¿Dónde estás que no te veo?
¿qué es de ti, esperança mía?»

[XXIX]

Passaua mal sin medida
310 don Antonio de Velasco,
y ell esperança perdida,
dezía con muy gran vasco:
«Perdónesseme la vida,
cruel amor» diziendo: «pues
315 de matarme gana aués,
y en ello mi mal se afirma,
mi voluntad lo confirma:
y *espiritus promptus es*
caro autem es infirma.»

[XXX]

320 Vi a don Sancho, su hermano,
en el mismo fuego arderse,
de la muerte tan cercano,
que ni él podíe valerse,
ni dar al otro la mano,
325 diziendo: «¡Qué gran dolor
que tengamos por señor
a quien causa nuestro daño!

¿puede ser más claro engaño?
nunca fue pena mayor,
330 ni tormento más estraño.»

[XXXI]

Vi [a Mariño] que venía
con su ballesta y [aljaua],
como ombre sin alegría;
desque le vi qual estaua
335 preguntéle qué sentía.
Dixo: «Siento tal passión,
pena, desesperación,
que de verme en tal estrecho,
hago tiros con despecho
340 que tiran al coraçón
del mismo que los ha hecho.»

[XXXII]

Vi vna merced que Amor
hizo allí a don Aluar Pérez,
diziendo: «Mi seruidor,
345 quiero que seas mi alférez,
pues eres tan amador.»
El, viendo el peligro que era,
tomó luego la bandera,
y con desesperación
350 tañe y canta esta canción:
«Mi vida se desespera
temiendo su perdición.»

[XXXIII]

Vi estar muerto de amores
a su hermano, don Alonso,
355 sepultado entre las flores,
y cantándole vn responso
calandrias y ruyseñores;
vi que Venus y Cupido
favorescen su partido,
360 tanto que, aunque desespera,
le vi dezir: «Aunque muera,
más quiero assí ser vencido
que vencer de otra manera.»

[XXXIV]

Y vi más a don Manuel
365 de León armado en blanco,
y ell amor la ystoria de él
de muy esforçado y franco,
pintado con vn pinzel;
entre las quales pinturas
370 vide las siete figuras
de los moros que mató,
los leones que domó,
y otras dos mil auenturas
que de vencido venció.

[XXXV]

375 El Amor vi que tiraua
flechas al Conde de Haro,
con yerua que le passaua
los pechos de claro en claro,
mas la yerua no trataua,
380 diziendo: «Si no muriere,
ya veys que es porque me hiere
con toda su fuerça Amor:
por do es mi mal mayor,
si por caso yo biuiere,
385 partiendo con tal dolor.»

[XXXVI]

Yñigo López andaua
con vna mortal ferida,
que el coraçón le passaua,
recelando la sallida
390 el alma que en él estaua.
A grandes bozes dezía:
«Harto de tanta porfía,
sostengo vida tan fuerte
[que yo no puedo sin verte,]
395 que es triste el ánima mía
hasta que venga la muerte.

[XXXVII]

Lope de Sosa venía,
enclauado de saetas,
tal que muerte descobría
400 sus passiones muy secretas.

Estas palabras dezía:
«Pues Amor su haz me esconde,
[y a mi] seruir no responde,
cierto es mi desesperar.»
405 Y comiença de cantar:
«Más embidia he de vos, conde,
que manzilla ni pesar.»

[XXXVIII]

Luys de Espíndola estaua
con gesto sin alegría:
410 de amores se traspassaua,
ni velaua, ni dormía,
ni dormía, ni velaua;
en su robada color
mostraua su disfauor,
415 con el esperança muerta,
diziendo: «Razón, despierta;
ved qué causa el desamor
que contra amor se concierta.»

[XXXIX]

Vide a Fernando de Llanos
420 andar regando su huerta,
no de peros ni mançanos,
mas de males que concierta
Amor a sus más ancianos.
Y avnque como seruidor
425 la trataua Amor peor,
mostraua contentamiento,
diziendo con gran tormento:
«Son mis passiones de amor
tan altas de pensamiento.»

[XL]

430 Vide a Rodrigo Mexía
allí entre todos en medio,
que en biuos fuegos ardía,
ni tornaua su remedio,
ni dexaua su porfía,
435 que era muerto, siendo biuo,
y siendo libre, captiuo,
declarando su beuir,

y dezía en su dezir:
«El mal que de vos recibo
440 es más que para morir.»

[XLI]

A don Lope de León,
con todos sus amadores,
vi cantar en tal sazón,
y votauan por amores
445 de no darse a otra prisión
sino aquella que tenían
por seruir a quien seruían
donde perdieron sus vidas,
mirándose las heridas,
450 alegres porque complían
las deudas [a] amor deuidas.

[XLII]

Vi a don Juan de Guzmán,
primogénito de Niebla,
estar penando en muy gran
455 y muy escura tiniebla,
tal que apenas vi su afán,
diziendo: «Quien conosceros
pudo como yo, y perderos,
justa cosa es que esté aquí:
460 no, señora, porque os vi,
porque mi vida en no veros
tal gloria quitó de sí.»

[XLIII]

Cabo

Perdonen los caualleros
a quien hago sinjusticia,
465 pues quedan por estrangeros
y agenos de mi noticia
de poner en los primeros.
Y si de esto se quexaren
los que aquí no se hallaren,
470 porque assí cierro la puerta,
la materia queda abierta:
póngase los que faltaren.

Text: *I.*
Rubric: Coplas del dicho Garci Sánchez a los galanes, fiingiendo que los vido
presos en la casa de Amor a los biuos y a los pasados, con las canciones que
hizieron: llámase Infierno de amor.

Stanza I in *BMC* is as follows: "Como sin veros me perdi / pensando que me hallara / al ynfierno deçendi / donde se fingio gebara / para preguntar por mi / en el qual muchos halle / condenado en mi fe / que aqui traygo por escrito / que eneste lugar note / para el qual yo soy preçito."

21	*IIc.*	*I*	"yo v.e.b.m."
25	*IIc.*	*I*	"q.m. los b."
27		*BMC*	"y.l. sabes y l.t."
30		*BMC*	«penados l.a.»
31	*IIc.*	*I*	"entre los g.s."
39		*BMC*	"t.l. traygo e."
40		*BMC*	"l.b.y.l. pasados"
46	*IIc.*	*I*	"v.s.a.M."
50-51		*BMC*	"diziendo con gran dolor / en son de preso amador"
53		*BMC*	Line omitted.
56		*BMC*	"V. mas luego a J.R."
57		*IIc*	"d.P.d. penando".
60	*BMC.*	*I*	"ellacance";
		IIa	"ellancançe";
		IIc	"ellalcance".
61		*BMC*	"y esto esta v.p.a."
84		*IIc*	"s.v.n. las s."

Stanzas VII and VIII are omitted in *BMC*.

94		*BMC*	"el secreto es mal de amores".
96		*BMC*	Line omitted.
104		*IIc*	"p.q. te has a.c."

Stanza **X** is omitted in *BMC*.

120		*BMC*	"ya d.d.d."
124		*BMC*	Line omitted.
125		*IIc*	"p.e. vn l.m.c."
131		*BMC*	"c.m. costo t."
136		*BMC*	"ni el pensar del pensamiento"
137		*BMC*	"por penado mas penava".
138		*BMC*	"d. entresi y.c."

Stanza **XIV** is omitted in *BMC*.

159		*BMC*	"de llaga muy peligrosa".
161		*BMC*	"a nadie d.d.m."
166		*IIc*	"E v.v.a.C."
169		*BMC*	"pues que no puede l.m."
170		*IIc*	"delibrar d.s.c.";
		BMC	"libertad d.s.c."
171		*BMC*	Line omitted.
172-173		*BMC*	"mas no ya mi pasión / ni tormentos ni dolores".
179		*IIc*	"al v.d.A."
189		*IIc*	"E v.a.d.L.a."
193		*BMC*	"l. podian s."
197		*BMC*	"que dize d.m."
199	*IIc.*	*I, IIa*	"a" omitted.
200		*IIc*	"E v.l.q.v.g.h.;
		BMC	"V.l. con g.h."
204		*IIc*	"t.c. aficion".
208		*BMC*	"y cantando luego viene".

Stanza **XX** is omitted in *BMC*. The rhyme-scheme suggests that a line is missing. This would be line 11, but none of the texts gives an eleven-line stanza.

222		*BMC*	"como onbre aborreçido".
232		*IIc*	"E v.m.a.d.B."
233		*BMC*	"d.V.a. cantando".

237		*IIc*	"E v.o.e.d."
239		*BMC*	"que aquella color **cobria**"—**a** plausible alternative, since *I* is tautologous.
242		*IIc*	"señoras q.n.c."
243		*IIc*	"E v.a.d.H.d.A."
248		*IIc*	"v.q.n. le v."
250		*BMC*	"ante todos amadores".
252		*BMC*	"v.q.e.a.l.s.

Stanza XXIV is omitted in *BMC*.

265	*IIa.*	*BMC*	"Vy alli a.c."
268-269	*IIc*	*I*	"era cosa de temblar".
270-271	*BMC.*	*I, IIa*	"mis ojos sus manos vieron".
272		*BMC*	"entorcidas con gran dolor"—nine syllables.
276		*IIc*	"don" omitted—seven syllables.
276-277		*BMC*	"Don Bernardino Manrrique vi [ten syllables] / y vilo tañer cantando".
281		*BMC*	"t. le v.q.y.m.v."
282		*BMC*	"en el m.c.q.p."
292		*BMC*	"v.s.g. syn p."
293		*IIc*	"y en c.e.ll.a."
297		*BMC*	"que no avello seydo".
300		*BMC*	"m. penoso y s.s."
306		*IIc*	"cantando s.a."
310		*IIc*	"d. tantonio d.V."
318		*IIc*	"spiritus"—Latin words misspelt in *I* are often spelt correctly in later editions.

Stanza XXVIII is omitted in *BMC*.

320		*IIc*	"E v.a.d.S.s.h."
323		*IIc*	"q.n.e. podia v.";
		BMC	"q. no podia v."
331	*BMC.*	*I*	"V. Ariño q.v."—Marineus Siculus—
332	*IIa.*	*I*	"al jaua".
334		*BMC*	"yo desque vi qual andava".
337		*BMC*	Line omitted.
342		*BMC*	"E v.v.m.q.A."
345-346		*BMC*	"pues que soys tan amador / quiero que seays mi alferez"—*Amor* would normally address Alvar Pérez in the second person singular.
353		*IIc*	"E v.e.m.d.a."
366-368		*BMC*	"y al amor con vn pinzel / de muy esforçado y franco / pintando la estoria del".
370		*BMC*	"vy yo l.s.f."

Stanzas XXXV-XLII are omitted in *I*. They are probably not by Garci Sánchez. They appear in *IIa*, etc., and *BMC*. Text: *IIa*.

394	*BMC.*	*IIa, IIb*, etc.	Line omitted.
403	*IIc.*	*IIa*	"ya mi";
		BMC	"y mi servicio n.r."
417		*BMC*	"la causa del desamor".
419		*BMC*	"Vy a Francisco d.Ll."
430		*BMC*	"Vy a R.M."
441		*BMC*	"Vy cantar en tal sazon".
443		*BMC*	"a don Lope de Leon".
444		*BMC*	"y votava p.a."

446		BMC	"s.a.q. tenia".
447		BMC	"p.s.a.q. servia".
451	Editor.	Ia	"l.d.a.d."
455		BMC	" yoscureçida t.
463		BMC	"Perdonenme l.c."—nine syllables.
470		IIc	"porque a. acerto l.p.";
		BMC	"porque aqui cierro l.p."
472		BMC	"ponerse an l.q.f."

52

[I]

Después que mi vista os vido
y de amor me vi cercado,
en sola fe sostenido,
de esperança descuydado
5   de jamás ser socorrido,
y por mi menguada suerte
el combate fue tan fuerte
en contra de mi salud,
que enflaqueció la virtud,
10 y entregáronse a la muerte
las fuerças de juuentud.

[II]

Cabo

Y assí está en vuestro seruicio
todo lo biuo y lo muerto;
lo muerto murió en su oficio,
15 que ell alma, que es lo despierto,
biue en más triste exercicio;
mas mi ánima es contenta
de sofrir sola ell afrenta
de tormento tan vfano,
20 porque el cuerpo, que es humano,
mal empleado es que sienta
herida de vuestra mano.

Text: *IIa.*
Rubric: Otras suyas.

53

[I]

No pido, triste amador,
la muerte por descansar,
ni por no sofrir dolor,
pues la más gloria de amor
5 es beuir para penar;

ni porque mi fe no alcança
por qué nascistes sin par,
menos por [desesperar],
pues nunca tuue esperança.

[II]

Fin

10 La causa por qué me ofrezco
a la muerte sin temor,
no es por males que padezco,
mas porque no la merezco,
porque sienta más dolor.
15 Mas si so tan conoscido,
mi enemigo encarescido,
por selle mas verdadero,
ya lo que [pido] no quiero,
porque quiero lo que pido.

Text: *IIa.*
Rubric: Otras suyas.

| 8 | BMC. | IIa, IIc | "dissimular". |
| 18 | BMC. | IIa, IIc | "puedo". |

54

[I]

Sin voluntad me destruys,
sin ella me remediáys:
por quien soys remedio days
a quien por quien soys herís.
5 Más pena me days assí
que adrede podríades darme:
que mi desseo es hallarme
do mirássedes en mí
siquiera para matarme.

[II]

10 Yo no pido que miréys
a mí para verme sano,
pues que no está en vuestra mano
matar que no remediéys;
mas quiero ser biuo o muerto,
15 lo que de esto más queréys,
señora, y que lo mandéys,
porque yo tenga por cierto
que por vuestro me tenéys.

113

[III]

Fin

      Quiero más que mis dolores,
20 de quien soys causa, sepáys,
      señora, que vos los days,
      siendo por vuestros amores;
      daysme tan cruel tormento,
      sin aueros enojado,
25 que el mayor dolor que siento
      es verme desesperado.

Text: *IIa.*
Rubric: Otras suyas a su amiga.

55

[I]

      Yd, mis coplas venturosas,
      a ver la gran hermosura
      delante quien las hermosas
      parescen la noche escura
5 y todas las otras cosas;
      que en su belleza crüel
      he hallado estremos dos:
      vno, de alabar a Dios;
      otro, de [quex*a*rme] de Él.

[II]

10 Por el bien que siento en vella
      deuo yo a Dios alabança;
      d*e* Él tengo también querella,
      porque de mi malandança
      fue causador en hazella.
15 Pero fue tal marauilla
      ser tan excellente ser,
      que he por bueno su nascer,
      y aun el mío por seruilla.

[III]

      Dezilde que os he encubierto
20 lo más de mi pensamiento,
      mas lo que sabéys de cierto
      de lo que sentís que siento,
      dezid, pues, que quedo muerto;

y lleuad también memoria
25 de dezir quál me dexáys,
porque supe donde vays
de embidia de vuestra gloria.

[IV]

Fin

Si dixere «¿A quién dessea?»
o «¿por quién es su tristura?»,
30 dezilde, para que os crea,
que, según su hermosura,
que pensáys que ella sea;
y si por vuestro atreuer
quiere ponerme en estrecho,
35 dezilde que ya está hecho
quanto me puede hazer.

Text: *IIa.*
Rubric: Otras suyas porque su amiga le pidió coplas en que leyesse.

9	*IIc.*	*IIa*	"quexerme".
16	Editor.	*IIa, IIc*	"s. de t.e.s."—a reading which must give a count of nine syllables and distort the obvious meaning.
18		*BMC*	"y.a.e.m. para servilla".
23		*BMC*	"d. que yo q.m."

56

[I]

La hermosura acabada
que Dios os dio tan sin mengua,
si pudiesse ser loada,
auía de ser por lengua
5 para sólo esto criada;
mas, quien sin aquésta está,
sin errar, ¿cómo dirá
quán hermosa os hizo Dios?
pues si no se hablan en vos
10 muy mayor yerro será.

[II]

Y pues ningún seso humano
de esto se puede escusar,
por no tornarse vano,
vuestros primores sin par
15 ha de apuntar muy liuiano;
y también ha de pensar,

aunque piense no acabar
de sobiros quanto pueda,
que vuestra merced se queda
20 con sus gracias sin loar.

[III]

Quédesse, pues no es dispuesto
para en plática poner
al primor de vuestro gesto,
y también vuestro saber,
25 que bastaua para esto;
pues la gracia que tenéys
y lo mucho que valéys,
¿qué cumple hablar en ello,
pues que quiso Dios hazello
30 tal que vos lo merescéys?

Text: *IIa*.
Rubric: Otras suyas loando a su amiga.

57

[I]

La mucha tristeza mía
que [causa] vuestro desseo,
ni de noche, ni de día,
quando estoy donde no os veo
5 no oluida mi compañía:
yo los días no los biuo,
velo las noches catiuo,
y si alguna noche duermo,
suéñome muerto en vn yermo
10 en la forma que aquí escriuo:

[II]

yo soñaua que me yua,
desesperado de amor,
por vna montaña esquiua
donde si no vn ruyseñor
15 no hallé otra cosa biua;
y del dolor que leuaua,
soñaua que me finaua,
y el Amor que lo sabía,
y que a buscarme venía,
20 y al ruyseñor preguntaua:

116

[III]

«Dime, lindo ruyseñor,
¿viste por aquí perdido
vn muy leal amador
que de mí viene herido?»
25 —¿Cómo? ¿soys vos el Amor?—
—Sí, yo soy a quien seguís,
y por quien dulçes beuís
todos los que bien amáys—.
—Ya sé por quién preguntáys:
30 por Garci Sánchez dezís—.

[IV]

Muy poco ha que passó
solo por etsa ribera,
y como le vi y me vio
yo quise saber quién era
35 y él luego me lo contó,
diziendo: «Yo soy aquel
a quien más fue amor crüel,
crüel que causó el dolor,
que a mí no me mató amor,
40 sino la tristeza de él.»

[V]

Yo le dixe: «¿Si podré
a tu mal dar algún medio?
Díxome: «No, y el porqué
es porque aborrí el remedio
45 quando de él desesperé.»
Y estas palabras diziendo,
y las lágrimas corriendo,
se fue con dolores graues.
Yo con otras muchas aues
50 fuemos empos de él siguiendo,

[VI]

hasta que muerto cayó
allí entre vnas açequias,
y aquellas aues y yo
le cantamos las obsequias,
55 porque de amores murió;
y aún no medio fallescido,

117

la Tristeza y el Oluido
le enterraron de crüeles,
y en estos verdes laureles
60 fue su cuerpo convertido.

[VII]

De allí nos quedó costumbre,
las aues enamoradas,
de cantar sobre su cumbre
las tardes, las aluoradas,
65 cantares de dulcedumbre.»
«Pues yo os otorgo indulgencia
de las penas que el ausencia
or dará, amor y tristura,
a quien más su sepoltura
70 seruirá con reuerencia.»

[VIII]

Fin

Vime alegre, vime vfano
de estar con tan dulce gente;
vime con bien soberano,
enterrado honrradamente
75 y muerto de vuestra mano.
Assí estando en tal concierto,
creyendo que era muy cierto
que veya lo que escriuo,
recordé, y halléme biuo,
80 de la qual causa soy muerto.

Text: *I.*
Rubric: Otra obra suya recontando a su amiga vn sueño que soñó.

2	*BMC.*	*I, IIa*	"q. causó v.d."
5		*BMC*	"o.m.c."
6		*BMC*	"y l.d.n.l.b."
11		*IIc, BMC*	"y. señora q.m.y."
27		*BMC*	Line omitted.
30		*BMC*	"p.G.S. lo d."
31		*BMC*	"Poco tiempo a que paso"
37		*BMC*	"más" omitted.
38		*BMC*	"quel q.c.e.d."
40		*BMC*	"s. las tristezas d.e."
42		*BMC*	"en su m.d.a.m."
43		*BMC*	"el me dixo no el por que"
44		*BMC*	"e.p. quel aburrio e.r."
48-49		*BMC*	"s.f. por aquella orilla / y con las de mi quadrilla".
52		*BMC*	"dentro daquellas acequias".
53		*BMC*	"y aquestas a.y y."
54		*IIa*	"les c.l.o."
61		*BMC*	"D.a.n. queda c."

64	IIc	"la t.l.a.";
	BMC	"l.t. y l.a."
66	BMC	"aqui os"
67	BMC	"d.l.p. en absençia".
68	BMC	"o. da a. y su t."
69-70	BMC	"y aquien con mas rreverençia / honrrare su sepoltura"—this reading makes sense but alters the rhyme-scheme.
76	BMC	"y estando e.t.c."
78	BMC	"q. bien v.l.q.e."

58

[I]

Quando yo vi vuestro gesto
con su estraña hermosura,
el mi espíritu fue puesto
en esta prisión escura
5 donde está de manifiesto.
Y después que puso embargo
amor en mi pensamiento,
con la passión del tormento
confessé que era sin cargo:
10 fue sentenciado y contento.

[II]

Fue juzgado sin razón,
fue condenado en ausencia,
recebí muerte y passión:
fue muy breue la sentencia
15 y larga la essecución.
No sé, triste, cómo muero
en la cárcel, sin pregón,
contra justicia y razón:
siendo el alma el prisionero
20 y estando el cuerpo en prisión.

Text: IIa.
Rubric: Otras suyas a su amiga.

59

[I]

que después porque se esmera,
sobre todos esmerada,
sy no creyéredes, myralda
y rruby en graçia qualquiera;
5 Venyd, todos, y adoralda!

119

Gracias con ella nacieron,
propiedades de virtudes,
que por mal del onbre fueron:
pues destruye las saludes
10 de todos quantos la vieron.

[II]

Fin

Dios de graçia la crió,
por vn modo angelical,
tal que, quien la viere tal,
podrá dubdar que naçió,
15 pero no que es ynmortal.
Parece que así se vino
para acá nunca aver fin
desde el çielo cristalino,
con alas de serafín
20 bolando por el camyno.

Text: *BMC.*

60

[I]

Comiença el prohemio

A la hora en que mi fe
más afirma mi cuydado,
quando más mi vida muere,
quando en amor me hallé
5 tan en cabo desamado
que aun la muerte no me quiere,
ni me dexa,
ni me dexa, ni se alexa
de mí nada,
10 mas anda dessimulada
siendo vida de mi quexa,

[II]

mis ojos tornados fuentes
do recrea mi beuir,
Amor me quiso mostrar
15 todos mis males presentes,
passados y por venir;
atormentado a la par
porque viesse

de seruille el interesse
20　que se sigue,
hame dicho que me obligue
a que más triste siruiesse.

[III]

Muestra los males presentes

Firmeza entonces ponía
a mi vida a la menguante,
25　de mi plazer que menguaua
desque mi pesar crescía,
por estar mi fe constante;
el despecho me doblaua
la passión,
30　la passión que compassión
no consiente,
y entrauan con la creciente
desmayos al coraçón.

[IV]

Assí está muerta mi vida,
35　aunque mi dolor se amansa,
no faltándome passión,
y mi persona vencida
de la porfía que cansa
las fuerças de la razón,
40　desseando,
desseando y no esperando
el dessear,
espero desesperar,
no veo la ora quando.

[V]

45　No espero lo que desseo,
mas desseo lo que espero,
que es tomarme yo el morir;
que si a mi esperança veo,
y le vo a dezir que muero,
50　da tal gloria a mi biuir,
que me daña;
que me daña pues me engaña
su dulçura,
porque no quexe tristura
55　mi passión do fuere estraña.

121

[VI]

Muestra los males passados

Quando me hallo en ausencia,
y en presencia de su oluido,
entonces siento el dolor
do el plazer que vue en presencia,
60   que en pesar es convertido,
no tengo por valedor;
que si en vella,
que si vella ay querella
y passión,
65   es morir sin confessión
quando [estó] apartado de ella.

[VII]

Muestra los males por venir

Quéxome de no quexarme,
que no ay remedio en mi quexa,
pues no me remedio yo;
70   querría desesperarme
mas la fe nunca me dexa,
y de esta manera estó
padesciendo,
padesciendo y atendiendo
75   ser peor
mi vida, y mi mal mayor,
y el temor de esto doliendo.

[VIII]

Acaba el prohemio y comiença la obra

Si en pago de mi tormento
sanasse con vn plazer
80   el Amor cien mill enojos,
y es que viesse lo que siento,
y lo que siento en el ver
por vengarme de los ojos;
que es razón
85   que padezcan la passión
que han passado,
y el seruir desesperado
pida muerte, el galardón.

[IX]

*Fic**ión***

Aun no le oue acabado
90 de dezir mi dessear,
    quando oy vna boz en buelo
    que me dixo: «Desamado,
    ¿qué es menester abaxar
    para ponerte en el suelo?
95 que tal mal,
    tan crüel y desigual
    no se alcança,
    que si consuela esperança,
    haze la pena inmortal».

[X]

100 Yo, afligido de temor,
    más que no de la tristura
    que tal nueua me ponía,
    vide venir al Amor—
    con toda su hermosura,
105 porque de mí procedía—
    abraçado
    a vn verde árbol enclauado,
    allí con
    vn [ponçoñoso] harpón
110 por el cuerpo atrauessado.

[XI]

    En vna nuue venía
    con que mis ojos cegaua
    quando más claro lo vía;
    hedad de niño traya,
115 de viejas armas se armaua,
    de las que más le ofendía
    de passión,
    de passión y de afición
    muy secretas,
120 y vn manojo de saetas
    cuya aljaua el coraçón.

[XII]

    Y de allí le vi sacar
    las flechas de fuego ardidas,
    assí como a ballestero;

123

125 y con vn arco tirar
las saetas y las vidas
a los más suyos primero:
[y a] quien daua,
luego a tirar le mostraua
130 por tal yerro,
que se boluiesse de hierro
los tiros al que tiraua.

[XIII]

Ropas con letras le vi,
y pensé que las traya
135 para declarar quién era;
pero como las ley
menos de ellas entendí
que si no las entendiera;
pero assí
140 quien era por fe crey,
que sus figuras,
aunque muy graues y escuras,
por mi mal las conoscí.

[XIV]

Desque más cerca llegó,
145 aunque era bien entendido,
quién era le pregunté,
y también si le mouió
dolor de verme perdido,
y su venida qué fue
150 otrosí,
otrosí, y lo que allí
me mostraua
qué era, qué significaua
con lo que en su nuue vi.

[XV]

Respuesta del Amor

155 Yo so en todo general,
que en todas las cosas biuo,
y en algunas muero y mato;
yo soy causa en bien y en mal;
hago de libre cabtiuo,
160 y al muy catiuo rescato.

Mas mi oficio
es doblado beneficio:
dar sin prenda,
y también tomar emienda
165 de quien me haze seruicio.

[XVI]

Yo soy Amor, a quien llamaste
que te viniesse a vengar,
y todas estas señales
son tormentos que passaste,
170 pero aún queda por passar
todos los más de tus males;
lo qual viendo,
lo qual viendo adolesciéndo-
me de ti
175 vengo a remediarte aquí
de mi condiçión no siendo.

[XVII]

Mas pues mi mayor amigo
has tú sido y el que más
tiene mi querer profundo,
180 yo quiero hazer contigo
lo que no hize jamás
con persona de este mundo;
por razón
que pierdas el afición
185 y el desseo,
y después, si assí te veo,
sanarte de la passión.

[XVIII]

Pues si quieres sanar cierto,
conuiene que el dessear
190 pierdas y tu cuydado;
tornarte biuo de muerto,
darte amor en tal lugar
donde ames, siendo amado.
—Desque amé,
195 le dixe, ha sido mi fe
tan leal,
que el remedio de esse mal
ni lo quiero, ni lo sé.

125

[XIX]

Dize el Amor

Pues mi consejo no quieres,
200 quiero declararte agora
todas estas mis figuras,
por donde verás que mueres
cien mill vezes cada hora,
porque temas las tristuras
205 donde moro,
con las flechas enamoro
donde llego,
con aquesta nuue ciego
a quien quiere mi tesoro.

[XX]

210 Quiere más sinificar
mi cuerpo biuo enclauado
en este verde madero,
que mi gloria singular
no siente el enamorado
215 los tiros conque le hiero;
y el tirar
que le hago aquí mostrar
tan estraño,
es que procura su daño
220 por las hojas alcançar.

[XXI]

Que desque el firme amador
se empina para cortar
algún ramo de esperança,
por doblar el su dolor
225 hago las ramas alçar
de manera que no alcança;
y el harpón,
el harpón que el coraçón
me penetra,
230 según paresce en su letra,
es gloria de la passión.

[XXII]

La letra

A quien mi saeta hiere,
dulce muerte es la que muere.

126

Y otras letras que bordadas
235 en la ropa de mi historia,
has visto sin entenderse,
son mis hazañas passadas,
que no aprovecha memoria
de ellas para defenderse
240 de mi mano;
de mi mano, a quien gano
vna suerte,
nunca más hasta la muerte
sanará si no le sano.

[XXIII]

245 Y pues todo lo has mirado,
obedece mi poder:
rescibe [mis] beneficios;
déxate de este cuydado,
darte sin pena plazer;
250 mira que otros por seruicios
son penados,
y nunca galardonados,
mas aflitos,
porque vnos son precitos
255 y otros predestinados.

[XXIV]

Respuesta del autor

Respondíle, aunque de oyr
eran dulces sus razones,
porque era contra mi fe:
—No temo lo por venir,
260 no quiero tus galardones;
quiero lo que siempre fue,
que es passión,
donde mi mayor prisión
es libertad:
265 pues biuo a mi voluntad
sin salir de la razón.

[XXV]

De esta señora sabrás
que he sido y seré suyo;
[quiero] más la pena mía
270 que la gloria que me das,

127

y ser de ella que ser tuyo:
pues por ella es mi porfía
su herida,
su herida y no deuida
275 ser por ti—
no tienes poder en mí
más de quanto ella es seruida.

[XXVI]

Mas pues eres mensajero
que allá vas, di que no pudo
280 vencerme tu tentación;
dile que tanto la quiero,
que ni me mudé ni mudo,
y hago protestación
de biuir,
285 de biuir y de morir
y penar,
y en su seruicio acabar,
no acabando de seruir.

[XXVII]

Respuesta del amor

Quiero, pues tan firme estás,
290 que los males de [tu] centro
veas por otra manera,
y quiçá escarmentarás
viendo tus males de dentro,
que son más que los de fuera:
295 por lo qual
mando que el original
quede en ti
y el traslado salga aquí
de tu pena desigual.

[XXVIII]

300 Conjuro tus penadores
que salgan por donde entraron
(que se entiende por los ojos)
porque sientan los dolores
que por lo que ellos miraron
305 has sufrido, los enojos
que has passado,
porque tu quedes vengado;

y también
porque no [creas] a quien
310 tales consejos te a dado.

[XXIX]

La fragua

Vide vna fragua salir
con todos sus officiales,
en que por ella mostrauan
las penas de mi biuir,
315 con los fuegos infernales
que mi triste alma quemauan
sin consuelo;
sin consuelo y sin recelo
mi porfía,
320 y el humo que allí salía
yua a dar quexas al cielo.

[XXX]

Y de esta fragua que vi
el fuego es de amor,
y el carbón es la razón,
325 porque en ella lo aprendí;
y el agua, por más dolor,
lágrimas del coraçón
que apagauan,
que apagauan y matauan
330 por matarme
los fuegos, pues a quemarme
desde el comienço tornauan.

[XXXI]

Los fuelles el sospirar,
y el pensamiento el que fuella,
335 y la yunque era la fe
en quien mi desesperar
nunca pudo hazer mella,
antes que más firme esté
su firmeza;
340 porque quando la tristeza
más me daña,
paresce muy más estraña
la fuerça en su fortaleza.

[XXXII]

Y vi también hystoriado
345 que eran los martilladores
y los martillos que tienen
los cuydados que en cuydado
tienen que darme dolores:
vnos van y otros vienen,
350 y yo contento,
porque su merescimiento
fue tan alto,
los golpes el sobresalto
que apercibe el mal que siento.

[XXXIII]

355 Era lo que martillauan
mi vida, mártir de amor,
quien agrauia mis querellas,
tal que los tristes hallauan
consuelo en mi mal menor;
360 y eran más las centellas
que saltauan,
que saltauan y quemauan
con passiones
que tienen los coraçones
365 de quantos mi mal mirauan.

[XXXIV]

Las tenazas, la ventura
que tengo y me tiene a mí
puesta la vida en la muerte
a causa de mi tristura,
370 quexosa misma de sí,
por cabelle yo de suerte
y tal passión,
por su causa y ocasión
ser venida,
375 que hazían de la vida
prisiones al coraçón.

[XXXV]

Vi también la diferencia
que ay de presencia y su mal
al de ausencia y su cuydado:
380 en el fuego la paciencia,

y en la yunque más mortal
siendo más martirizado:
que aunque vía
de la presencia y sentencia
385 yr herido,
este golpe, de adormido,
no duele hasta que enfría.

[XXXVI]

Desque me oue informado
de mis tormentos mortales,
390 por mi vista y padecellos,
por el fue otra vez rogado
que aborresciesse mis males
y el desseo de tenellos;
respondí:
395 —Yo quiero biuir assí,
sin sossiego,
como salamandria en fuego,
pues tal vida es para mí.

[XXXVII]

Dize el autor

Pues hasta que en esta fragua
400 haga llaue para abrir
tus prisiones y tu afán,
tal que escriuas en el agua
seruicios, vida y morir,
pues valer no te podrán—.
405 Desque vio,
desque vio que no venció
al vencido,
la fragua boluió a su nido,
y él me desaparesció.

[XXXVIII]

410 Desque assí le vi dexarme
el esperança perdida,
sin poder desesperar,
la fragua boluió a quemarme
por lo biuo de la vida;
415 comencé luego a cantar
tal canción,
tal canción, lamentación-

es y más,
que trayan el compás
420 los golpes del coraçón.

[XXXIX]

Canción y acaba

No me quexo yo en mi mal
del amor porque me esquiua:
quéxome, siendo mortal,
del mal que sufre que biua.

425 Que si en mi vida no ay medio,
ouiera cabo en la muerte,
mas mi mal es de tal suerte
que aun no me da este remedio;
no me pena verme tal,
430 que no ay mano que lo escriua:
péname, siendo mortal,
del mal que sufre que biua.

Text: *IIa.*
Rubric: Otras coplas de Garci Sánchez: Fantaseando las cosas de amor.

7-11	BMC	Lines omitted.
17-22	BMC	"y entravan al coraçon / desmayos con la menguante".
28-33	BMC	As for lines 17-22.
36	BMC	"de mi plazer que menguava".
38	IIc	"causa".
38-44	BMC	"por causa de la rrazon / deseando y no esperando / no veo la ora quando".
48-55	BMC	"y si my esperança veo y muero / dare gloria al my byvyr / que me daña pues me engaña / su dulçura con tristura / my pasion que es estraña".
59	BMC	"del".
60	IIc	"pensar"—clearly wrong: the antithesis is *plazer* / *pesar.*
61-66	BMC	"no tengo por valedor syn querella / quando esto apartado della".
66 BMC.	IIa	"esta".
67	BMC	quererme".
68	BMC	"no ay quien rremedie mi quexa".
72-77	BMC	"y asi esto padeciendo y atendiendo / mi vida y mal mayor / y el temor desto doliendo".
80-88	BMC	"que amor viese lo que siento / y pasion paso en el ver / y pues quel asi seyendo / la causa de mi pasion / pida muerte con galardon".
94-97	BMC	Lines omitted.
103	BMC	"vy v.a.A."—seven syllables.
105-110	BMC	"a vn harpon abraçado / por el cuerpo atravesado".

109	IIc.		IIa	"poçoñoso".
113		BMC		"q.m.c.l. veya"—nine syllables.
117-121		BMC		"de pasiones y afliciones no secretas / y vn manojo de saetas / por aljaua el coraçon".
128-132		BMC		"y aquien dava le mostrava / como se volvia de hierro / los tiros al que tirava".
128	IIc.		IIa	"ya".
139-143		BMC		"crey quien era en sus figuras / aun que muy graues y escuras / por mi mal las conosçi".
143	cf. "O castillo de Montánchez / por mi mal te conoçí» (number 29).
144		BMC		"llegue"—rhyme-scheme and sense demand *llegó*.
150-154		BMC		"lo que alli me mostrava / era que synificaba / con lo que en su nuve vy".
158		BMC		"en" omitted.
159-165		BMC		"de libre hago cativo / y rrescato my ofiçio / es doblado benefiçio / porque es dar sin prenda / y tanbien tomar emienda / de quien me haze serviçio".
170		BMC		"p.a. te q.p.p."—nine syllables.
171-176		BMC		"de todos los de tus males presentes / y adoleçiendome de ty / vengo a rremediarte aqui / de mi condicion no siendo".
177		BMC		"mayo".
178		BMC		"as seydo".
183-187		BMC		"por rrazon que pierdas al deseo / y afiçion / y si despues asy te veo / sacarte e yo dela pasion".
192		BMC		"darte e amor e.t.l."
194-198		BMC		"y amado le dixe se / quel rremedio dese mal / ny lo quiero ny lo se".
200	IIc			"declarte".
204-207		BMC		"porque temas las tristezas donde moro / conlas flechas enamoro donde llego / con aquesta nuve ciego / a quien quiere mi tesoro".
206	IIc			"en amor".
215-218		BMC		"y el tyrar tan estraño / que le hago aqui mostrar".
227-229		BMC		"y el harpon quel coraçon penetra".
241		BMC		"aquien gano con mi mano".
242		BMC		Line omitted.
247	BMC.		IIa, etc.	"mas".
250		BMC		"otros con servicios son penados".
253		BMC		Line omitted.
262		BMC		"que es libertad con pasion".
263-264		BMC		Lines omitted.
269	Editor.		IIa	"quero".
273-277		BMC.		"su herida no devyda / por ty no tienes poder en mi / mas de quanto ella es servida".
279		BMC		"puedo"—rhyme - scheme demands «pudo».

280	BMC	"v. con t."
283	IIc	"haga".
284	BMC	"de penar y de morir".
285-286	BMC	Lihes omitted.
287	IIc	"y e. tu s.a."
290	BMC. IIa	"mi".
295-297	BMC	"mando quel original quede de mi".
305-309	BMC	"y los enojos que as sufrido y pa- sado / porque tu quedes vengado / y tanbien porque no creas a quien".
309	BMC. IIa.	"crees".
311	BMC	"Vy".
313	BMC	"mostrava".
316-319	BMC	«que mi triste alma quemavan sin consuelo / y mi porfia sin rrecelo».
328-330	BMC	"que apagavan y andavan por ma- tarme".
341	BMC	Line missing.
342-343	BMC	"que los golpes del sobresalto / aperciben e.m.q.s."
359	BMC	"c.e.m. alma m."
360-363	BMC	"las çentellas que saltavan / y que- mavan con pasiones".
365	BMC	"d.q.m. alma m."
367	IIc	"q.t.y. que t."
369	BMC	"causada d.m.t."
372-376	BMC	«y a tal pasión ser venyda / por su causa y ocasión / que hazia dela vida / pasiones al coraçon».
382	BMC	«apasionado».
383-386	BMC.	"siendo mas apasionado / y avnque mas martirizado / dela presencia y sin yr ferido / hasta tanto que se enfria / no duele el golpe adormido".
388	BMC	"huvo".
394-397	BMC	"rrespondy yo quiero bivir aqui / sin sosiego como salamandria en fuego".
400	BMC	"fagan".
405-409	BMC	"desque vio que no vençio al venci- do / l.f.b.a.s.n. / y el me desanparo".
412	IIIa	"del esperar".
416-419	BMC	"tal cancion y lamentacion / que me trayen el conpas".
426	BMC	"huvieralo e.l.m."
428-430	BMC	"que no ay mano que lo escriva / pues que no me da rremedio".

61

[I]

Ansias y pasiones mías,
presto me auéis de acabar,
yo lo fío;
¡o planto de Xeremías,
5 [vente] agora a cotexar
con el mío!

[II]

Lágrimas de mi consuelo,
que mis penas encubrillas
no podéis,
10   salid, salid sin recelo,
y regat estas mexillas
que soléis.

[III]

Sospiros, en quien descansan
los tormentos y dolores,
15   pues sabéis
que mis males no se amançan,
salid haziendo clamores,
y diréis:

[IV]

Ánimas del purgatorio,
20   que en dos mill fuegos andáis
batallando,
si mi mal os es notorio,
pareceros a que estáis
descansando.

[V]

25   Las que en el limbo viuís,
que de gloria ni de pena
sentís nada,
si mis clamores oys,
convertírseos a en pesar
30   la morada.

[VI]

Y vosotras, que penáis
para perpetua memoria
en cadena,
[quando mis males sepáys,
35   pareceros ha que es gloria]
vuestra pena.

[VII]

[Casa] de Hierusalém,
que fuiste por tus errores
destruida;

40   vem agora tú tambiém
      para que comigo llores
      tu cayda.

[VIII]

      Troya, tú que te perdiste,
      que solías ser la flor
45   en el mundo;
      gózate comigo, triste,
      pues ya llega mi clamor
      al profundo.

[IX]

      Babilonia, que lamentas
50   la tu torre [tan] famosa,
      [desolada],
      quando mi pérdida sientas,
      quedarás, de muy llorosa,
      consolada.

[X]

55   Constantinopla, que estás
      tan sola de nuestra gente,
      a tu pesar;
      buelue tu cara y podrás,
      viendo lo que mi alma siente,
60   descansar.

[XI]

      Mérida, que em las Españas
      otro tiempo fuiste Roma,
      mira a mí,
      y verás que en mis entrañas
65   ay mayor fuego y carcoma
      que no en ti.

[XII]

      Mugeres, que en el parir
      hazéis llantos excessiuos
      de dolor;
70   cessat, pues que veis morir
      mis pensamientos, captiuos
      por amor.

[XIII]

O fortuna [de la mar],
que trastornas mil nauíos,
75 no se a dó;
si te quieres amansar
ven a ver los males míos
en que estó.

[XIV]

Seyrena, tú que hazías
80 al marinero dormir
con canciones,
no oyas las ansias mías,
porque te haré dormir
con mil sones.

[XV]

85 [Y] vos, cisnes que cantáis
junto a la cañauera,
a par del río;
pues que [con canto] os matáis,
más razón es que ansí muera
90 yo en el mío.

[XVI]

Pelicano, que te hieres
[por] dar a tus hijos vida,
con jemido;
pues que tú sin culpa mueres,
95 con la mía tu herida
terná oluido.

[XVII]

Tú, pájaro solitario,
por las torres perseguido,
do te vemos;
100 pues que no te soy contrario,
ven, i hagamos vn nido
en que lloremos.

[XVIII]

Tórtola, que biues triste
sin tu buena compañía,
105 con firmeza;

137

aunque mucho tú perdiste,
no será como la mía
tu tristeza.

[XIX]

    Y tú, lechuza, que moras
110 en los muros deribados
de contino;
si por la claridad lloras,
yo ver luz por mis pecados
no fuy digno.

[XX]

115 Aue, Fénix, que sin par,
tú te quemas y deshazes
en el fuego;
y otra nueua sin dudar,
a la ceniza que hazes,
120 naces luego;

[XXI]

    Ansí yo, triste mezquino,
que muero por quien no espero
galardón,
doyme la muerte contino,
125 y bueluo como primero
a mi pasión.

[XXII]

    Coraçón, no te abrases
en aquesta biua fragua,
con enojos:
130 tiempo es ya que [deramases]
veinte mill cántaros de agua
por mis ojos.

Text: *P.*
Rubric: [Lamentaciones de amores].

5	*A, B.*	*P*	"veni".
8-9		*A, B*	"que aueys hecho marauillas / y hazeys".

Stanza III is omitted in *A* and *B.*

19	*A*	"A. de p.";
	B	"O a. de p."
20	*A*	"penas".
23	*A, B*	"bien vereys questays en gloria".

Stanza V is omitted in *A* and *B*.

31		*A, B*	"Y v.q. quedays".
34-35	*A, B.*	*P*	"si mis clamores gustais / teneis por crecida gloria".
37	*A, B.*	*P*	"casada".
41-42		*A, B*	"y veras con que te gozes / en tu vida"—clearly corrupt: "gozes" not to be preferred to *llores* (*P*), rhyming with *errores* (line 38).
46		*B*	"g consigo t."
50	*A.*	*P*	"sin par";
		B	"muy".
51	*A.*	*P*	"ya solada";
		B	"y desolada".
53		*A, B*	"sentiras la tuya rauiosa".
55		*B*	"esta".
56		*A, B*	"sola y llena de gente".
63		*B*	"m. ansi".
65		*B*	"de tristeza hay mas carcoma"

Stanza XII is omitted in *A* and *B*.

73	*A, B.*	*P*	"del amor".
78		*A, B*	"que sostengo".

Stanza XIV is omitted in *A* and *B*.

85	*A, B.*	*P*	"Y" omitted.
86		*A, B*	"j. con l.c."
88	*A, B.*	*P*	"cantando".
89		*A, B*	"mirad si es razon que muera".
90		*A*	"con el mio".
91-92		*B*	"O pelicano que hieres / a los tristes por dar gloria".
92	Editor.	*P*	"para".
93		*B*	"gemidos".
94-96		*B*	"pues por remediarlos mueres / razon es que mi memoria / este en oluido".

Stanza XVI is omitted in *A*.
Stanza XVII is omitted in *A* and *B*.

104		*B*	"por perder tu compañia".

Stanza XVIII is omitted in *A*.
Stanza XIX is omitted in *A* and *B*.

Stanza XX:	*A*	"Y tu fenix que te quemas / y con tus alas deshazes / por victoria / y despues que ansi te estremas / otro de ti mismo hazes / por memoria";
	B	"E tu fenix que te quemas / con tus alas te desfaces / tienes gloria / que ala fin te renueuas / e otro de ti mismo hazes / por memoria".
121	*B*	"Pero".
124-126	*B*	"dentro la mar de tristura / quiero ser la sepultura / y dar fin a mi pasion".
130	Editor. *P*	"derames".

62

[I]

O mi Dios y criador,
padre todo poderoso,
que por divina ordenança
criaste al onbre, Señor,
5 a tu ymagen glorioso
y a tu misma semejança;
pídote, Dios soverano,
que mi alma y cuerpo estén
libre del fuego ynfernal;
10 que no me suelte tu mano,
porque nunca tanto bien
sea para tanto mal.

[II]

Al hijo

O Señor de los señores,
de los rreyes, alto Rrey,
15 fijo de Dios, nuestra luz,
tú, que por los pecadores,
quesiste conplir la ley,
y tomar muerte en la crus:
aunque yo no lo merezca,
20 pídote, pues me heziste,
quando me ayas de judgar,
que para mí no fallesca
la muerte por nos tomar.

[III]

Al spíritu santo

O Espíritu principal,
25 amor que del hijo y padre
ab eterno es procedido,
Dios al Padre y Verbo ygual,
de quien fue el hijo en su madre
por miraglo conçebido;
30 Dios nos dixo por su boca
quien pecase contra ty,
que no serié perdonado:
pídote, si te ofendy,
que, por lo que a ti te toca,
35 yo no sea condenado.

[IV]

A todas tres personas

O consistorio divino
de la santa Trinidad,
que nos alumbra y nos guía,
yn hac lacrimarum valle,
40 *o clemens virgo María,*
do ninguno fue primero,
tres personas de ygualdad,
vn solo Dios verdadero;
pues por tu magnyfiçençia
45 diste a mi ánima ser
para siempre perdurable:
pídote, por tu clemençia,
que mis ojos puedan ver
tu visión ynmaginable.

[V]

A nuestra señora

50 O clara lumbre que sale
de la santa Trinidad,
que nos alumbra y nos g*u*ía
yn hac lacrimarum valle,
o clemens virgo María,
55 pídote que en la fe estén
mis pensamientos concordes
en la ora de la muerte,
y que, señora, tanbién,
los tuyos *misericordes*
60 *oculos ad nos converte.*

Text: *BMC.*
Rubric: Badajoz a todas tres personas de la Trinidad y a Nuestra Señora.

63

[I]

Pues amor *qui*ere q*ue* muera,
y de tan penada muerte,
en tal hedad;
pues q*ue* vo en tie*m*po tan fuerte,
5 quiero ordenar mi postrera
voluntad;
pero ya q*ue* tal me sie*n*to,
q*ue* no lo podré hazer.

la que causa mi tormento—
10 pues que tiene mi poder—
ordene mi testamento.

[II]

Y pues mi ventura quiso
mis pensamientos tornar
ciegos, vanos,
15 no quiero otro parayso,
si no mi alma dexar
en sus manos;
pero que lieue declaro
la misma forma y tenor
20 de aquel que hizo de amor
don Diego López de Haro,
pues que yo muero amador.

[III]

Su memoria sin oluido
sea heredera forçosa
25 de mi fama,
pues que no toue otra cosa
si no el tiempo que [e] seruido
aquella dama;
y pues de esto no ha curado
30 de jamás hazer conciencia,
quiero que quede mandado
que, si aceptare el erencia,
que me tenga por pagado.

[IV]

Mando, si por bien touiere
35 de pagar más los seruicios
que seruí,
que me entierren do quisiere,
y el responso y los officios
diga assí:
40 «Tú que mataste a Macías
de enamorada memoria,
a éste que su victoria
le venció, y todos sus días
su pena touo por gloria.»

[V]

45 Con todos mis pensamientos
mi ventura quede atrás
que le cante;
vayan tanbién, mando más,
con la cruz de mis tormentos
50 adelante:
mando que en lamentación
mis obsequias se celebren,
y sea tan triste el son,
que los coraçones quiebren
55 a todos de compassión.

[VI]

Muchas honrras no las quiero,
ni combiden otrossí
los ancianos,
que la muerte que yo muero
60 harta honrra es para mí
de sus manos;
mas por no dar ocasiones
que digan que como quiera
hazen mi honrra postrera,
65 díganme nueue liciones
que digan de esta manera:

[VII]

Lición primera: Parce michi, Domine
Perdóname, Amor, Amor,
que mis días no son nada,
pues en fin de mi jornada
70 me tiene tu disfauor:
dime qué cosa es ell ombre,
pues que tanto lo engrandesces,
o por qué lo favoresces
con las muestras de tu nombre.

[VIII]

75 O por qué tu coraçón
pones tanto cerca de él,
para serle tan cruel
de que está ya en tu prisión:
visítaslo cada día,

80 y prueuas en ese punto,
con pesar y plazer junto,
con [tristeza] y alegría.

[IX]

¿Hasta quándo no me quieres
perdonar, o me dexar
85 la mi saliua tragar,
o la muerte si quisieres?
Yo conosco que pequé
según tu ley y ordenança,
que es dar menos confiança
90 a quien tiene en ti más fe.

[X]

Mas ¿qué haré a ti que eres
de los ombres perdición,
pues causaste mi passión,
sino querer lo que quieres?
95 Nunca te fuy aduersario:
por seguirte, de mí huyo;
pues ¿por qué, siendo tan tuyo,
me posiste tú contrario?

[XI]

A mí mismo me soy hecho
100 graue, importuno, enojoso,
de contento, congoxoso
de mi salud y despecho.
¿Por qué no tiras de mí
toda la pena y tormento,
105 pues sabes que la que siento
nunca te la merescí?

[XII]

Mira bien que quedo enfermo
de tu dolencia mortal;
da descanso ya a mi mal:
110 cata que en el poluo duermo,
y es mi sueño tan catiuo
de velar siempre en pesares
que, si despúes me buscares,
no me hallarás ya biuo.

144

[XIII]

Lición secunda: tedet animàm meam

115 La mi ánima se enoja
de mi vida, pues no es buena,
porque aquel que amor condena
cient mil años se le antoja
vn hora que biue en pena.

120 Mi habla quiero dexar
contra mí siempre hablar,
y en amargura diré:
«Señora, pues no pequé,
no me quieras condemnar.»

[XIV]

125 Muéstrame por qué razón
me quieres juzgar assí;
¿porque siempre te seruí
me niegas el galardón
que siruiendo merescí?

130 ¿Paréscete bien, señora,
que seas mi acusadora,
siendo yo obra de tus manos
y en consejos inhumanos
contra mí ser cada hora?

[XV]

135 ¿Por auentura, tus ojos
son, señora, corporales:
causadores de sus males,
como son de mis enojos
los míos, porque son tales?

140 No, ni vëes tú, por cierto,
con el mal y desconcierto
con que yo suelo mirar:
tú miras para matar;
yo miro para ser muerto.

[XVI]

145 O ¿si son tales tus días
como aquellos que yo biuo,
tú señora, yo catiuo,
tú biuiendo en alegrías,
yo en tristezas más que escriuo?

145

150 No, ni los tus tiempos son
en tanta pena y passión
como yo con mis porfías,
que si lo fuessen aurías
de mis males compassión.

[XVII]

155 ¿Por dó con tal afición
y nueuas, sotiles mañas,
tú buscas mi perdición
y escodriñas las entrañas
de mi triste coraçón?
160 pues ninguno pudo verte
[sabes] que son muy liuianos
mis seruicios, y muy vanos
para escusarme la muerte,
que se escape de tus manos.

[XVIII]

Lición tercera: manus tue fecerunt me

165 Las tus manos me hizieron
y formaron amador,
de su esperança y fauor
en derredor me ciñeron;
porque estaua ya dispuesto
170 que yo viesse el claro gesto
do está todo el merescer,
dísteme tan alto ser,
y ora, señora, tan presto
quiéresme dexar caer?

[XIX]

175 Suplícote que te acuerdes
de mí, que assí como lodo
me heziste, por do todo
quanto en mí se pierde pierdes:
yo no tengo en mí poder,
180 tuyo so, tú lo as de ver:
mi perder y mi ganar
no tengo que auenturar,
que tú me hiziste ser,
y en poluo me as de tornar.

146

[XX]

185 En verdad, como adormido
 de sueño me recordaste,
 y de amores inflamaste
 mi nueuo, simple sentido;
 vestiste mi coraçón
190 de esperança, fe, afición,
 y en mi memoria quedó
 la hermosura que vio,
 por do tu visitación
 en mi spíritu se guardó.

[XXI]

Lición quarta: Responde michi quantas
habeo [iniquitates]

195 *Responde michi*, señora,
 quantas habeo iniquitates
 peccata, scelera mea
 o ¿por qué es merescedora
 mi vida que assí la tractes
200 pues que seruirte dessea?
 ¿Cur faciem tuam abscondis?
 ¿piensas que soy tu enemigo?
 Contra folium quod vento
 rapitur, nichil respondis
205 a las palabras que digo,
 que muestran el mal que siento.

[XXII]

 Muestras todo tu poder
 contra mí que siempre sigues:
 porque soy tu seruidor
210 síguesme con mal querer—
 liuiana cosa persigues
 con tan graue disfauor.
 Señora, no sé por qué,
 siendo de los amadores
215 el que más meresció verte,
 scribis enim contra me
 amarguras y dolores
 para causarme la muerte.

[XXIII]

Et consumere me vis,
220 señora, por los seruicios
adolesciencie mee;
y ordenas que queden mis
seruicios sin beneficios,
para que más te desee.
225 *Posuisti in eruo pedem*
meum et obseruasti omnes
semitas de los mis pies,
por do aunque quiero no pueden
afloxarse mis prisiones,
230 ni en mi mano fue, ni es.

[XXIV]

Todas las pisadas mías,
señora, consideraste,
por que han sido a ti siruiendo,
y sabes que los mis días
235 son pocos, pues les mudaste
la vida en beuir muriendo;
sabes tú de cierta ciencia
que a la muerte el mal que siento
me guía por cierta línea,
240 sabes más por espiriencia
que soy como el vestimento
quod comeditur a tinea.

[XXV]

Lición quinta: Homo natus de muliere

El ombre nascido de
muger biue breuemente,
245 mas amor no me consiente
porque siempre en pena esté
sino que biua doliente.
De muchas tristezas lleno,
assí como flor salí
250 y me sequé:
sequéme porque mi di
a quien más que como ageno
me tracta, que en darme a mí
me traté.

[XXVI]

255 Assí como sombra huye
     que no dura en vn estado,
     mas yo, amador desamado,
     quanto amor más me destruye
     menos me hallo mudado;
260 y porque siempre seruí
     con firmeza de amador,
     sin mudarme
     ¿tienes tú por bien, Amor,
     los tus ojos contra mí
265 nunca abrir por mi dolor
     a mirarme?

[XXVII]

     Y ¿tienes por bien traer
     a mí a juyzio contigo?—
     tú juez, parte y testigo—
270 ¿de quién me [e] de socorrer,
     litigando tú conmigo?
     Y, si quieres condenarme,
     ¿para quién podré después
     apellar?
275 *¿Nonne tu qui solus es*
     el que puede delibrarme,
     pues podiste assí al reués
     ordenar?

[XXVIII]

     Los mis días non son largos,
280 su número no lo sé
     mensium eius apud te,
     sé que han sido muy amargos
     porque tales los gusté.
     Terminos constituisti
285 *eius,* que nunca passé,
     porque está
     tan obediente mi fe,
     quod legem quam posuisti
     nunca assí guardada fue,
290 ni será.

149

[XXIX]

Recede, pues, ya recede,
descanssara q*ue* peleo
ergo paululum ab eo
q*ue* dessear ya no puede
295 ser libre de mi desseo
hasta q*ue* venga la muerte
de mi espera*n*ça ve*n*cida,
desseada,
desseada y merescida,
300 pues no espero por mi suerte
d*e* otro gualardón mi vida
ser pagada.

[XXX]

Lición sesta: quis michi hoc [tribuat]

¡Quié*n* otorgasse, señora,
qu*e* en el infierno escondiesses
305 mi alma, y la defiendiesses
por tuya, y muriesse agora,
hasta q*ue* de mí partiesses
el enojo qu*e* en ti mora!
y a*un*qu*e* mil años durasses
310 en tu saña, y n*o* oluidasses,
allí ternía reposo,
señora, si señalasses
vn tie*m*po ta*n* venturoso
en q*ue* de mí t*e* acordasses.

[XXXI]

315 Tal remedio en tal co*n*cierto
dubdoso es de rescebir,
mas pues ya me vees morir
¿por q*ué* me niegas lo cierto?
¿piensas q*ue* podrá beuir
320 el ombre después de muerto?
Aunq*ue* ya yo tal me veo
estos días q*ue* peleo,
q*ue* no es otra mi esperança:
vengada, murie*n*do creo
325 q*ue* aurá fin mi malandança
y la pena q*ue* posseo.

[XXXII]

Allí tú me llamarás,
yo no te responderé,
señora, que ya estaré
330 do nunca más me verás;
obra de tus manos fue,
do tu diestra estenderás,
no para mis beneficios
mas para los sacrificios
335 que en mí siempre essecutaste,
lo qual, señora, te baste:
miémbrate de mis seruicios,
pues que mis penas contaste.

[XXXIII]

Lición septima: spiritus meus atenuabitur

El mi espíritu penado
340 presto se adelgazará,
y el tiempo se abreuiará
del beuir apassionado
que vuestra merced me da.
Ya yo no espero que pueda
345 ser mi seruir gradescido,
ni en la vida beneficio:
tan solamente me queda
la pena de auer seruido
por galardón del seruicio.

[XXXIV]

350 Para que assí me castiguen
no pequé yo, sin ventura,
en ver vuestra hermosura
por la qual mis ojos biuen
para siempre en amargura.
355 Líbreme y ponga cercano
siquiera en el pensamiento
ya vuestra merced de sí,
y después qualquiera mano
dé qualquier pena y tormento,
360 venga y pune contra mí.

[XXXV]

Mis días y mi passión,
señora, ya se passaron;
mis pensamientos cessaron,

151

los quales mi coraçón
365 y mi alma tormentaron.
Los espíritus vitales
do la vida triste mora
ya flacan sus mouimientos,
y acabados son mis males,
370 ya llegada es la ora
do han fin mis pensamientos.

[XXXVI]

Los quales y no dormir
tornaron la noche día,
y el día quando no os vía,
375 de nunca plazer sentir,
noche escura se boluía;
mas aunque tan mal logrado
muero y parto con sospiros,
luz después mi alma espera,
380 porque fue tan bien gastado
mi breue tiempo en seruiros,
que mejor ser no pudiera.

[XXXVII]

En el infierno es mi casa,
si vuestra merced quisiere,
385 y será si le siruiere
en las tiniebras de brasa
la cama en que yo durmiere;
al desseo [dixe]: «Padre
de mi crüel mal de amores,
390 de mis pensamientos vanos»;
a la muerte llamé «madre»,
y a sus penas y dolores
dixe: «Vos soys mis ermanos.»

[XXXVIII]

¿Dó es agora la excelencia,
395 la [gloria en que] me hallaua
quando más pena passaua?
¿qué se hizo la paciencia
que mis males conortaua?
¿Dó está agora la temprança
400 que amor comigo tenía
por no matarme en vn ora?

¿qué se hizo la esperança?
vos la soys, señora mía,
vos la soys sola, señora.

[XXXIX]

Lición otaua

405 *Peli me, carnis consumptis*
a mis huessos se allegó
et ego jam cum defunctis
numerandus, ¡triste yo!
Fenescieron mis desseos,
410 descansaron mis cuydados,
que ya son desamparados
labia circa dentes meos
de los dolores passados.

[XL]

Aued ya de mí dolor,
415 vos, mis amigos, siquiera,
que la mano del amor
me tocó para que muera.
¿Por qué nunca me dexáys
vn hora de perseguir
420 en comigo competir?
de mis carnes no os hartáys
no doliéndoos mi morir.

[XLI]

¡Quién me otorgasse, pues muero
que mis males se escriuiessen,
425 porque hasta el fin postrero
en el mundo se supiessen!
y que fuessen de un metal
las letras de mi destierro,
con garfios de agudo fierro,
430 escritas en pedernal,
sin ningún vicio ni yerro.

[XLII]

Sé yo que mi matador
biue aunque mi vida muere,
y que será mi dolor
435 sano el día que yo la viere:
con vna gloria no vana
me leuantaré aquel día,

viendo la señora mía
en mi misma carne humana
440   como biuiendo la vía.

[XLIII]

A la qual tengo de ver
yo mismo con los mis ojos,
por do serán en plazer
bueltos todos mis enojos;
445   y esta esperança está puesta
en mi triste coraçón,
y con esta presumpción
que tan cara a mí me cuesta
puedo sofrir mi passión.

[XLIV]

Lición nouena

450   *¿Quare de vulua aduxiste*
me para tantos enojos?
qui vtinam consumptus essem
porque mi vida tan triste
ya no viessen más mis ojos,
455   ni ojos de ombre me viessen.
Fuera vn ser casi no ser,
trasladado antes que os viera
del vientre a la sepoltura,
que si fuera sin os ver
460   tanta diferencia fuera
en mi ventura.

[XLV]

Si piensa, presume, o siente
vuestra merced que mis días
nunca fin an de tener,
465   pues tan sin passión consiente
las nueuas angustias mías,
y en ellas toma plazer;
pues déxame ante que muera
vn punto que mi dolor
470   llore mi muerte forçosa,
antes que vaya si quiera
a la tierra de temor
tenebrosa.

[XLVI]

Fin

La qual será sin miraros,
475 toda cubierta de muerte
y de mucha escuridad,
de dolor de dessearos,
de tiniebras de muy fuerte
y espantosa crueldad:
480 do sombra de muerte mora,
do no ay orden ni esperança—
mas siempre aborrescimiento—
donde allí os dará, señora,
de mis seruicios vengança
485 mi tormento.

Text: *I.*

Rubric: Comiençan las obras de Garci Sánchez de Badajoz; y esta primera
es vna q*ue* hizo de las Liciones de Job apropriadas a sus pasiones de amor.

27	Editor. *I*	"s.n.e.t.q.s.;
	IId	"s.n.e.t.q. he s."
33	*IIc*	"q.m. tengo p.p."
67	Lesson 1 is taken from Job VII, 16-21.	
	IIc	"Perdonadme".
67- 68	Parce mihi, Domine; nihil enim sunt dies mei.	
69	*IIc*	"p.e.f.d.m. tornada".
71- 72	Quid est homo, quia magnificas eum?	
75- 76	aut quid apponis erga eum cor tuum?	
79	*IIa*	"los".
79- 80	Visitas eum diluculo, et subito probas illum.	
82	*IIc.*	*I, IIa* "tristezas".
83- 85	Usquequo non parcis mihi, nec dimittis me, ut glutiam salivam meam?	
87	Peccavi.	
91- 92	quid faciam tibi, o custos hominum?	
97- 98	quare posuisti me contrarium tibi.	
99-100	Et factus sum mihipetipsi gravis?	
100	Garcilaso liked this line but, in imitating it, was obliged to change the orden of the epithets to get his hendecasyllable: "Por ti, el mayor amigo / le es importuno, graue y enojoso" (*Canción* V, 51-52).	
103-104	Cur non tollis peccatum meum, et quare non aufers iniquitatem meam?	
110	Ecce, nunc in pulvere dormiam.	
113-114	et si mane me quaesieris, non subsistam.	
115	Lesson 2 is taken from Job X, 1-7.	
115-116	Taedet animam meam vitae meae.	
120-121	dimittam adversum me eloquium meum.	
122-124	loquar in amaritudine animae meae. Dicam Deo: Noli me condemnare.	
125-126	indica mihi, cur me ita judices	
130	Numquid bonum tibi videtur	
131	si calumnieris me, et opprimas me	
132	opus manuum tuarum.	
132	*IIa*	"s.o.d.t.m."
133	et consilium impiorum adjuves?	
135-136	Numquid oculi carnei tibi sunt	
140-142	aut, sicut videt homo, et tu videbis?	
145-146	Numquid sicut dies hominis dies tui	
150-153	et anni tui sicut humana sunt tempora	

157	ut quaeras iniquitatem meam
158-159	et peccatum meum scruteris?
160	Editor. *I, IIa* "sabe".
160-164	Et scias quia nihil impium fecerim, cum sit nemo qui de manu tua possit eruere.
165	Lesson 3 is taken from Job X, 8-12.
165-168	Manus tuae fecerunt me, et plasmaverunt me totum in cirtuitu
169	*IIc* "p.e. yo d."
173-174	et sic repente praecipitas me?
175-177	Memento, quaeso, quod sicut lutum feceris me.
183-184	et in pulverem reduces me.
185-194	Nonne sicut lac mulsisti me, et sicut caseum me coagulasti? Pelle et carnibus vestisti me (189), ossibut et nervis compegisti me. Vitam et misericordiam tribuisti mihi et visitatio tua custodivit spiritum meum.
194	Nine syllables.
	Stanza XXI, rubric: word omitted in *I*.
195	Lesson 4 is taken from Job XIII, 22-28.
195-197	Responde mihi: Quantas habeo iniquitates et peccata, scelera mea et delicta ostende mihi.
201-208	Cur faciem tuam abscondis, et arbitraris me inimicum tuum? Contra folium, quod vento rapitur, ostendis potentiam tuam, et stipulam siccam persequeris.
216-217	Scribis enim contra me amaritudines
219-221	et consumere me vis peccatis adulescentiae meae
225-227	Posuisti in nervo pedem meum, et observasti omnes semitas meas
231-236	et vestigia pedum meorum considerasti; qui quasi putredo consumendus sum
240	*IIc* "sabeys m.p.e."
241-242	et quasi vestimentum, quod comeditur a tinea.
243	Lesson 5 is taken from Job XIV, 1-6.
243-244	Homo natus de muliere, brevi vivens tempore
248-250	repletur multis miseriis. Qui quasi flos egreditur et conteritur
251	*IIc* "s.p.q.m. vi".
255-256	et fugit velut umbra, et numquam in eodem statu permanet.
263-268	Et dignum ducis super hujuscemodi aperire oculos tuos, et adducere eum tecum in iudicium?
270	Editor. *I* "d.q.m.d.s"
270-276	Quis potest facere mundum de inmundo conceptum semine? Nonne tu qui solus es?
279-281	Breves dies hominis sunt, numerus mensium ejus apud te est
284-285	constituisti terminos ejus, qui praeteriri non poterunt
288	This phrase is not contained in the liturgical text of Lesson 5.
291-293	Recede paululum ab eo, ut quiescat
296	donec optata veniat
300-302	sicut mercenarii, dies ejus.
	Stanza XXX, rubric: *I* "tubuat".
303	Lesson 6 is taken from Job XIV, 13-16.
303-314	Quis mihi hoc tribuat, ut in inferno protegas me et abscondas me, donec pertranseat furor tuus, et constituas mihi tempus in quo recorderis mei?
319-323	Putasne mortuus homo rursum vivat? Cunctis diebus quibus nunc milito, exspecto donec veniat inmutatio mea.
325	*IIa* "mi" omitted.
327-328	Vocabis me, et ego respondebo tibi
331-332	operi manuum tuarum dexteram
337-338	Tu quidem gressus meos dinumerasti, sed parce peccatis meis.
339	Lesson 7 is taken from Job XVII, 1-3 and 11-15.
339-343	Spiritus meus attenuabitur, dies mei breviabuntur, et solum mihi superest sepulcrum.
345	*IIc* "seruir mi agradecido".

350-360 Non peccavi, et in amaritudinibus moratur oculus meus. Libera me, Domine, et pone me juxta te, et cujusvis manus pugnet contra me.

353 *biuen:* assonance with *castiguen* (350); it seems not unlikely that what Garci Sánchez wrote was *siguen*, which rhymes with *castiguen* and makes sense.

361-366 Dies mei transierunt, cogitationes meae dissipatae sunt, torquentes cor meum.

372   *IIc*   "L.q. en n.d."

373 Noctem verterunt in diem.

379 et rursum post tenebras spero lucem.

383-393 Si sustinuero, infernus domus mea est, et in tenebris stravi lectulum meum. Putredini dixi: Pater meus es; mater mea et soror mea, vermibus.

388 Editor.   *I, IIa*   "dire".

394-398 Ubi est ergo nunc praestolatio mea, et patientiam meam quis considerat?

395 Editor.   *I*   "gloriamque".

405 Lesson 8 is taken from Job XIX, 20-27.

405-406 Pelli meae, consumptis carnibus, adhaesit os meum

407-408 This phrase is not contained in the liturgical text of Lesson 8.

411-412 et derelicta sunt tantummodo labia circa dentes meos.

414-449 Miseremini mei, miseremini mei, saltem vos, amici mei (415), quia manus Domini tetigit me (416-7). Quare persequimini me sicut Deus (418-9), et carnibus meis saturamini (412)? Quis mihi tribuat, ut scribantur sermones mei (423-4)? quis mihi det, ut exarentur in libro, stilo ferreo et plumbi lamina, vel celte sculpantur in silice novissimo die de terra surrecturus sum (436-7): et rursum circumdabor ego ipse (441), et oculi mei conspecturi sunt, et non alius (442): reposita est haec spes mea in sinu meo (445-6).

449   *IIc*   "pudo s.m.p."

450 Lesson 9 is taken from Job X, 18-22.

450-451 Quare de vulva eduxisti me?

452 qui utinam consumptus essem.

454   *IIc*   "y.n.v. ya m.o."

456 Fuissem quasi non essem

457-458 de utero   translatus ad tumulum.

462-464 Numquid non paucitas dierum meorum finietur brevi?

468-482 Dimitte ergo me (468), ut plangam paululum dolorem meum (469-70), antequam vadam, et non revertar (471), ad terram tenebrosam (472-3) et opertam mortis caligine (475); terram miseriae et tenebrarum (478-9), ubi umbra mortis et nullus ordo (481), sed sempiternus horror inhabitat (482).

64

[I]

Ymajen de hermosura,
hecha por la diuinal
de aquel esmalte y pintura,
que más propia al natural
5 nos [mostró vuestra] figura;
traslado de aquel saber
que os pudo y supo hazer
tal que no sé daros nombre;

157

tal que aquel mismo poder
10 que él touiesse sobre el ombre
vos pudiésedes tener;

[II]

Veys aquí van las liciones
que mi mano trasladó
de aquellas tristes canciones,
15 que a los muertos, como yo,
les cantan por oraciones.
Gran razón es que las vea
vuestra merced, y prouea
sobre las cosas mandadas:
20 pues le fueron dedicadas,
y quedó por albaçea.

Text: *I.*
Rubric: Otras suyas que embió a su amiga quando le embió las Liciones.

4		*BMC.*	"al" omitted.
5	*BMC.*	*I*	"n. mostresse su fe.";
		IIa	"n. mostraste tu fe."
7			"qual p.y s.h."

158

APPENDIX

THREE VERSIONS OF THE
ROMANCE DEL PRISIONERO

Por el mes era de mayo
cuando hace la calor,
cuando canta la calandria
y responde el ruiseñor;
cuando los enamorados
van a servir al amor,
sino yo, triste cuitado,
que vivo en esta prisión,
que ni sé cuando es de día,
ni cuando las noches son,
sino por una avecilla
que me cantaba al albor—
matómela un ballestero
¡dele Dios mal galardón!
Cabellos de mi cabeza
lléganme al corvejón,
los cabellos de mi barba
por manteles tengo yo,
las uñas de las mis manos
por cuchillo tajador;
si lo hacía el buen rey,
hácelo como señor;
si lo hace el carcelero,
hácelo como traidor;
mas quién ahora me diese
un pájaro hablador:
siquiera fuese calandria
o tordico o ruiseñor,
criado fuese entre damas
y avezado a la razón,

que me lleve una embajada
a mi esposa Leonor,
que me envíe una empanada,
no de truchas ni salmón,
sino de una lima sorda
y de un pico tajador:
la lima para los hierros
y el pico para el torreón;
oídolo había el rey:
mandóle quitar la prisión.

> —Anon.; in Durán,
> *Romancero general*, ii, 449.

Por Mayo era, por Mayo
cuando los grandes calores,
cuando los enamorados
van servir a sus amores,
sino yo, triste mezquino,
que yago en estas prisiones,
que ni sé cuando es de día,
ni menos cuando es de noche,
sino por una avecilla
que me cantaba all. albor;
matómela un ballestero,
¡déle Dios mal galardón!

> Anon; in *CM*, footnote
> to number 69.

Por mayo era, por mayo,
cuando face las calores,
cuando dueñas y doncellas
todas andan con amores,
cuando los que están penados
van servir a sus amores.
Que non sé cuando es de día,
nin sé cuando es de noche,
sino por una pajarilla
que me cantaba al albor.
Matómela un ballestero,
de Dios haya el galardón.
Las barbas de la mi cara
cíñolas en rededor.
Caballeros y escuderos
van servir a sus señores,

sino yo, triste cuitado,
que yago en estas prisiones.
Cabellos de mi cabeza
me allegan al corvejón,
de noche los he por cama
y de día por cobertor.

—Anon.; in *CM*, number 69.

O CASTILLO DE MONTÁNCHEZ:

ENCINA'S GLOSS

O castillo de Montanges,
por mi mal te conocí:
cuitada de la mi madre
que no tiene más de a mí.

Conoscíte, desdichado,
por mi desastrada suerte,
no porque tema la muerte,
ni de mí tenga cuidado;
Mas me siento lastimado
en verme dentro de tí,
por la triste de mi madre,
que no tiene más de a mí.

E no me pena perderme
pues la cabsa me consuela,
mas es de razón que me duela,
porque no supe valerme.
Quisiera muriendo verme
delante quien me vencí:
cuitada de la mi madre
que no tiene más de a mí.

No muere quien desque muerto
deja la fe por memoria:
que en la muerte está la gloria,
y el vivir es desconcierto.
Pues amé tan descubierto
muera si lo mesrescí:
cuitada de la mi madre
que no tiene más de a mí.

Ansí que quien pena y arde
en amores, si es discreto,
procure tanto secreto
que de sí mismo se guarde.
Porque temprano que tarde
nunca amor secreto vi:
cuitada de la mi madre
que no tiene más de a mí.

—In *Cancionero de las obras de Juan
del enzina* (Salamanca, 1496), f. 90ᵛ.

LAMENTACIONES DE AMORES: A SELECTION

1

Las pasiones ajuntadas
de quantos penas tuuvieron
y tormento
son con las mías comparadas
sombras que desparescieron
como el viento
y la cruel rauia y furor
que han suffrido los amantes
hasta aquí
nunca dio tanto dolor
a nadie después ni antes
como a mí
y a las ánimas perdidas
de los tristes amadores
ya passados
no fueron tan afligidas
ni padescieron dolores
tan sobrados
ni las furias infernales
sempiternas que padescen
tan sin calma
no creo que son yguales
con las penas que entristescen
a mi alma
y el fuego que más me enciende
mis afligidas entrañas
sin holgança

162

es con que el amor me offende
apartando con sus mañas
mi esperança
no tiene consolación
ni remedio mi gran mal
ni lo espera
pues quien deuía el galardón
me dio herida mortal
con que muera
catiuóme el gran dolor
y su gracia y hermosura
tan sobrada
que tenéys y el mucho amor
que puso en vos mi ventura
desdichada
por lo qual sin detener
dixo a mi consentimiento
al coraçón
caro me costó tener
tan alto mi pensamiento
y affición.

2

O vida vida afligida
cercada de mil enojos
qué haré
pues veo con tristes ojos
a la ques desagradescida
de mi fe
pues tú Cupido consientes
que ame sin ser amado
haz que muera
muera mi mal y accidentes
porque sea publicado
por do quiera
ea triste coraçón
consiéntese tome luego
forma tal
en que aya sin mí passión
y se ataje el viuo fuego
de mi mal
sus manos a pelear

aproueche el vuestro escudo
no se esconda
pues por donde fue la mar
regla es que pueda y pudo
yr la onda
y pues lágrimas estrañas
ataron fe y affición
y sin sueltas
pagando tú coraçón
saldrán luego las entrañas
y las bueltas
ya mi ronca boz pronuncie
como el cisne la ventura
de mi suerte
que cantando se denuncie
el fin y sepultura
de mi muerte.

3

Todos quantos days clamores
gentes y aues y animales
y elementos
si miráys a mis dolores
quedaréys con vuestros males
muy contentos
Porque qualquiera dolor
halla por tiempo y estado
mejoría
el mío siempre peor
porque lo siento doblado
cada día
Al león si le acongoxa
siete vezes en el día
la tormenta
a mí punto no me afloxa
porque en la desdicha mía
no hallo cuenta
Tú leona con bramidos
rebiuas el hijo muerto
que pariste
yo con mayores gemidos
a mi coraçón despierto

siempre triste
Tú cieruo sigues bramando
tras la cierua fugitiua
temerosa
sólo yo voy sospirando
tras quien hallo tan esquiua
quan hermosa
Tórtola tú que al marido
lloras por lo que perdiste
y has gozado
si lo lloras de perdido
yo lo que siruiendo triste
no he ganado
Tú páxaro solitario
que en la soledad te hallas
más contento
a mí todo me es contrario
que en soledad da batallas
pensamiento
Tú garça que en mil halcones
conosciendo el matador
huyes gritando
yo con mis tristes passiones
a quien mata de amor
voy buscando
y tú mar quando te ensañas
bañas con furia del viento
las orillas
assí en mí de mis entrañas
saca el agua el pensamiento
a las mexillas.

4

Arboles de las montañas
ayres fuentes y collados
templad las fuerças y sañas
pues salen de las entrañas
mis cantares delicados
estén aues y ganados
atordidos
los mares ensordescidos
sosiegan de herir las rocas
adormezcan sus sonidos

porque todo den oydos
a mis passiones no pocas
y tú que a plazer prouocas
qual se suena
hermosa y linda Serena
con tu cantar y armonía
sosiega tu cantilena
para que suene la pena
que entristece el alma mía
publíquense noche y día
ya mis males
con mis bozes immortales
de las rocas salga el eco
y pues son tan desiguales
vengan los lobos seruales
para oyrme por lo seco
oygan que amador me trueco
justamente
por una dama excelente
más que de Venus figura
de lo passado y presente
es entre toda la gente
principio y fin de hermosura
es a dó está mi ventura
sepultada
es a dó ha representada
ya mi alma su tragedia
es tan linda y acabada
que se acaba de penada
mi vida si no remedia.

These four *Lamentaciones* appear anonymously
in *Cancionero llamado Flor de enamorados,* Barcelona, 1562; ed. A. Rodríguez-Moñino and D. Devoto, Valencia, Editorial Castalia, 1954, 58-60.

5

Resuenen mis alaridos
descojamos sus entenas
las gentes presten oídos
a los llantos y gemidos
enjendrados de mis penas
porque el mar con sus arenas
y pescados

La tierra con sus ganados
y el cielo con sus estrellas
todos estos bien mirados
son al doble mis cuydados
y dobladas mis querellas
mas porque duren con ella
mis porfías

Quiero dejar en mis días
los encuentros desta lid
escritas por manos mías
cantadas por Hieremías
y tañidas por David.
Pues amadores sentí
sin tardar

Aprended a bien amar
estudiando mis leciones
y en el medio del penar
si quisiéredes descansar
recorred a mis pasiones
ensanchad los coraçones
con mil mañas

Haced las vidas estrañas
sustentatlas en dolor
y por crecer las hazañas
poned fuego a las entrañas
en sacrificio de amor
y yo de buen amador
con razón

Hize un fuego de afición
que con los ojos se atiza
y el alma y el coraçón
están ya hechos carbón
y las entrañas ceniza
la vida porque es postiza
y emprestada

Ya la tengo licenciada
y no se quiere partir
en cabo de la jornada
se hallará tan burlada
que se habrá de arrepentir
los días de mi viuir
quales quiera

Tanto mal y en tal manera
los ha tratado mi suerte
que quien antes supiera
por menos mal escogiera
no nascer o darse muerte
pero ya no mes tan fuerte
su dolor

Estando par parescer
mi fortuna y malas hadas
no puedo no alegrescer
porques un sumo placer
contar fortunas pasadas
mis tormentos pues contadas
a manojos.

Fenescieron mis antojos
disparando amor sus tiros
hicieron mar de mis ojos
las ondas de mis enojos
y el viento de mis sospiros.

       Bartolomé de Torres Naharro
    Torres Naharro's *Propaladia* contains this
Lamentación and two others, *Por hacer Amor
tus hechos* and *Meta las armas traidora*. Text
of above from Gallardo, *Ensayo...*, iv, col.
4086.

6

Sal ya doloroso canto
que razón es que publiques
mi tan doloroso llanto
poniendo a todos espanto
quando tal les notifiques

Tan sentido con que apliques
mi memoria
a relatar el hystoria
de mi vida apassionada
muy desseosa de gloria
y de fatigas cercada
por ser Venus secutoria

Cóbrese ya mi vitoria
en morir
tan constante enel seruir
ala que causa mi pena
con mil congoxas çufrir
en su muy fuerte cadena
como esclauo sin huyr

Qué lengua podrá dezir
mis dolores
mis congoxas disfauores
mi desseada holgança
mis tan continos temores
mi tan sangrienta matança
Quién sufrió tal en amores

Oyganse ya mis clamores
por el mundo
hasta el Erebo profundo
do Minos tiene justicia
y Plutón está yracundo
en Proserpina amicicia
que allí nadie les segundo

O Macías rubicundo
en amar
ati te quiero tornar
en mi causa por juez
porque sabes que el amar
te hirió más duna vez
y no te pudo mudar

Da te priessa en el andar
de corrida
cata c'Atropus mi vida
la corta con alboroto
que está la tela texida
y está desmayada Cloto
de todo descaecida

Contienda tan dolorida
es sentencia
que delante tu presencia
sea juzgada amador
pues que sin equiualencia
te dotó Cupido Amor
en compaña de paciencia

169

Sabrás que hizo influencia
en mi sentido
Venus madre de Cupido
y mirando vna donzella
fui de mi poder perdido
que jamás no pude auella
con mil muertes que çufrido

Muchas vezes fui sobido
en la cumbre
mas tiene el amor costumbre
que se muda a cada viento
con escuridad sin lumbre
nos manda dar aposento
con lloros en muchedumbre

Da nos a gustar herrumbre
muy amarga
da nos la prisión tan larga
que quando más descansamos
de penar en tanta carga
la muerte nos desseamos
que de nosotros se alarga

Como de brocado a sarga
es cada ora
que se muda y se empeora
contra el más a su seruicio
Quando pensáys que mejora
os tiene mayor indicio
con su flecha matadora

Ninguna piedad mora
en su fuego
al de vista haze ciego
al torpe haze auisado
si quiere al instante luego
Haze inábil al letrado
desmando qualquier ruego

Ya no sé dónde nauego
ni camino
para que tenga buen tino
el amor esté contento
Ay de mí triste mezquino
ya falto de çufrimiento
Qués aquesto que me fino

Macias

Tente tente que eres dino
dalcançar
al que supiste amar
no desmayes de tan poco
que enxemplo puedes tomar
enla vida que aquí toco
que el amor me quiso dar

Quien sufrió tal en amar
tantos días
como yo firme Macías
delos amantes corona
cercado de mil porfías
qual nunca se vio persona
ygual alas penas mías

Sufre así como solías
ten holgança
y muy firme sin mudança
que nunca mudes la hoja
enel amar y su dança
que quando Cupido enoja
cumple más el esperança.

— PEDRO DE PALMA; in R. Foulché-Delbosc,
«Les cancionerillos de Prague», *RHi,* lxi
(1924), 555.

III

CRITICAL ANALYSIS

FOUR MAJOR POEMS

63.   Pues amor quiere que muera

INTRODUCTORY OBSERVATIONS

This poem is habitually called a parody. The description is inaccurate. The Oxford Dictionary defines a parody as «an imitation of a work more or less closely modelled on the original, but so turned as to produce a ludicrous effect». No such burlesque spirit can be said to have prompted Garci Sánchez. On the contrary, it is because he wishes to invest his amatory plight with a special gravity and solemnity that he chooses to accommodate so grave and sonorous a sacred text as the lessons from the Book of Job in the Office of the Dead. The accommodation consists in Garci Sánchez's addressing his lady where Job addresses God. Otherwise the text is substantially unaltered. It appears sporadically in Latin, but most of it is paraphrased into Spanish.

Menéndez Pelayo describes the poem as «una parodia absurda». [1] One is tempted to question the objectivity of such a judgment. Accommodation of sacred texts for a profane purpose is a commonplace of medieval and pre-Renaissance literature, [2] and was presumably not considered absurd —at least by those who practised it. It is therefore pertinent to enquire why this phenomenon was so widespread, instead of merely deploring it. The fact that the fifteenth-century *cancioneros* are still comparatively neglected is doubtless largely explained by a hostile and superficial treatment of them in histories of literature and other equally-accessible works of reference.

The poem consists of a six-stanza *testamento* and the nine accommodated lessons of the Office of the Dead which run to forty stanzas. The testament serves as a prologue, and being the only section of the poem

[1] *Historia de la poesía castellana en la Edad Media,* III, 1916, 145.
[2] For a detailed list of such parodies and an analysis of the change of attitude towards them, see Félix Lecoy, *Recherches sur le Libro de buen amor,* París, 1938, 221-225.

175

without quotations from, or paraphrases of, other texts, that is, being entirely Garci Sánchez's invention, deserves to be discussed in some detail.

THE TESTAMENT

The testament is marked by curious illogicalities. For instance, feigning to die of unrequited love, the poet bequeaths his soul to his lady (15-17) after asking *her* to draw up the will for him (11). We also learn in the first stanza that the poet wishes to make his will because he is dying young, which unwittingly suggests that the making of wills is the prerogative of youth.

Stanza II is scarcely less puzzling for, if we consider sense alone, lines 18-22 should normally come first since the subject of *lieue* (line 18) is the *testamento* of stanza I. Yet the rhyme-scheme clearly shews that Garci Sánchez did not intend these lines to appear in any other order. It looks, therefore, as though he is guilty of bad composition.

Stanza IV poses another problem because it ends in the middle of an apostrophe which is not carried over into stanza V. This suggests that a stanza is missing. But since there is no irregularity in the alternating rhyme-scheme it would be unreasonable to suppose that one, or any other odd number, of stanzas has been lost. It is either an even number or none at all. To hold that none is missing is, of course, to be faced with an uncompleted apostrophe which one would have to attribute to gross carelessness. And so it is possible that some stanzas have been lost. It seems reasonable to assume that they would develop the comparison of the poet and Macías, and perhaps mention that other much-revered lover, Juan Rodríguez del Padrón. They are the first persons Garci Sánchez sees in his *Infierno* and, clearly, he wished to associate himself with their memory, especially with that of the tragic Macías, «king» of lovers, enthroned in the lovers' hell and wreathed in flowers.

The testament has the air of having been hastily or inexpertly written. Even as a figure it is difficult to approve the cacophony and slipshod syntax of:

> quiero que quede mandado
> que si aceptare el erencia
> que me tenga por pagado (31-33).

This clumsiness might well be due to lack of experience in composing verses and suggests that Garci Sánchez, who alludes to his youthfulness in the first stanza, was a very young man indeed when he wrote this poem.

In the light of these observations, his wish that all hearts be broken at his funeral may be seen to smack of immaturity:

> Mando que en lamentación
> mis obsequias se celebren
> y sea tan triste el son
> que los coraçones quiebren
> a todos de compassión (51-55).

And it is not impossible to discern the same trait in the fact that if the poet eschews funereal pomp it is not because he wants an inconspicuous burial but, rather, a very special one, with sacrilegious rites; besides, an ordinary service would ill-befit his significance:

> Muchas honrras no las quiero,
> ....
> mas por no dar ocasiones
> que digan que como quiera
> hazen mi honra postrera,
> díganme nueue liciones (56 and 62-65).

The poet explicitly states that his testament is modelled upon that of Diego López de Haro:

> Pero que lieue declaro
> la misma forma y tenor
> de aquel que hizo de amor
> don Diego López de Haro,
> pues que yo muero amador (18-22).

But the two testaments have neither the same form nor *tenor*. It will be sufficient to indicate the formal differences: Diego López de Haro's *Testamento de amores* [3] is in ten-line stanzas (compared with Garci Sánchez's eleven-line ones) and without the *pie quebrado* (Garci Sánchez has two in each stanza). The following are two tentative explanations of this anomaly: (*a*) Garci Sánchez did not mean precisely what he said—he might have wished merely to link his testament with López de Haro's without actually imitating it; (*b*) he imitated another poem—López de Haro might have written more than one testament.

There is a third possible explanation: Garci Sánchez names López de Haro in the disingenuous hope of preventing the detection of his debt to another poet. Such a manoeuvre would scarcely seem credible could one but overlook the striking resemblance between Garci Sánchez's testament and Encina's.

---

[3] Text of this poem in *Canc. cast.* II, no. 1161.

A few comparisons will reveal the plagiarism:

(G. S.)	(E.)
Mando si por bien touiere	Y mando ser sepultado
....	....
que me entierren do quisiere	en vn triste monumento
....	....
mando que en lamentación	y por más contemplación
mis obsequias se celebren	quando mis honras hizieren
y sea tan triste el son	aya tan triste sermón
que los coraçones quiebren	que de pura compassión
a todos de compassión	lloren los que ally estuvieren
....	....
Muchas honras no las quiero	No quiero ser ofrendado
....	....
díganme nueue liciones	díganme por oraciones.

Now, Juan del Encina's *Testamento de amores* was published in 1496 when Garci Sánchez was probably still in his teens. Moreover, Garci Sánchez's poem is not known to have appeared anywhere before the first edition of the *Cancionero general* (1511). It is therefore unlikely, to put it mildly, that the plagiarism was committed by Encina.

These comparisons touch on a point made earlier, namely Garci Sánchez's immaturity. It was stated there that this quality was suggested by the poet's desire for a tearful funeral, an idea which he now appears to owe to Encina. But the suggestion is not thereby invalidated. For, in the first place, although Garci Sánchez now seems indebted to Encina for the idea, it may have appealed to him in his immaturity precisely because of the childlike self-pity in it; secondly, the idea was taken for an indication of the poet's immaturity only in conjunction with other pointers, to wit: youth and clumsy style.

THE LESSONS

The nine lessons which Garci Sánchez adapts to his profane love are those of the common Office of the Dead at Matins, selected verses from the Book of Job. The analogy is simple: Job's position vis-à-vis God becomes Garci Sánchez's vis-à-vis his lady. Hence the fundamentally idolatrous nature of the poem.

Many of Garci Sánchez's *cancionero* predecessors and contemporaries adapted the liturgy to deify their ladies and invent erotic cults, but it would not be easy to shew that he was indebted to them, except perhaps for the idea of accommodating sacred texts. His manner of accommodation is distinctive: he takes all the lessons of the Office of the Dead at Matins in turn, and, quoting, adapting, translating or paraphrasing, works

178

their verses into his poem. He omits nothing and departs not a jot from the liturgical order. This painstaking method surprises: Gómez Manrique picked phrases at random; Salazar (*Pater noster de las mugeres*)[4] simply ends each stanza with a phrase of the *Pater noster*, while Juan Rodríguez del Padrón (*Los dies mandamientos de amor* and the *Siete gozos de amor*)[5] did not quote or adapt Latin at all, and so on. Not less unusual is his choice of text: no *cancionero* poet before Garci Sánchez made profane use of any part of the Book of Job.

Some confusion on this last point is bound to have been created by two erroneous and contradictory statements of María Rosa Lida de Malkiel. In her book on Mena[6] she writes: «Merced a una obra que hoy nos es difícil encuadrar en el resto de su producción, *Sobre la lición de Job que comiença: 'Heu mihi'*, viene a ser Gómez Manrique modelo de Garci Sánchez de Badajoz en sus famosas *Liciones de Job...*»; while elsewhere[7] she refers to «las *Liçiones de Job* de Garci Sánchez, glosadas por Gómez Manrique». To take the second statement first, Gómez Manrique did not gloss any of Garci Sánchez's work, and is unlikely ever to have been in a position to have done so, since he was probably dead years before Garci Sánchez began to write.

The first statement demands a somewhat more detailed explanation. It is not made clear how Gómez Manrique comes to be Garci Sánchez's model, but the conclusion looks like a guess based on the heading *Sobre la lición de Job...*[8] Besides, the heading itself is misleading because there is no lesson beginning *Heu mihi*, nor does the exclamation occur anywhere in the Book of Job. Indeed, it is found only once in the Bible, in Psalm 119: *heu mihi quia incolatus meus prolongatus est, habitavi cum habitationibus Cedar*. This psalm forms part of the common Office of the Dead at Vespers, and half of the verse in question is repeated as the second antiphon of that hour in the form *heu me...* Whoever composed the heading for Gómez Manrique's poem confused one part of the Office with another—a not incomprehensible mistake.

It may be pertinent to note that nothing in Manrique's poem is from *Job*. His selection of phrases from the Breviary is a random one: *ubi fugiam* (line 2) and *quid faciam, miser, quo ibo* are from the Office for Friday at Vespers (Ps. CXXXVIII, 7), and the verse beginning *Aspice* is recited on Sunday at None: *Aspice in me et miserere mei secundum iudicium diligentium nomen tuum* (Ps. CXVIII, 132); *Eya ergo* (stanza III, line 1) is from the Final Antiphon of the Blessed Virgin Mary, the *Salve Regina*, which follows the recitation of the canonical hours: *Ea ergo, advocata nostra, illos tuos misericordes oculos ad nos converte*.

---

[4] Text in *Canc. gen.* (1882) II, p. 476.
[5] Texts in *Canc. gen.* (1882) I, pp. 371 and 362, respectively.
[6] *Juan de Mena* (México, 1950).
[7] "Juan Rodríguez del Padrón", *NRFH*, Año 6 (1952), no. 4.
[8] Text in *Canc. cast.* II, no. 422.

The rubric *Sobre la liçion de Job...* is in fact misleading not only because no lesson from *Job* begins «Heu mihi...» but because the poem does not gloss, parody, adapt or accommodate any lesson whatsoever. Clearly, Garci Sánchez's *Liciones* owe nothing to the poem. But one could, if one wished, consider the possibility that the ill-chosen heading suggested them to him.

The question now arises to what extent the *Liciones* are original. It has been noted above that they are at least remarkable in two respects: choice of text and method of adaptation. In the latter they are unusual but not unique. Garci Sánchez, as we have seen, incorporates into his poem all nine lessons of the Office of the Dead (adapted, of course, to his purpose) omitting nothing and adhering strictly to the liturgical order. One earlier poet has used the same method with a different text. He is Mosén Gaçull, and the text he chose is Psalm CXXIX, the Sixth Penitential Psalm, recited at Vespers in the Office of the Dead. The *Cancionero general* rubric reads: *Otras suyas aplicando el salmo De profundis a sus passiones de amor,* [9] recalling part of that which is above the *Liciones: una que hizo delas liciones de Job, apropiadas a sus passiones de amor.* It could be that the editor, Hernando del Castillo, composed a similar heading for both poems in recognition of their common method, or perhaps, even, because it was known that one had influenced the other.

It is not known now, and there is not enough evidence to claim Gaçull's poem as Garci Sánchez's source. But there is enough to suggest it might be, which, being more than we can say of any other poem, demands elucidation.

It should be noted at the outset that Gaçull's method of accommodation may have been dictated by the brevity of the text. One can appreciate why, when he is dealing with a long passage, a poet may feel tempted to pick and choose, omitting everything not immediately seen to suit his purpose. But the *De profundis* has only eight verses and so it is not surprising that all of it should have been adapted. It *is* surprising to find that Garci Sánchez has treated a much longer text with equal thoroughness. Accordingly, it is possible that he was influenced by Gaçull, the only other *cancionero* poet to accomodate an entire, albeit short, part of the liturgy. (To «accommodate», not to «use»: Salazar's *Pater noster* is not an accommodation since the text is intact.)

Here is how Gaçull adapts the first verse of Psalm CXXIX, *De profundis clamavi ad te Domine:*

> De profundis he llamado
> rogando a tu señoría
> pues me tienes oluidado
> que me buelues al estado
> que primero ser solía.

[9] Text in *Canc. gen.* (1882) II, p. 163.

Garci Sánchez begins in similar fashion, adapting and glossing Job's
Parce mihi, Domine, nihil enim sunt dies mei (*Job* VII, 16):

> Perdóname, Amor, Amor,
> que mis días no son nada,
> pues en fin de mi jornada
> me tiene tu disfauor (67-70).

but, in this case, without quoting any words of the Latin text. For although
his method and Gaçull's are basically the same, they are not identical in
every detail: both poets incorporate Latin phrases into their respective
poems, but they have different ways of doing so. Gaçull's Latin quotations
occur at the beginning and in the middle of each stanza (Encina has his
at the beginning too, but not in the middle), whereas Garci Sánchez's
appear irregularly in the fourth, fifth, eighth and ninth lessons only.

In Juan del Encina's eclogue of *Plácida y Vitoriano* there is an ac-
comodation of the first, second and third lessons of the Office of the
Dead. The date of its composition is not known. Like Garci Sánchez's
Liciones, it met with the disapproval of the Inquisition, and is listed in
the first printed *Indice expurgatorio*, published in Valladolid on 25th
August, 1559, by Sebastián Martínez.

The accommodated lessons occur at the end of the section headed
Vigilia de la enamorada muerta,[10] which begins with Vitoriano's mourning
the death of Plácida and making sacrilegious use of psalms recited on
Monday at Vespers, Lauds and Compline, in that order. Encina preserves
the order of the liturgy and adapts at least part of each verse. The part
which he ignores is usually the second half. Except for these omissions,
his method, comprising quotation, translation and paraphrase, is similar
to that of Garci Sánchez and Mosén Gaçull. But they constitute a difference substantial enough to cast doubt upon the possibility of direct
influence between Garci Sánchez and Encina in either direction.

Before beginning a critical assessment of the lessons it is necessary
to state that such a task is rendered well-nigh impossible by their lack
of order and the fact that a great deal of what is remarkable in them
belongs not so much to Garci Sánchez as to the liturgy—which he merely
translates or paraphrases.

He does follow the liturgical order but it is obscured by his repetitious amplifications. In other words, he deprives each lesson of its purpose, that of making a particular point, by making the same point in
all of them. For he has in effect only one point, his unrequited love, and
he expresses it in either plaintive or suppliant tones, in a variety of phra-

[10] Text in RAE edition of *La égogla de Plácida y Vitoriano*, Madrid, 1893,
326 on.

ses, throughout the poem. Hence all his lessons, *qua* lessons, are equal; interchangeable.

Instead of progression or development, then, there is tiresome iteration. Having noted this, the critic might feel tempted to dismiss the poem without further ado. Yet by yielding to such an urge he would be doing Garci Sánchez something less than justice since the poet finds a substitute for development of thought or argument in the varying degrees of intensity with which he repeats himself. These degrees are proportionately related to the length and position of the stanzas: the longest and most intense occur in the middle and at the end.

Garci Sánchez's musical background may be considered a possible explanation of this *crescendo-diminuendo-crescendo* pattern of repetition. In music, a statement may be made over and over again with more or less emphasis, and the disposition of the latter can be the analogue of what is understood in literary forms by the term «development». Constant repetitions—wtih equal emphasis—of a statement in any art-form are liable to induce tedium. But there may be some merit in a poem with the emphatic structure acceptable in music instead of the «development» we should expect to find in literature. And to one well-versed (so to say) in music, the composition of such a poem might not in the least seem strange. Hence, Garci Sánchez's conception of repetition may have been more 'musical' than that which we are in the habit of associating with long poems, especially one based, like the *Liciones,* on an orderly text. It is perhaps of interest to note that the form in which Garci Sánchez excels is the *canción* which, being musical, is repetitive (albeit in a different way).

To sum up: we may consider the repetitious character of the *Liciones* as the manifestation of a conscious attempt to produce a type of order which, in the circumstances, we have some difficulty in perceiving, rather than as evidence of carelessness or incompetence. In any case, the result is not a happy one. Indeed, one wonders why, since he neutralises it with his glosses, Garci Sánchez bothered to follow the liturgical order at all.

It is unlikely that Garci Sánchez stumbled gratuitously upon the Office of the Dead. One supposes that he chose its lessons because he thought his plight analogous with Job's, and because Job's mood—a complex of resignation, supplication and sombre violence—best accorded with his own. Sometimes he adapts strikingly well, matching if not exceeding the pathos and dignity of the Latin text. He meets the challenge of the moving and simple words *dimitte me ergo ut plangam dolorem meum antequam vadam et non revertur ad terram tenebrosam (Job* X, 21-22) with the following lines:

> Pues déxame ante que muera
> vn punto que mi dolor

llore mi muerte forçosa,
antes que vaya siquiera
a la tierra de temor
tenebrosa (468-473).

These lines are more direct, urgent and emphatic than the Latin words. The poet mentions death instead of merely alluding to it, stressing both its imminence and the frightful eternity that awaits him.

The statement of these two difficulties, then, has at least served to make one point clear: the structure and language of the poem are best understood and assessed by reference to the liturgical lessons.

STYLE

On the whole, the language is prosaic and some verses are deplorably weak. Usually, the weakness can be attributed to amplification: *Taedet animam meam vitae meae* (*Job* X, 1) is adequately translated by «la mi ánima se enoja / de mi vida», but to obtain his second octosyllable, the poet can find nothing better than the callow and superfluous «pues no es buena» (116); *ostendis potentiam tuam et stipulam siccam persequeris me* (*Job* XIII, 25) is rendered «muestras todo tu poder / contra mí que siempre sigues» and unnecessarily amplified «por que soy tu seruidor / sigues me con mal querer / liuiana cosa persigues / con tan graue disfauor» (207-212); *et vestigia pedem meorum considerasti* (*Job* XIII, 27) becomes «Todas las pisadas mías / señora consideraste»; to which is added «por que han sido a ti siruiendo» (231-233).

On the whole, too, where the style rises above the prosaic we find a translation or near-translation of *Job*. The fine similes, «Assí como flor salí / y me sequé» (249-250), and «Assí como sombra huye / que no dura en vn estado» (255-256), are taken from the verse (*homo*) *qui quasi flos egreditur et conteritur, et fugit velut umbra; et numquam in eodem statu permanet* (*Job* XIV, 2.) «Quien otorgasse señora / que en el infierno escondiesses / mi alma y la defendiesses / por tuya y muriesse agora / hasta que de mí partiesses / el enojo que en ti mora» (303-308), the daringly idolatrous lines which particularly shocked Menéndez Pelayo come from Job's cry, *Quis mihi tribuat ut in inferno protegas me et abscondas me donec pertranseat furor tuus* (*Job* XVII, 13). The similarly idolatrous hyperbole, «En el infierno es mi casa / si vuestra merced quisiere / y será si le siruiere / en las tiniebras de brasa / la cama en que yo durmiere» (383-387), emulates Job's *Si sustinuero, infernus domus mea est, et in tenebris stravi lectulum meum* (XVII, 13).

But some of the best lines have no connexion with the liturgy and are, so to speak, the poet's own work. Sometimes they strike us for their epigrammatic concision (especially refreshing in a poem containing so much superfluous material): «tú miras para matar / yo miro para ser muerto» (143-144); «mas yo amador desamado / quanto amor más me destruye / menos me hallo mudado» (257-259). Sometimes they are filled with a melancholy beauty, the pathos of a languid resignation: «Los espíritus vitales / do la vida triste mora / ya flacan sus mouimientos / y acabados son mis males / ya llegada es la ora / do han fin mis pensamientos» (366-371). Both kinds of verse are carefully elegant and exhibit that kind of technical dexterity which recalls some of Garci Sánchez's most polished work: the *canciones* and *villancicos*.

Not less accomplished are the lines developing that rhetorical theme —an obsession of the late Middle Ages—which Job, too, contemplates in the seventh lesson of the Office of the Dead: *Ubi est ergo praestolatio mea,* he asks (XVII, 15). Garci Sánchez accommodates thus:

> ¿Dónde está agora la temprança
> que amor comigo tenía
> por no matarme en vn ora?
> ¿qué se hizo la esperança?
> vos la soys, señora mía,
> vos la soys sola, señora (399-404).

The last line, emphatically repeating four of the five words of the penultimate with a slight change of order, gives a stylistic flourish to the end of the stanza. As an example of purposeful and effective repetition it is outstanding in a poem where so much is merely repetitious.

A NOTE ON THE VERSIFICATION OF THE LESSONS

The unusually complex versification of the lessons suggests that the poet wished to display an impressive range of prosodic skills. No lesson comprises less than three stanzas or more than six. The stanzas of each lesson are uniform and this form does not recur, that is, the versification of any given lesson differs in at least one respect from that of any other. Only two lessons have the same rhyme-scheme and only two any *pie quebrado* lines (13 altogether, out of 419) to interrupt the octosyllabic pattern. The total number of stanzas in lessons IV, V and VI is the same as the number of lines in any stanza of any of those lessons: the total number of stanzas in lessons I, II, and III, is the same as the total number of stanzas in lessons VII, VIII, and IX, and this equilibrium of the beginning and the end, of the first and third thirds, is further underlined by the number of stanzas per lesson: thus, lessons I and VII have six, lessons II and VIII five, and lessons III and IX three. Similar structures are described by the Provençal theorists.

SOURCES AND INFLUENCE

An ancient convention of religious verse-writing was the glossing of liturgical texts. The beginning of the *Cancionero general* contains a large number of such glosses and, of course, many of the texts so devoutly treated in this section reappear in all the others accommodated to profane love. There is remarkably little precedent, however, for either reverent or irreverent use of *Job,* considering how appropriate to both sorts of verse the theme 'patience in tribulation' might be. Job is mentioned in connexion with this theme by Francisco Imperial [11] and thrice quoted by the Archpriest of Hita; [12] Villasandino exclaims:

> El santo Job tentado
> non pudo tanto sofrir
> que non ouo a mal dezir
> el día que fue engendrado [13]

but allusions to, and quotations from, the holy man are rare indeed in the work of poets who lived before Garci Sánchez. Nor did anyone attempt to emulate Garci Sánchez's dangerous idolatry after the publication of the *Liciones* in 1511, for these and his *Infierno* and his madness—this last being seen as divine retribution for the first and second—made him notorious. He was considered by some to have abused his poetic licence, to have exceeded all that could be tolerated as an expression of amatory hyperbole. The task of discouraging such outrages was undertaken by anonymous clerics in pious works of a pointedly corrective nature, *e.g., Las Leciones d'Job trobadas por vn reverendo y deuoto religioso: de la orden de los predicadores. Con vn Infierno de dañados. Es obra muy deuota y contemplatiua,* Toledo, *s. a.* Menéndez Pelayo believed that people were rightly shocked by Garci Sánchez's *Liciones* («las cuales, no sin razón, escandalizaron a los moralistas, y provocaron los rigores del Santo Oficio») [14] but the poem did not in itself deserve to be subjected to special strictures since many poets wrote pieces which violated the First Commandment to at least the same degree. Some, like Don Álvaro de Luna, were much more deliberately and directly blasphemous:

> Si Dios nuestro saluador
> ouiera de tomar amiga
> ffuera mi competidor.

[11] *Cancionero de Baena,* ed. José Pidal, no. 242.
[12] See F. Lecoy, *Recherches...,* Paris, 1938, 334.
[13] *Canc. Palacio,* ed. Vendrell de Millás, Barcelona, 1945, 382.
[14] *Historia de la poesía cast. en la Edad Media,* III, p. 142.

Aun se mantoxa senyor
si esta amiga tomaras
que iustas [nueuas] et varas
fizieras por su amor
si fueras mantenedor
e non te alçara las [varas]
por ser mi competidor [15].

and Garci Sánchez, even had his object been to do so, could scarcely have
exceeded the idolatry of Macías's «Pues me falleçió ventura» with its refrain, «Deus meus elli ely / E lama zabatany», [16] or that of Suero de Ribera's
accommodation of the Agnus Dei: «Cordero de dios de Venus / ... / miserere nobis». (And none of this was as reprehensible as the obscene parodies
of the Mass which were sung in churches during the very celebration of
that sacrifice.) [17]

The singular notoriety of the *Liciones* would clearly not have been
possible had their author remained sane. We have seen that a pious cleric
linked the poet's madness and the *Liciones* in such a way as to suggest
that he had been punished by God for writing them. [18] One cannot know
how seriously this theory was taken by the 'moralistas' but there can be
no doubt that it was expedient to support it. There could scarcely be a
better way of discouraging the fashion: the poet's affliction, which apparently started shortly after he had written the *Liciones,* was a theologian's
text-book example of the visitation of divine wrath. Thus presented, it
served as a terrible warning to anyone tempted to continue the sacrilegious abuse of the liturgy for which God had deprived a gifted man of
his wits, thereby shewing that He was offended, that there was a limit to
His forbearance. The warning seems to have been thoroughly effective
for, after 1511, the accommodated liturgical text is in sudden, sharp decline, and it might not be too rash to attribute this fact, in part at least,
to such pious interpretations of Garci Sánchez's disgrace. His followers
focused their emulative attention on 'safe' poems, the *Lamentaciones,* the
Sueño, the *villancicos* and the *canciones.*

There are indications that these circumstances induced in Garci Sán-

---

[15] *Canc. Palacio,* ed. cit., 128-129.
[16] *Ibid.,* 312.
[17] Such practices, indeed, were too popular to suppress, even in the middle
of the sixteenth century, so that
> si algunos con simplicidad, pensando, que esto es licito, para recreacion,
> porque veen que se acostumbra comunmente, y si supiessen, que lo tal
> era pecado mortal no lo harian, serian escusados de tanto, mas no de
> todo. Agora empero dezimos, que no parece pecado mortal, sino quando
> la cancion es torpe, y suzia, o vana y profana cantada durante el officio
> diuino, por los que son auisados, que no son licitos.—M. de Azpilcueta
> Navarro, *Manual de confessores y penitentes,* Salamanca, 1557, I18.
[18] For full text, see Biography, Appendix III.

chez a spirit of contrition, or perhaps just a desire to appease. At any rate, one suspects, it was after his disgrace that he prayed to the Virgin:

> pídote que en la fe estén
> mis pensamientos concordes
> en la ora de la muerte (No. 62, 55-57);

and to God the Father:

> pídote, Dios soverano
> que mi alma y cuerpo estén
> libre del fuego ynfernal (No. 62, 7-9).

The *Lamentaciones de amores* may also have been written in this spirit, for the absence of irreverent hyperbole sets the poem in pointed contrast both with his *Infierno de amor* and *Liciones*. Thus, there may exist in the microcosm of Garci Sánchez's work the chronological step from the quasi-religious to the secular detectable in Spanish profane poetry as a whole: the *misas* and *sermones de amor*, the *infiernos* and *purgatorios*, give way to *cárceles, lamentaciones, residencias* and *casas*. Diego de San Pedro, who wrote *Cartas de amores*—the novel known as *Arnalte y Lucenda*—as well as a *sermón* and a *cárcel de amor*, composed a palinode in which these works are condemned as blasphemous. In his *Passión*, dedicated to a nun with whom he is in love, San Pedro versifies the Passion of Christ in order temporarily to forget his own *passión*. But towards the end of his life he came to regard any literary expression of courtly love as either sinful or an occasion of sin. Referring to his *Cartas de amores*, he exclaims:

> ¿qué serán, dezí, señores,
> sino mis acusadores
> para delante de Dios?

His *Cárcel de amor* was a «salsa para pecar» and he now tremblingly realised «quán enemigo mortal / fue la lengua para el alma» [19] His renunciation of the amatory canon can only indicate that he professed to share the strictly orthodox view of courtly love as a rival religion, which found expression in burlesque adaptations of Church liturgy and ritual, and was centred upon idolatrous worship by the poet of his *dama*.

There is nothing to suggest that Garci Sánchez wrote a deliberate palinode with the possible exception of No. 24; he seems indeed to have been cast by fate, personal preference and reputation in the tragic role of loyal, unrequited lover. For one who appears to have wanted his

---

[19] I am indebted to Otis H. Geen's article, "Courtly love in the Spanish Cancioneros", *PMLA*, LXIV (1949), 280, which drew my attention to both of these quotations from San Pedro's *Desprecio de la Fortuna*.

name entered in the martyrology which included Macías and Juan Rodríguez del Padrón, to renounce courtly love would have been unthinkable.
But the move against it was afoot; there was something like a concerted
attack upon its excesses and, among such poets as might still have har-
boured sacrilegious designs, prudence prevailed.[20]

51. Caminando en las honduras

It is often unwisely taken for granted that a poet who chooses for
his poem a title used by a famous predecessor emulates the work of the
latter. The Marquis of Santillana's *Infierno de los enamorados* is thus
assumed to be modelled upon Dante's *Inferno,* and Garci Sánchez de
Badajoz's *Infierno de amor,* upon either or both.[21]. But Dante's hell is
not a place for lovers alone: all sorts of offenders are there. He did not
conceive of an erotic hell proper—a place of confinement and suffering,
peopled exclusively by lovers; this vision was developed in France by
poets like Baudoin de Condé and Eustache Deschamps, and it is to their
work rather than the Florentine's that one must turn if one proposes to
study the real sources of Santillana's *Infierno.* The difference between
Dante's concept and that of the French poets is further marked by the
fact that the latter did not insist on infernal suffering: they were quite
content to relegate lovers to deserts and prisons. The place itself was of
no great importance; nor was the idea of suffering in general: what
mattered was the allegorisation of the torments of love; and this, of course,
is what the *cancionero* poets, with their hells, purgatories and prisons of
love, were attempting. But the attempts of some were objective, while
those of others were subjective: some dissociated themselves from, and
others identified themselves with, the torments of lovers whom they por-
trayed; some went to the places of punishment to observe, others to experience; both went to record what they saw, but some as detached in-
vestigators, others as lovers. Santillana belongs to the former group and
Garci Sánchez to the latter. Another manifestation of the 'objectivity' of
the first group is its externalisation of the setting: the latter is described
as though it were a physical reality to which the author physically journeys; but in the 'subjective' second group, because the lovers' anguish is
that of the author himself, the fiction of external reality is always in
doubt, to say the least. A final important distinction is the presence in
the 'subjective' poems and the absence in the 'objective' ones of references to the authors' contemporaries.

Garci Sánchez is entirely 'subjective'. He begins by 'journeying in the
depths of his thoughts'—eschewing the pretence of a physical setting. He

[20] Apparently, Garci Sánchez himself became prudent in his later years;
see p. 16.
[21] See, for instance, A. Valbuena Prat, *Hist. lit. esp.,* I, 1946, ed. p. 345.

is journeying into himself and his destination is a state where he can feel at one with all those—past and present—who have suffered the torments of love. Santillana's purpose is quite different: he makes a fictional journey through a 'real' landscape, and his destination is a 'real' place where he observes and records a fate not envisaged for himself. He beseeches the moon to help him speak poetic truth:

> tú me influye poesía
> porque narre sin falsía
> lo que vi discretamente *(Canc. cast.* I, p. 549);

and although he claims, in conversation with Hippolitus, to be in the service of Love,

> (................. Pagado
> soy e presto a vos seguir
> non çessando de servir
> amor a quien me soy dado) *(Ibid.,* 548)

when Macías embarks upon a tale of woe, he is very anxious to escape:

> que ya non me da lugar
> el tiempo que más me tarde *(Ibid.,* 549)

and counts himself lucky to have succeeded:

> non sope de mi parte
> nin por quál razón nin arte
> me vi de preso librado *(Ibid.,* 551).

And the poem ends with a strongly-worded warning, the last line of which is invested, if one thinks of Garci Sánchez, with a certain dramatic irony:

> Asy que lo proçessado
> de todo amor me desperté
> nin sé tal que non se aparte
> si non es loco provado *(Ibid.,* 551).

Santillana's detachment and admonitory tone, his allusions to the great mythological lovers of Antiquity (Macías is the only Spaniard mentioned by name) and the absence in his poem of any reference to contemporaries shew that he treated his subject in a manner essentially irreconcilable with that of Garci Sánchez who was, in any case, unsuited by temperament to emulate it. The fact that the titles are similar suggests that Garci Sánchez wished to pay tribute to his famous predecessor (just as Santillana may have wished to pay tribute to Dante) as well as to Guevara, whose *Infierno de amores* he mentions in the first stanza. But there can

189

be no question of Garci Sánchez's being directly influenced by the *In-fierno de los enamorados.*

His reference to Guevara has given rise to similar and equally un-warrantable assumptions. One critic, for instance, has said that Garci Sánchez's *Infierno* is «modelled, according to the author's explicit state-ment, directly upon that of Guevara». [22] But the lines *vime entre los ama-dores | en el infierno de amores | de quien esriue Gueuara* (6-8) are far from constituting any such explicit statement. What they do reveal, on the contrary, is their author's ignorance of Guevara's *Infierno,* [23] the sole inmate of which is Guevara himself.

But Garci Sánchez's *Infierno,* although owing nothing to that of Gue-vara, may not have completely escaped his influence. Garci Sánchez's poem is among other things, a catalogue of poets and courtiers tricked out with quotations intended to illustrate the amatory *bona fide* of these gentlemen. Guevara wrote a similar piece in which he describes and quotes various courtly lovers seen by him on the occasion of *vna partida que el rey don Alfonso hizo de Arévalo.* [24] This was four years before the retirement in 1479 of the ageing Alfonso the Fifth of Portugal to his king-dom and one year after his marriage to «La Beltraneja»: in 1468 he had been rejected as a suitor by Isabella of Castile—perhaps with the words *ni me plaze ni consiento*—which Alfonso, in the poem, murmurs discon-solately to himself. The manner in which the courtiers are introduced and even some of the words and phrases employed—while admittedly com-monplace ones—recur in Garci Sánchez's *Infierno.* Guevara's *Vi venir más a Morán* (stanza IX) is echoed in Garci Sánchez's *Vi más a Don Bernaldino* (stanza XXII); and Guevara continues: *tan penado y sin plazer | que passión me fue de ver*—an emotion Garci Sánchez owns to on seeing Guevara himself burn: *A Guiuara vi quexarse | tal que me puso mansilla | y en biuas llamas quemarse* (stanza IX). The interpola-tion of quotations, however, is not attempted in the same manner by both poets: Garci Sánchez's are of no fixed length or disposition, whereas Guevara's are each one line in length and occur only at the end of a stanza. The poems are also different in rhyme-scheme and stanza-length. But they have enough in common for us to consider Guevara's poem a probable source of Garci Sánchez's.

Each of these poems is of the type termed by the French a *pièce à citations.* But only Garci Sánchez's is also of the type 'Erotic Hell'. This type consists of those compositions which allegorise the mental tor-ments of Love into a place of confinement and suffering (both physical and mental) for its victims. From what has already been said it will have been noted that some of these 'places' are more allegorical than others—

---

[22] C. R. Post, *Medieval Spanish Allegory,* Harvard U. P., 1915, 92.
[23] Text in *Canc. cast.* II, no. 894.
[24] *Canc. cast.* II, no. 904.

depending upon the degree to which the semblance of reality is stressed. It will equally have been noted that Garci Sánchez does not insist at all upon the external reality of the lovers' hell. A poem which coincides with Garci Sánchez's in all these respects is the Bachiller Ximénez's *Purgatorio de amor* (text in *Canc. cast.* II, no. 894). This begins with an account of its author's physical wanderings in a 'real' landscape, but they constitute no more than a preamble to the main part of the work, which is of a decidedly visionary and metaphorical character. Tired of walking, the poet sits down, and at once overcome by the sorry condition of unrequited lover, weeps plenteous tears. But when these are spent and calm returns a very extraordinary phenomenon occurs, for the poet achieves the state of self-hypnosis by a process of erotic mysticism. And it is of course when he loses all awareness of his senses that the vision begins. The experience is described in a stanza which must be quoted here in full:

> Después que mucho lloré
> a cabo de vna gran ora
> vn poco que assossegué
> todo yo me trasporté
> contemplando en mi señora
> todo me agené de mí
> que ni vía ni sentía
> que como en visión la vi
> por suyo todo le di
> quanto bien en mí tenía
>
> (stanza VI).

By concentrating on identifying himself with the wishes of his beloved, uniting his will and hers, he has forgotten his own existence and, like a religious contemplative, is as it were consumed by the object of his veneration. The completeness of his amatory nirvana is stressed in the next stanza. Cupid appears and enquires whether the poet recognises him. The reply is:

> Señor no
> por que de tal suerte estó
> que a mí mismo desconosco
>
> (lines 8-10).

That he is able to reply at all is due to Cupid's having screamed at him to shake him out of his trance:

> Estando con tal dulçor
> adormidos mis sentidos
> ....
> ... yo sentí all amor
> que vinie dando alaridos
>
> (lines 1, 2, 4 and 5).

The rest of the poem is merely dream-like. Cupid offers, by way of consolation, to take the author to a place where he shall see

>heridos del mal que mueres
>tantos ombres y mugeres
>que avn en vello no lo creas
>
> (stanza XX).

The place is the lovers' purgatory, whither they fly as soon as the author, on Cupid's engagingly practical orders, has been fitted with a pair of wings. The author then quotes and describes the detainees and their circumstances. He is on the whole a good deal more detached than Garci Sánchez about this, only occasionally expressing emotion at the physical torments he reports. Cupid, allowing him to leave on condition that he strengthens his heart against the rigours of love, shews him the way back to the real world, at which point the vision and the poem itself come to an end.

This poem and Garci Sánchez's share in the presentation of the underworld a degree of subjectiveness in which poems by others on the same theme are altogether lacking. The fact is worth noting because it signifies in the two poets a psychic affinity which ought to be taken into account in any consideration of the possible influence of one upon the other.

The following juxtaposed passages should give some indication of how closely the poems resemble each other in imagery, method, thought and vocabulary:

Ximénez	Garci Sánchez
[El conde de Oliva]	[El marqués de Santillana]
Y dezía muy sereno mi fe nunca hará falta que avnque pene más que peno todo lo tengo por bueno en ser la causa tan alta... <div align="right">(stanza XXXII)</div>	Y diziendo mi penar aunque no fue a mi pesar ni son doro mis cadenas siempre las tendré por buenas mas no puedo comportar el grand dolor de mis penas... <div align="right">(stanza VII)</div>
Vi luego que le trauessaua por el cuerpo vna saeta que si sacarla prouaua con yerua de amor secreta... <div align="right">(stanza XXXII)</div>	El amor vi que tiraua flechas al Conde de Haro con yerua que le passaua los pechos de claro en claro mas la yerua no trataua <div align="right">(stanza XXV)</div>
.........erraste en tener muy altos los pensamientos <div align="right">(stanza XXIV)</div>	caro me cuesta tener tan altos los pensamientos... <div align="right">(stanza XII)</div>

192

que avn apenas conoscello
pude porque traya al cuello
de hierro más de vna arroua...
    (stanza XXXIV)

En son de triste amador
diziendo con gran dolor
vna cadena al pescueço...
    (stanza V)

Vi assentado en vna silla
a don luys de catalayud...
    (stanza XXXVII)

En entrando vi assentado
en vna silla a Maçías
    (stanza V)

In some *pièces à citations* by Garci Sánchez's predecessors one finds the lines from other poets which he, too, quotes. In the poem by Guevara mentioned above which clearly influenced Garci Sánchez, the line *Loado seas, Amor* is quoted. Garci Sánchez quotes it and the next line, *por quantas penas padeço* (54-55), as well. Hence the question arises to what extent Garci Sánchez's choice of quotations was determined by that of other poets, and whether the work of these latter can have influenced him in any other way.

The practice of quoting one line from another *cancionero* poet to end a stanza with was standard procedure. Random interpolations of several lines—such as those of Ximénez and Garci Sánchez—were unusual. The poem *Tome vuestra magestad* by Pinar contains three-and-a-half lines from four poems, which Garci Sánchez quotes at greater length. In order of appearance the lines are *¿Dónde estás que no te veo?*, *Ved quán fuera de razón*, *Biue Leda* and *Harto de tanta porfía*. Now it is of course possible that it was Pinar whom Garci Sánchez followed in quoting from these poems, and did they not occur elsewhere the possibility might have been worth investigating. But they are among the most famous of all fifteenth-century pieces; the ladies of Isabella's court were expected to know the words by heart and be able to sing them (as Pinar indicates). [25] Furthermore, Pinar's poem, written to be used as the basis for a courtly game of cards, could hardly have inspired any part of Garci Sánchez's horrific *Infierno*.

Tapia wrote a poem on the occasion of *vna partida que hizo dela corte doña Mencía de Sandoual*, and he, *viendo quán tristes quedauan sus seruidores, habla en persona de cada vno dellos, y dize lo que ellos podían dezir*. [26] Since Tapia uses his own words in speaking for his characters the poem is not a *pièce à citations* at all, and the only point it has in common with Garci Sánchez's *Infierno* is the fact that Manrique de Lara, Luys de Torres and Diego de Castilla figure in it. In another of his poems the line *cedo morir me conuiene* occurs, [27] but whether it is a plagiarism or an intentional quotation the context does not permit one to say. It is the second line of a *canción* which begins: *Pues no mejora*

---

[25] The rubric describes this court pastime.
[26] *Canc. cast.* II, no. 810.
[27] *Canc. cast.* II, no. 800 (stanza III, line 9).

mi suerte. Both lines are quoted by Garci Sánchez, who attributes them to Diego de Mendoça; curiously enough, Tapia's poem is dedicated to *Antonio* de Mendoça. Nothing else in the poem suggests any connexion with the *Infierno,* and—again—it is likely that Garci Sánchez came by his quotation independently.

To sum up: one cannot reasonably be confident that any such poems provided Garci Sánchez with quotations or any other help. Many of these quotations are from poems which were well-known and widely-recited in the fifteenth century, and with which Garci Sánchez was there-fore likely to have been familiar. His choice of quotations, then, is prob-ably original, although it is possible that he included some of the best-known ones because it had become conventional to do so.

One other poem deserves mention as a possible source of inspiration of Garci Sánchez's *Infierno.* It is Iohan de Andújar's *Como procede for-tuna;* it is set in an undefined erotic hell and contains a catalogue of lov-ers, but these, as in the case of the Marquis of Santillana's *Infierno de los enamorados,* are drawn with one or two exceptions from classical mythology. Nevertheless, the manner in which the characters are intro-duced argues an affinity with Garci Sánchez's work: his *E vi al músico Orfeo | andar sonando la lira* (stanza XIII) is not unlike Garci Sánchez's *A don Bernaldino vi | Manrrique tañer cantando* (stanza XXVI). It con-tains what look like quotations but are in fact inventions of the author; but they are all two or more lines long and interpolated at random—a method (or lack of one) favoured by few poets other than Garci Sánchez and the Bachiller Ximénez. Cupid and Macías also appear, as they do in Garci Sánchez's poem (Macías is not mentioned in Ximénez's). There is no evidence that *Como procede fortuna* directly affected the *Infierno de amor;* the former may, however, be regarded as a spiritual ancestor—belonging to the tradition which made the latter possible.

The closest 'relation' remains Ximénez's *Purgatorio de amor* and the search for other possible sources has at least the merit of underlining this fact. But the poems differ in certain respects which must be defined if a just and comprehensive comparison is to be made. First, the difference in prosody; the *Purgatorio* has ten-line stanzas with the rhyme-scheme *abaabcdccd,* while the *Infierno* has eleven-line stanzas with the rhyme-scheme *ababacedded.* Second, the *Purgatorio* includes women—being masked they are not individually described: *muchas damas y galanes | a ellas disfraçadas vía | sin poder su gesto ver | mas de galanes que auía | os dirá la pluma mía | los que pude conoscer* (stanza XXVI); there are none in the *Infierno.* Third, unlike Ximénez, Garci Sánchez explicitly states not only that his characters include both contemporary and dead lovers, but also that they appear in his poem at the age when their love was at its most ardent: *todos los tengo encantados,* Cupid tells him, *los biuos y los finados | con las penas que touieron | de la misma hedad que fueron |*

quando más enamorados / en este mundo se vieron (stanza IV). Fourth, Garci Sánchez's Erotic Hell is more subjective: the torments he sees there make him suffer too; indeed the metaphorical character of the poem is such that they never appear much more than a projection of personal anguish. An empathic bond unites the author and the lovers he quotes, for their world is also his—he makes the journey in search of himself: *Yo vengo en busca mía,* he exclaims, *que me perdí de amador* (stanza II). Cupid allows Ximénez to escape and the latter, chastened by what he has seen, takes vigorously to his heels; he is not anxious to be subjected to the kind of suffering he has witnessed: however frightful his own torments may have seemed, they are not at least of purgatorial intensity. But Garci Sánchez's are worse than infernal; they are unmatched by the denizens of the underworld which he hoped would turn out to be his natural abode: *vine donde me quedara / si alguno con mis dolores / en ser penado ygualara* (stanza I). This must be taken for the characteristically extreme flourish of bravado and hyperbole that it is; yet underlying it is an attitude which reflects Garci Sánchez's personality. Santillana's moral is that courtly love is a dangerous pastime, a tragic folly, and he ends on a note of warning against indulging in it; but for Garci Sánchez it is the whole of reality, not a game that can be played and abandoned at will. Suffering is not only desirable but inevitable, because it is the symptom of the passion—he who loves most suffers most—and Garci Sánchez does not forget this. Nothing in the extant *cancioneros* suggests that any other poet was quite so deeply involved in the cult to which all paid lip-service. It would have been incompatible with this total commitment for him to have fled, terrified, from the underworld which is, after all, the poetic representation of the masochistic courtly ideal.

Bearing in mind these differences between the *Purgatorio* and the *Infierno,* it is nevertheless evident that the poems resemble each other too closely to rule out influence. In respect of imagery alone there is an undeniable affinity. And when this is considered jointly with the similarities of method, thought and vocabulary, of which the passages quoted above are far from exhaustive illustrations, the differences will properly be seen as minor ones. It is always possible that the *Infierno's* main source was a poem no longer extant; if so, it must have been very like Ximénez's; if not, the prototype was very probably the *Purgatorio.*

IDENTITY OF THE INFERNAL LOVERS

Little is known of most of the thirty-eight characters of Garci Sánchez's *Infierno.* It is likely, however, that at the end of the fifteenth century and beginning of the sixteenth all of them had achieved some degree of fame as courtiers, warriors, nobles, poets or crown officials. It seems, moreover, that fame was the criterion by which they were chosen. With

195

very few exceptions there is no apparent logical justification for placing them in an Erotic Hell, and Garci Sánchez clearly did so in response to their taste for publicity. Similar demands are met today by newspaper gossip-columnists, but it is unconventional to suggest that such demands exist: the pretence that information has been 'disclosed' is normally sustained both by the journalist and by those who have prevailed upon him to mention them. This disingenuous approach would have astonished Garci Sánchez, who ends his poem by apologising to all those he has been unable to include through not knowing about them, and invites them to add their names:

> Perdonen los caualleros
> a quien hago sin justicia,
> pues quedan por estrangeros
> y agenos de mi noticia
> de poner en los primeros.
> Y si de esto se quexaren
> los que aquí no se hallaren
> porque assí cierro la puerta,
> la materia queda abierta:
> pónganse los que faltaren.

Between 1511 and 1514 eight names and the same number of stanzas are added; in view of Garci Sánchez's invitation, it may well be the case that this addition to the poem was made by those mentioned in it. The attitude to publicity was perfectly frank on both sides: the author did not allow for coyness on the part of those to whom the offer was extended, and they, by accepting it (as they seem to have done), shewed themselves pleasingly free of false modesty.

The poem is primarily esoteric. It has little intrinsic interest: a prerequisite of its enjoyment was the sort of knowledge which has been irretrievably lost—an intimate knowledge of the personalities, of their deeds and postures and reputations, and of the cultural and social climate. In these circumstances, one can only collect and arrange any available anecdotes and scraps of information, with the aim both of providing a glimpse, however restricted, of what must remain a largely mysterious and enclosed world, and of shedding some light on the characters who inhabited it. This procedure will, it is hoped, help to explain Garci Sánchez's allusions and thereby enliven the study of his poem. It must be stated, however, that much of this material in no way increases our knowledge of the poet himself; but it seems to me that one should know what little there is to be known about the mainly obscure characters he mentions.

Not all the characters are obscure. Four very famous poets, the Marquis of Santillana, Juan de Mena, Jorge Manrique and Diego de San Pedro, are mentioned; so are seven less famous ones: Macías, Juan Rodríguez

196

del Padrón, Guevara, Cartagena, Altamira, Antonio de Velasco and Diego López de Haro. Most of the others are not known to have written any verse, and there is no reason why one should share the habitual assumption that they, too, were poets, or even that their main interests were literary ones; and it follows that the lines Garci Sánchez has them speak are not, contrary to what is also assumed, necessarily their own. The last point is in fact implied by certain lines: *diziendo con gran dolor | ...| de su canción el empieço* (stanza V) (his *canción*: not another's); *su misma canción diziendo* (stanza VI), *etc*. It seems indeed as though the lines spoken by many of the characters are not only not their own but not borrowings from other poems either; that they were composed by Garci Sánchez himself, who presents them in the guise of quotations. Characters who speak their own lines can of course be identified if their work has survived; but neither those who quote from *cancionero* poems nor those for whom Garci Sánchez supplies a 'quotation' are easily checked. Four of these, Lope de Sosa, Luys Despindola, Fernando de Llanos and Lope de León, remain unidentified in this essay. The identity of the remaining thirty-three has been established—beyond reasonable doubt in many cases, but not in all. For where there is no clue but the name, one can obviously never be sure of identifying the right person, especially if, as is all too often the case, the same Christian and surnames occur in several generations. Since almost all the characters were either contemporaries or near-contemporaries of the author, one may dismiss all those not alive in the latter half of the fifteenth century. And since the poem was published in 1511, one may also dismiss all those born in or after 1500. Where there are many bearers of the same name, then, preference has been given (in the absence of other clues) to the author's coeval. This procedure provides the only possible basis for identification in all the doubtful cases. The four unidentified characters do not appear in the 1511 version of the poem: they are among the eight who apparently added their names on Garci Sánchez's invitation, and since the poet was almost certainly born in Écija and lived in Zafra, they were probably natives of Andalusia or Extremadura.

Santillana, Mena, Jorge Manrique and Diego de San Pedro are too well-known to need biographical comment here. The other characters (with the exception, of course, of the unidentified ones) are discussed below, in order of appearance.

Macías

Macías is the once-famous and much-revered fourteenth-century troubadour whose poems are in the *Cancionero de Palacio* (ed. F. Vendrell de Millás), the *Cancionero de Baena*, the *Cancionero de Herberay des Essarts*, and other fifteenth-century collections. The respect in which he was traditionally held is due to his 'martyrdom' in the cause of love. Accounts of the circumstances in which he met his death vary in detail, but that it was a violent one occasioned by his love for a married woman is not disputed. According to Argote de Molina, Macías and his lady were in the service of Enrique de Villena, who, unaware of the poet's love, found her a husband. Macías refused to renounce his love for the lady after her marriage, and was locked up in chains at Arjonilla. But not even imprisonment produced any recantations, and while *lamentándose del amor* at one of the prison windows, he was murdered by the not unnaturally outraged and jealous husband. The instrument of the crime was a lance. It was probably this account that Garci Sánchez was familiar with because in the *Infierno* Macías has *vna cadena al pescueço*, whereas another and older account does not contain any reference to chains or imprisonment: instead, «Macías, having saved his lady from drowning, met her later, already married, riding on horseback, bade her dismount and, refusing to move from the spot where she had stood, was killed there by her jealous husband». He became in the fifteenth century and remained for part of the sixteenth the first saint in the amatory martyrology, conventionally invoked as such by *cancionero* poets.

But his dramatic and romantic death was forgotten neither in the Golden Age nor later. Lope de Vega and Larra each wrote a play about him—*Porfiar hasta morir* (1638) and *Macías* (1834), respectively—and Larra's novel, *El doncel de don Enrique el Doliente* (1834), greatly increased the fame of the Galician troubadour.

JUAN RODRÍGUEZ DEL PADRÓN

In his novel, *El siervo libre de amor,* which is in some measure autobiographical, Juan Rodríguez del Padrón describes his love affair with one of the ladies of John II's court. She fell in love with him and he requited her passion but did not succeed in keeping the fact secret, a breach of courtly etiquette aggravated by the lady's high rank. Banished from the court, the hapless lover returns to his native Galicia where he bemoans his fate in the conventional setting.

Juan Rodríguez del Padrón worshipped at the shrine of his fellow-countryman, Macías, but while both might be termed «tragic» lovers, the legends about them are not otherwise similar, as they are inexplicably held to be. It was nevertheless inevitable that their names should be associated for, if Macías was the martyr, Padrón did his best to qualify as a disciple. More «tragic» than Padrón's story, however, is Garci Sánchez's alleged love for a cousin, the traditional cause of his insanity and suicide (see Biography). Thus, while both Macías and Garci Sánchez could be regarded in the light of these legends as noble martyrs or victims of a cruel fate, Padrón's banishment, in itself less «tragic» than death, was the result of his own inexcusable foolishness. However, he was much revered as Garci Sánchez shews by placing him next to Macías who, of course, occupies first place among all the lovers of the *Infierno*.

MONSALUE

Like other obscure characters, Monsalue was probably an Andalusian or Extremeño with a merely local reputation and known to Garci Sánchez, who was born in Écija and lived in Zafra. Menéndez Pelayo thinks that Garci Sánchez had in mind the Sevillan nobleman, Rodrigo Tous de Monsalue, described by Marineus Siculus as *omni genere doctrinae doctissimus*. [28] It is possible that this scholarly person was Garci Sánchez's Monsalue, but his erudition does not increase the possibility, as Menéndez Pelayo appears to assume. It is too readily supposed that the catalogue is a homogeneous one: because the well-known names (Santillana, Mena) are those of men of letters it is taken for granted that the same is true of all little or unknown ones. This assumption is strengthened by another equally false one—that all the characters speak lines from their own poems. It is in fact unlikely that the Monsalue whose learning Marineus Siculus praises is the one to whom Garci Sánchez refers, for there is another, one Juan de Monsalue, who fought the Moors in the fourteen-eighties under the command of *el Maestre de Santiago Don Alonso de Cardenas, a quien el Rey e la Reyna dieron cargo de la frontera de los moros por la parte de Ecija*. [29] Moreover, the connexion with Écija is not the only reason for thinking that the character in question was Juan de Monsalve: another is the fact that he is mentioned with Bernardino Manrique—both are among those captured in a skirmish by the Moors:

> Los moros siguieron el alcance por todas partes donde iban los christianos fuyendo, e prendieron muchos dellos, e otros algunos que tiraron por diversas partes se salvaron. Perdieron allí los christianos todas las armas que llevaban, e la mayor parte de los caballos, e todo el fardage, que era en gran cantidad; e fueron presos los Alcaydes de Antequera e de Morón, e Juan de Robles, e Bernaldino Manrique, e Juan de Pineda, e Juan de Monsalve, e otros muchos caballeros principales que fueron en aquella entrada [30].

The skirmish took place in mountainous territory near Málaga. After their victory at Alhama, the Christians may have been over-confident. At any rate, they were completely routed by the Moors whose familiarity

---

[28] *Op. cit.*, p. 27.
[29] Pulgar, *Crónica...*, in *BAE*, LXX, pp. 383-5.
[30] Pulgar, *loc. cit.*

with the precipitous terrain was apparently a decisive factor. Many were killed and, Pulgar says, over a thousand taken prisoner. The Moors inflicted particularly heavy damage on the Écija contingent; hence it is certainly not unlikely that some of those killed or captured were relations of Garci Sánchez.

One of the *regidores* of Seville in 1478 was *Monsalve*, according to Pulgar. [31] On 9th July he and some fellow-officials held a canopy over Isabella's son, Juan, born on 30th June and now being conveyed to the baptismal font.

Gueuara

Gueuara or *Guiuara* is the poet Gueuara of the *Cancionero general.* Besides his *Infierno de amores* (which is discussed above) he wrote a *Sepulcro de amores,* and it is to this work that Garci Sánchez appears to be alluding in the lines:

> como quien hizo capilla
> para en ella sepultarse (92-93)

which also recall Juan Rodríguez del Padrón's desire to be buried beside Macías. Gueuara did not respect the refinements of courtly love, perhaps because he was not a courtly lover. He demands the reward for his service, pleading his lady's overwhelming beauty:

> Mi plañir y sospirar
> con dolor y gran passión
> non se cuenta por errar
> si demanda galardón
> que si mi fe os adora
> por su bien y por su Dios
> dad la culpa a uos señora
>
> *(Canc. cast.* II, n.º 896, stanza II).

Nor when his demands are met does he keep a courtly silence; instead he writes the *Esparsa a ssu amiga estando con ella enla cama (Canc. cast.* II, no. 891). In another poem, he reminds his lady with a wry, sardonic wit that if she does not return his love she may not find another to serve her:

> ... gentil discreta dama
> si matáys a mi beuir
> mataréys el que os ama
> y sabiéndoos esta fama
> no os querrá nadie seruir
>
> *(Canc. cast.* II, n.º 896).

[31] *Pulgar,* 592.

200

The conclusion is plain:

> Reparad vos y sentid
> conosced bien estos modos
> mejor es ganar a mí
> que por mí perder a todos.

He also wrote the very uncourtly *coplas de mal dezir contra vna muger* in which, after setting down the lady's physical defects, he declares:

> No quiero dela bondad
> dezir algo si sabría
> porque vuestra fealdad
> no me lo consentiría.
> No quiero más escreuir
> otras tachas muchas ciertas
> que tenéys vos encubiertas
> que es asco delas dezir.

> *(Canc. cast.* II, n.º 907).

But this type of transgression of courtly manners was conventionally allowed, doubtless because it provided some much-needed comic relief. The humour consisted in the presentation of the grotesque, by means of earthy language, ribaldry and caricature. An extreme example is the decidedly scatological *Cancionero de obras de burlas prouocantes a risa.* Courtly love certainly idealised women and any defamation of them, however comic, was an infringement of the courtly code. But, in practice, the position was different: the courtier was, after all, bound in the service of his lady and no other. Thus, the aristocratic Jorge Manrique could write *coplas... a vuna beuda que teñía empeñado vn brial enla tauerna* and *Vn combite... a su madrasta (Canc. cast.* II, no. 501).

Gueuara's poetry is uneven in tone: on the one hand, there is the delightfully sharp-tongued lampoon that begins:

> Bien publican vuestras coplas
> gentil anciano de Barua
> que do amor con fuego escarua
> mandaréys mal las manoplas
> que si vuestra hedad tuuiera
> de seguir amor substancia
> vuestro seso no escriuiera
> tal respuesta sin ganancia

> *(Canc. cast.* II, n.º 885).

on the other, the formal, sentimental melancholy of the delicately-accomplished *esparsa:*

> Las aues andan bolando
> cantando canciones ledas
> las verdes hojas temblando

las aguas dulces sonando
los pauos hazen las ruedas
yo sin ventura amador
contemplando mi tristura
dessago por mi dolor
la gentil rueda de amor
que hice por mi ventura

(Canc. cast. II, n.º 886).

But malicious or sentimental, ribald or melodramatic, Gueuara has an easy, professional competence. It was his glibness that infuriated his stolid and respectable victim, the unfortunate Barba, who clumsily complains:

vuestra lengua tan parlera
de que soys tan guarnescido
no es de aquel modo pulido
según que el amor quisiera

(Canc. cast. II, n.º 885).

Gueuara's lampoon and Barba's reply to it are in the tradition of the *canción de escarnecer* and their quarrel is ostensibly a conventional display of abusive verse. But Barba's tone suggests a real animosity and, while one should guard against too literal a reading, one can perhaps learn from these verses something at least of the character of the two men, and it is in this hope that the poem is now discussed. As described in the poem, then, the relationship between them is as follows. Gueuara, employed by Barba as a squire, becomes his master's rival in seeking the favours of a lady. The master is old, the squire young; the former boasts lineage and social importance, the latter youth and wit. Barba maintains that he is an *honesto viejo,* whereas Gueuara is a *moço de yerua* (with the double meaning of 'callow youth' and 'mere groom') full of pretentions (*mucho lleno de altiuezes*); moreover, Barba's approach to love is honourable: he is a *leal amador,* not tainted, as Gueuara is, by *vicio.* This suggests that, in Barba's opinion, Gueuara is downright promiscuous. Lacking intelligence, a sharp tongue, and skill in handling verses, Barba is reduced to proclaiming moral and social superiority, and to the corollary of this procedure: deploring Gueuara's viciousness and menial estate. He pretends that Gueuara is beneath contempt:

vuestra ciuil condición
y pobreza de escudero
no podría dar baldón
a otro buen caballero

(stanza XXVIII).

But it is a thin pretence: he is clearly jealous and resentful—jealous of Gueuara's quick-wittedness, and resentful of his impudent presumption.

202

He betrays these emotions by pointing out that however much Gueuara may shine at court by his brazen clowning, he always has to return to brushing down horses:

> Por mucho que se entremeta
> la persona del loquete
> ala gala que es perfeta
> luego torna mandilete
>
> (stanza **XXX**).

Since Gueuara was not skilled in the use of the lance, he has to write satirical verse to attack those who are, Barba alleges, injecting with untypical effectiveness, a sneer, a boast and a threat into two lines:

> Passarés por estrimbote
> pues por lança no soys tanto
>
> (stanza **XXX**).

Not surprisingly, Gueuara appears not to have mastered the physical feats of the *hidalgo:* indifferent with the lance, he knew nothing of jousting and next-to-nothing of dancing. Associated with this lack of physical agility are Gueuara's shortness of stature and his churlish dialect; he envies Barba his breeding:

> mi criança vos protesta
> que soys más corto que Tasco
> vuestra babla manifiesta
> que os estime por vn casco
>
> (stanza **XXXIV**).

Once, not feeling equal to the task of pitting his wit against Gueuara's, Barba threatens violence—explicitly (the threat is implicit in the rest of the poem):

> Y por poco más que nada
> ouieran vuestra parlera
> lengua loca comportada
> por ser tanto lastimera
>
> (stanza **XXXII**).

It is a commonplace solution: the outraged loser in any battle of words can at least try to silence his opponent by physical assault; when the winner and loser are, respectively, servant and master, recourse to violence by the latter is all but inevitable. Barba at least acknowledges Gueuara's 'damaging' tongue.

Finally, Barba claims, Gueuara's use of obscene language proves lack of education and innate intemperance (*vuestro natural destemple*): because of it, any lady would fly from him; as for the case in point, it was he, Barba, who really served the lady—Gueuara just wrote the verses about her.

From Gueuara's lampoon, too, much can be gleaned about the squire and his master, for it illustrates the squire's contempt for everything the old *hidalgo* holds dear. Social differences apart, however, the two poems support each other in proclaiming Barba a vainglorious and respectable old man, and Gueuara an intelligent, assertive, malicious and sardonic youth—something of a picaresque character, in effect.

Menéndez Pelayo's suggestion [32] that Gueuara was the father or uncle of the Bishop of Mondoñedo remains unsubstantiated.

RODRIGO DE MENDOÇA

Rodrigo de Mendoça was the son of the Cardinal Pedro González de Mendoza and distinguished himself as a warrior in the closing phases of the Reconquest, especially in the siege of Baza:

> Acaesció un día en la tarde después de las escaramuzas que se ovieron en la mañana por dos o tres partes, sintiendo los moros muy grave la cava e palizada que habemos dicho que se facía por la sierra alta, acordaron de ferir en el Comendador mayor Don Gutierre de Cárdenas, que tenía cargo de la facer. E pusiéronse en celada en una rambla fasta quatro mil peones e doscientos homes de caballo; e como la noche vino, e los christianos que trabajaban e guardaban en aquella se retraxieron, e los moros veyeron que la guarda del día se iba antes que la de la noche llegase, arremetieron una esquadra dellos con gran ímpetu e alarido contra el Comendador mayor de León, e contra Don Rodrigo de Mendoza, capitán de la gente del Cardenal que le vino a socorrer. Y estos dos capitanes ficieron rostro a los moros en el primer acometimiento e pelearon con ellos; pero quando ovieron conocimiento de la celada que tenía armada, retraxiéronse con su gente a un cerro, fasta que vinieron Don Sancho de Castilla y el Comendador Pedro de Ribera capitanes con sus gentes a los ayudar; e como los veyeron venir, tornaron contra los moros, e pelearon con ellos por lo alto e por las faldas de la sierra; e algunas veces retrayendo los moros a los christianos e otras veces los christianos a los moros, caían homes e caballos de la una parte e de la otra. El Rey, visto que la pelea se encendía, mandó a algunos capitanes que acometiesen a los moros por otras partes; y él con las gentes de su guarda fue por la sierra alta por esforzar sus gentes que peleaban. Los moros, visto que llegaba gente de los christianos contra ellos por todas partes, se retraxieron a sus estancias.

[32] *Op. cit.* III, p. 147.

El rey...mandó a Don Rodrigo de Mendoza, e a Don Hurtado de Mendoza, Adelantado de Cazorla, Capitanes de la gente del Cardenal de España, e a Don Sancho de Castilla, que habían tenido la guarda que tenían fasta que viniessen los Condes de Cabra e de Ureña, y el Marqués de Astorga, e los otros caballeros que habían de tener la guarda del día en aquel lugar, porque él podiese bien ver desde lo alto la cibdad, e los lugares a donde mejor se podía acercar las estancias contra los arrabales.

Los moros, que tenían propósito de poner sus fuerzas para impedir la obra que sobre la sierra se facía, salieron fasta quatrocientos de caballo e tres mil peones, e fueron por la sierra arriba contra la batalla de Don Rodrigo de Mendoza, e del Adelantado su tío, e de Don Sancho de Castilla, e pelearon con ellos. E porque de la cibdad salían más moros en ayuda de los que primero acometieron la pelea, el Rey mandó al Conde de Tendilla que acometiese a los moros por otro lugar, a fin que dexasen la pelea comenzada contra los capitanes e gentes del Cardenal e de Don Sancho de Castilla. El Conde de Tendilla acometió según le fué mandado por otra parte a los moros que estaban cerca de la cibdad, los quales salieron contra él...

He was given the title of Marquis of Cenete in 1492 by the Catholic Monarchs as a reward for these services:

Y este año hicieron los Reyes merced del Cenete a Don Rodrigo de Mendoza, hijo del cardenal Don Pedro González de Mendoza, de que le dieron título de Marqués.

But what most impressed the chronicler, Hernando del Pulgar, was the dashing valour with which the young and inexperienced Rodrigo recovered the Christian standard from the Moors:

Derribaron los moros con un búzano el brazo al Alférez de una batalla de las del Cardenal, que se llamaba Juan de Perea, sobrino del Adelantado Rodrigo de Perea. E Don Rodrigo de Mendoza, fijo del Cardenal, que después fué Marqués de Zenete, capitán de su hueste, vista la bandera en perdición, como quiera que fuese mozo e aún no experimentado en fecho de las armas tan peligroso; pero su inclinación, que en aquella hora pareció ser de home esforzado, le fizo avivar. E sufriendo los tiros de ballestas y espingardas que por todas partes le tiraban, recobró su bandera, e fizo tener queda su gente, e ir adelante peleando contra los moros. [33]

He proved his loyalty to the Emperor during the revolt of the Valencian *comuneros* in 1520 when he ruthlessly hanged three on a charge of plotting sacrilegious robbery:

[33] Pulgar, *op. cit.*, 486-95.

205

> Los agermanados...hicieron un monipodio, en el cual determinaron de robar todas las riquezas de los monasterios e iglesias. Y como se descubrió, los leales rogaron a don Rodrigo de Mendoza, marqués de Cenete, que tomase las varas de justicia por el rey, y así lo hizo, y él, como buen caballero, ahorcó a tres alborotadores, y así se remedió el robo que querían hacer y se quietó la ciudad por algunos días. [34]

DIEGO LÓPEZ DE HARO

One of the *Cancionero general* poets, Diego López de Haro may have been the person of that name who was Isabella's ambassador in Rome. The heading of two of his poems shew that he was a friend of the poet Juan Álvarez Gato:

> Don Diego López de Haro como vido a Juan Álvarez tan mudado delas cosas que solíe conuersar con él, juzgándolo al mejor parte, como an de hazer los buenos, hizo esta copla, y avn porque él le dio parte de su entención.
>
> *(Canc. cast.* II, n.º 1164):

His verses are polished and pleasingly antithetical; they are marked by an elegant reserve far removed from Garci Sánchez's poignant urgency. López de Haro's *Testamento de amores* is cited by Garci Sánchez. (No. 63, lines 20-21.)

JUAN DE HINESTROSA

Like the Sánchez de Badajoz family, the Hinestrosas had long been established in Écija—García Carraffa writes of one

> Juan de Hinestrosa, Comendador de Caravaca en la Orden de Santiago...hijo de Lope Alvarez de Hinestrosa, noveno Señor de Hinestrosa (etc., etc.), Comendador de Estopa. Vivió en Écija, y por los años de 1370 casó con Doña Mencía de Arias. [35]

There were, as one would expect, many Juan de Hinestrosas, and there is no way of knowing which of these Garci Sánchez is referring to.

CARTAGENA

Forty-three poems by *Cartagena* are contained in the *Cancionero general*. The author's identity, however, has not been established. He was not, Menéndez Pelayo states, the Bishop of Burgos (who was also a poet).[36]

---

[34] Sandoval, *Crónica del Emperador Carlos V;* in *BAE,* LXXX, 286.
[35] *Enciclopedia heráldica* (1919).
[36] *Op. cit.,* III, pp. 138 and 147.

It is widely accepted that he was a *lindo trovador*, the *Caballero de Cartagena*, killed by the Moors at Granada. This view, spread by Menéndez Pelayo, has been further propagated by historians of literature *(e.g*, Hurtado and Palencia). An account of the *lindo trovador's* life is given by Marcos Ximénez de la Espada in *Las Andanzas de Pero Tafur* (1874), pp. 390-398. Of more immediate concern here is whether the Cartagena of the *Cancionero general,* poet-bishop or poet-warrior, is the Cartagena of Garci Sánchez's *Infierno*.

There is a clue to the identity of the *Infierno* character; someone called Cartagena wrote a *pregunta* to which Garci Sánchez supplied the *respuesta,* and both pieces occur in the *Cancionero general.* One cannot of course automatically assume the author of the *pregunta* and the author of the *Obras de Cartagena* to be the same person, for the *pregunta* occurs not in the *Obras de Cartagena* but in the section headed: *Pregunta de Cartagena.* What entitles one to the empirical supposition that it is the same person is the careful way in which the *Cancionero general* distinguishes different poets who have the same surname, *e.g.,* Pinar and Florencia Pinar, Tapia and Iohan de Tapia, Iñigo de Velasco and Antonio de Velasco—and, indeed, Garci Sánchez de Badajoz and Badajoz el Músico. Hence, since one may assume that the same Cartagena wrote the *Obras* and the *pregunta* (to which Garci Sánchez replied) it is not unreasonable to suppose that he is also the Cartagena of the *Infierno*. The fact that he is referred to in all three cases simply as *Cartagena* supports this supposition.

A possible clue to Cartagena's occupation is contained in a number of the rubrics which introduce his poems:

> Otras suyas por mandado del rey, reprehendiendo a fray Yñigo de Mendoça, y tachándole las coplas que hizo a manera de justa; y habla agora en éstas con el rey nuestro señor, y dize assí
>
> *(Canc. cast.* II, n.º 910);

> Otras suyas respondiendo a ciertas damas que le preguntaron quién era su amiga; si era dueña o donzella
>
> *(Canc. cast.* II, n.º 911);

> Otras suyas porque le mandó su amiga que auissase alas damas que son seruidas que se guarden delos engaños delos onbres
>
> *(Ibid.,* n.º 920);

> Otras suyas ala reyna doña Ysabel
>
> *(Ibid.,* n.º 922);

> Otra suya a vnas damas diziéndoles qué cosas auía de tener el amador para ser perfecto
>
> *(Ibid.,* n.º 926);

Otra suya porque le dixeron vnas damas que por qué dezía él y otros compañeros suyos que estauan tristes, que en su vestir publicauan el contrario porque yuan vestidos de grana; y Cartagena responde por todos

(Ibid., n.º 927);

taken together, these headings suggest that Cartagena might have been professionally employed at Court. If so, one would assume that he was a secretary and could be called upon to compose verses for the entertainment of the royal family and the court nobility. The same may be true of Tapia, Pinar and Carvajales, all of whom, like Cartagena, are *ordered* to write verses by the king or members of the nobility:

Tapia

Copla esparsa de Tapia al duque de Medina Celi porque le mandó glosar esta canción siguiente;

(Ibid., n.º 831);

Otras suyas al duque de Alua vn día de Nauidad porque su señoría estaua muy enamorado y muy triste

(Ibid., n.º 817);

Otra obra suya a vna partida que hizo dela corte doña Mencía de Sandoual y él viendo quán tristes quedauan sus seruidores habla en persona de cada vno dellos y dize lo que en ellos podían dezir

(Ibid., n.º 810);

Pinar

Comiençan las obras de Pinar y ésta primera es vn juego trobado que hizo ala reyna doña Isabel con el qual se puede jugar como con dados o naypes, y con el se puede ganar o perder y echar encuentro o azar y hazer pares. Las coplas son los naypes y las quatro cosas que van en cada vna dellas han de ser las suertes

(Ibid., n.º 952);

Otras suyas ala condesa de Quirra por que le demandó la glosa dela canción que después déstas verná

(Ibid., n.º 955);

Carvajales

Por mandado del señor rey fablando en propia persona siendo mal contento de amor mientras madama Lucrecia fue a Roma

(Ibid., n.º 1002);

Pregunta de don Fernando de Gueuara al señor rey & la respuesta por su mandado del señor rey respondiendo en su persona

(Ibid., n.º 1003).

It may now seem clear why Cartagena is designated by a single name: this could be a sign that he (like Tapia, Pinar and Carvajales) was not a nobleman. The name, in many cases, appears to be that of the poet's birthplace. There is a social distinction between *Tapia* and *Iohan de Tapia:* a Christian name and (perhaps more important) a particle insure the latter against being taken for his professional namesake.

Plain Cartagena, then, was obviously not Alonso de Cartagena, Bishop of Burgos. Let us therefore examine the alternative theory: that he was Ximénez de la Espada's *lindo trovador.* If Ximénez de la Espada is right, a certain *caballero de Cartagena,* a poet, was killed during the reconquest of Granada. But if he is the *Cancionero general* poet, the date of his death poses some problems.

The assumption that the *Cancionero general* Cartagena was killed at Granada is the basis of the estimated date in the histories of literature of Garci Sánchez's birth. The calculation seems to have been made roughly as follows:

> Cartagena's *pregunta* and Garci Sánchez's reply to it suggest that they were contemporaries. But Francesillo de Zúñiga saw Garci Sánchez in Toledo as late as 1525, so that Garci Sánchez cannot have been very old when he knew Cartagena in the fourteen-eighties. It follows that the date of Garci Sánchez's birth must allow for his addressing Cartagena as a fellow poet, yet must not be so early as to render impossible his presence at the Toledo festivities in 1525. Hence, Garci Sánchez (1460?-1526?).

Now obviously, question-and-answer pairs were normally contemporaries. But this was not necessarily so in every case, for *preguntas,* unless specifically directed, were open for anyone to answer. The *pregunta* was a paradoxical question, a riddle, and any poet ready to match the author's ingenuity might proffer the solution. But if the challenge was successfully met, the questioner might wish to tax the author of the *respuesta* with a still more difficult riddle. Whereupon the process ceased to be an open competition and became a duel of wits. The following rubrics shew this development:

> Pregunta de don Jorge Manrrique: Respuesta de vn galán
> *(Canc. cast.* II, n.º 495);
> Otra pregunta de don Jorge Manrrique: Respuesta de Gueuara
> *(Canc. cast.* II, n.º 496);
> Pregunta de don Jorge a Gueuara: Respuesta de Gueuara
> *(Canc. cast.* II, n.º 498).

209

Accordingly, the *Pregunta de Cartagena* was an open challenge. There-fore, the fact that Garci Sánchez answered it does not suggest that he knew Cartagena or that they were contemporaries. Thus, there are no grounds for insisting that Garci Sánchez was born as early as 1460; nor, alternatively, if one believes that he was born about 1480 (as the Biography preceding this edition maintains) is there any need to deny that *Cartagena* died in the Granada wars. The date of his death is, in fact, to-tally irrelevant in this context.

Since he is a character in the *Infierno*, however, whatever can be de-duced about him has its place in this essay. And so it seems pertinent to note that the possibility of his having died at Granada is not to be ruled out. In the poem, *De otras reynas diferente*, dedicated to Queen Isabella, Cartagena foresees the final triumph of the Reconquest:

> Porque se concluya y cierre
> vuestra empresa començada
> Dios querrá sin que se yerre
> que remates vos la *R*
> enel nombre de Granada
>
> (*Canc. cast.* II, n.º 922).

It was therefore composed before the fall of Granada which Cartagena had prayed would occur, and to help bring about which he might conse-quently have volunteered his service. And if he did fight in the Granada wars, then it is unlikely that he was any other than the *caballero de Car-tagena* after all.

It is sufficient for the purpose of the present essay that the *Infierno* character should have been identified with the *Cancionero general* poet and that such observations as have been made here should have been based upon the study of his work. Whether in fact he was the *caballero de Cartagena* it is not necessary to ascertain. Since, however, the sugges-tion that he might have fought at Granada arises out of his work, the following information may be of interest:

El Caballero de Cartagena was of Jewish family; his father, Garci Franco, was a doctor at the court of John II of Castile: they were closely related to the Bishop of Burgos, Alonso de Cartagena. [37] The chronicler, Gonzalo Fernández de Oviedo, expresses his opinion of the poetry of the *Caballero*, who wrote

> muchas e gentiles obras en que a mi gusto fué único poeta pala-ciano con los de su tiempo, e hizo ventaja a muchos que antes quél nascieron, en cosas de amores e polidos versos e galán esti-lo...muestra la abundancia e fecilidad tan copiosa, que en medida y elegancia paresce que se hallaba hecho quanto quería decir, y cosas comunes y bajas las ponía en tales palabras y buena

---

[37] See Menéndez y Pelayo, *Antología...*, VI, 1920, pp. CCC-CCCI.

gracia, que ninguno lo hacía mejor de los que en nuestro tiempo
y lengua en eso se han ejercitado o querido trovar...

Of Cartagena's character and reputation, Oviedo wrote that he was

> Uno de los más bien vistos y estimados mancebos galanes del
> palacio, que ovo en su tiempo; gracioso e bien quisto, caballero
> de muy lindas gracias y portes, e de (muy) sotil e vivo inge-
> nio... [38].

Garci Sánchez was probably influenced by the poems of Cartagena.
This question is discussed elsewhere. It is mentioned here merely to preface the following observation: Cartagena may have been one of the ori-
ginators of the new school of poetry which flourished at the end of the
fifteenth and at the beginning of the sixteenth centuries. It was the school
in which passion and poetic artifice were wedded: the school which re-
fined the paradox and cultivated antithesis in order to express, ever more
subtly, elegantly and ingeniously, the tensions of courtly love. In a curious and touching poem Tapia, who preceded Cartagena as a court-poet
and was now apparently old and jobless, shews that he is well aware of
what is happening: these new sophisticated verses Cartagena was writing
had become fashionable; but he begins by acknowledging Cartagena's
primacy:

> Por vos en valla mi gloria
> quando vuestra boz encumbra
> y por vos es mi victoria
> como oluidada memoria
> de lumbre que ya no alumbra
> Por vos el dulce trobar
> en mi mano titubea
> y por vos a mi pensar
> mi trobar deue quedar
> baxo y de baxa ralea
>
> Porque vuestras inuenciones
> y nueuas coplas estrañas
> leuantan lindas razones
> que alos duros coraçones
> abren luego las entrañas
> y con vuestro seso neto
> a mi seso le acaesce
> como al simple lo discreto
> como al bouo lo perfecto
> que en mirallo se embeuesce
>
> Que yo he visto coplas vuestras
> y de aquel gran trobador
> el Marqués que con sus muestras

[38] *Ibid.*

las más diestras son siniestras
pero vos leuáys la flor
porque de arte enamorada
de aqueste amor infinito
nunca echastes tejolada
que la más más arredrada
no tome debaxo el hito

(Canc. cast. II, n.° 845)

He clearly thinks himself just as good a poet as Cartagena. But he does perceive the intellectual power with which Cartagena's *seso neto* ('clear intelligence') can charge an amatory syllogism. And, presumably, he realised that poets would now attempt to match Cartagena's standard of polished ingenuity.

EL VIZCONDE DALTAMIRA

There are eleven poems by Altamira in the *Cancionero general*. One is the *pregunta, Pues este mundo trauiesso,* to which Garci Sánchez replies. Another is a dialogue between *Sentimiento* and *Conoscimiento;* two are addressed to the Virgin, and the remaining seven are attempts at courtly-love verse. These last are both trite and facile, which is scarcely surprising when, as we learn in one of them, the author himself sees little point in the battle of love:

La más durable conquista
desta guerra enamorada
es vna gloria delgada
que se passa sin ser vista

(Canc. cast. II, n.° 1194).

Presumably, he wrote courtly-love poems because it was fashionable to do so, but found it all rather tiresome. The spoils of the *guerra enamorada* are meagre, he states in effect, and this suggests a preference for another sort of *guerra:* the unmetaphorical reality.

Menéndez Pelayo has given the Viscount of Altamira's name as Rodrigo Osorio de Moscoso. [39] This person is referred to in Sandoval's chronicle as the *conde de Altamira,* [40] It looks as though the *Cancionero general*'s 'vizconde' and Sandoval's 'conde' are the same man.

Altamira's real battles were fought in North Africa, where he died in 1510. In 1508 he was selected by the Cardinal Archbishop of Toledo for the assault on Oran.

Llevó el cardenal consigo a don Rodrigo Moscoso, conde de Altamira, y a Pedro Arias de Ávila, el Justador, de los más va-

---

[39] *Op. cit.,* 127.
[40] Sandoval, *op. cit., BAE,* LXXX, 34-5.

lientes de su tiempo, y a otros muy señalados caballeros... Partió la armada del puerto de Cartagena y llegó sin recibir daño a tomar tierra en África sobre Mazalquivir...

...los capitanes...siguiendo la orden del conde Pedro Navarro se pusieron en escuadrón y subieron una montañuela, escaramuzando con los moros que de Orán y su tierra habían salido. Fueron vencidos los moros en la escaramuza que se trabó muy reñida, y retirándose al lugar, los de dentro, temiendo que a revueltas de los suyos entrarían los enemigos, cerraron las puertas; pero los españoles, siguiendo la vitoria, arrimaron escalas y subieron por ellas. Otros, con suma diligencia, trepaban por las lanzas y picas a vistas de los moros, y a pesar suyo se pusieron sobre los muros y entraron en la ciudad y la saquearon en dos horas...

Los caballeros principales que se hallaron en esta conquista como capitanes generales, si bien reconociendo todo es uno, de la gente que las provincias y ciudades de España dieron, fueron don Rodrigo de Moscoso, conde de Altamira, con la gente de Galicia; don Alonso de Granada (etc., etc.) todos varones esclarecidos con vitorias ganadas en guerras... [41]

Altamira, then, was a seasoned soldier, an exceptional officer with a victorious record. Military glory was for him much greater than the *gloria delgada* of love.

In January, 1510, Altamira was accidentally killed. Two versions of the circumstances in which he met his death are given by Sandoval:

Deshizo el triunfo y regocijo de la victoria de Abderhamen y toma de Bugía, la desastrada muerte del conde de Altamira, que como buen caballero se había señalado mucho en aquellas guerras de África. Cuentan de dos maneras la desgracia; que en casa de Muley Abdalla, que era en el arrabal, jugaban a la ballesta ciertos caballeros españoles, y un criado del conde de Altamira, que le servía en el juego, se descuidó al tiempo que le daba la ballesta armada y con una saeta; apretó la llave y disparó y lo mató. Caso lastimoso y que dolió mucho a todos. Fray Alvarez Osorio, hermano del conde, dice que murió en el combate, yendo detrás el conde, por la parte de la sierra, un su criado con la ballesta armada, y cayó y disparóse la ballesta y hirió al conde en una pierna, de la cual herida murió de ahí a once días en la ciudad de Bugía, mediado enero. El conde perdonó antes que de morir al mozo de espuelas, rogando a Pedro Navarro no le hiciese mal ni castigo, pues no lo hizo a mal hacer. Pero el mozo, como leal, quedó tan triste y lastimado, que publicando ir a Jerusalén nunca más pareció [42].

[41] *Ibid.*
[42] *Loc. cit.*, 37.

Bearing in mind what caused his death, there is a curious dramatic irony in the fact that his *pregunta* wonders, in metaphorical terms, why we tend to miss the target (*i.e.*, a virtuous life with its reward of eternal bliss) when we have the means of hitting it: a crossbow (our lives) and shafts (our deeds).

Still more curious is Garci Sánchez's ingenious and complex reply. It reads as though it were composed *after* Altamira had received his fatal wound from the quarrel of a crossbow: it alludes specifically to the margin of error that must be allowed by virtue of that very tautness of the cord which, paradoxically, is a pre-requisite of accurate shooting. If this is, as it appears to be, a reference to Altamira's death, then Sandoval's first version of the circumstances of the accident seems borne out by Garci Sánchez's *respuesta:* the greatest accuracy is necessary only when one is aiming to hit the bull's eye (*el blanco*); and one does this, not on the battlefield but in a competition, or when practising. In the first version, it is clear that some sort of competition is taking place. The triumphant Spanish officers, relaxing in Muley Abdalla's house after the conquest of Bugía, wish to display their marksmanship. The servants prepare the crossbows for firing, straining the ratchets or winding-mechanisms to make the cords as taut as may be. Altamira's servant, hurrying to present his master with a loaded weapon, unwittingly depresses the trigger, which in turn releases the notch that holds the bowstring. The quarrel, discharged . at great speed, kills Altamira instantly.

The second version, according to which he died in action, was put about by his brother, Fray Alvarez Osorio. But, perhaps without intending to do so, Fray Prudencio de Sandoval himself shews that he does not take it seriously, for after setting down the first version he makes the matter-of-fact pronouncement: *Caso lastimoso y que dolió mucho a todos.* The second version, basically the same as the first (Altamira killed accidentally by servant), is in all other respects improbable. The melodramatic decision of the *mozo de espuelas* to go to Jerusalem and the words *nunca más pareció* suggest romantic embroidery; the conventionally-noble death—never instantaneous, because the hero must have time to forgive, is suspect, and so, in view of the alternative, is dying on the battlefield. And that this more colourful account should come from Altamira's brother does nothing to enhance its credibility.

The *pregunta* and *respuesta* appear in the 1511 edition of the *Cancionero general*. Garci Sánchez's reply could have been written after January, 1510; if so, for the readers of the *cancionero* acquainted with the manner of Altamira's still-recent death, it will have had a special poignancy.

Finally, while Altamira appears to have been above all a soldier and man of action, his poems reveal intellectual curiosity, a speculative disposition, and discursive inclinations. The dialogue between *Sentimiento* and

Conoscimiento is the best example, but the same tendencies are manifest even in the poems on courtly love—he *ponders* a paradox, but does not *feel* it; he can write about love hypothetically, in general terms:

> Quien de amor libre se viere
> entonces piensa que biue
> pues la vida del que quiere
> por más que muerta se escriue
>
> El coraçón libertado
> tiene vida con plazer
> la que no puede tener
> el triste que es sojuzgado
> y por eso se apercibe
> quien quier que bien quisiere
> que entonces piense que biue
> quando libre de amor fuere

> *(Canc. cast.* II, n.º 1193).

There is not the slightest suggestion of personal involvement; hence, the poem is devoid of tension. It corresponds exactly to nineteenth-century idea of all *cancionero* poetry: artificial, uninspired, an arrangement of empty syllogisms. Garci Sánchez takes the same theme, but personalises it:

> Si de amor libre estuiera,
> no sintiera mi prisión
> y si fuera donde os viera,
> fuera gloria mi passión. (No. 23.)

The contrast speaks for itself.

Don Luys

The mysterious Don Luys is the well-known *Cancionero general* poet, *Luys de Biuero,* identifiable by virtue of the fact that he quotes his own lines (as Garci Sánchez indicates in the phrase *segund su dicho se esmera*). It is not clear why Garci Sánchez refers to him as Altamira's brother. They were not brothers, but they were both Galicians. [43] It is possible that Garci Sánchez believed they were literally brothers but perhaps more likely that he was using the word *ermano* in one of its figurative senses: fellow-countryman, fellow-poet, brother-in-arms.

---

[43] *Hist. Poesía cast. en la E. M.,* III, p. 128.

DIEGO DE MENDOÇA

Diego de Mendoça might have been one of the following:

(1) *El Duque del Infantado,* Don Diego de Mendoza, who attended the coronation of the Catholic Monarchs in 1474 (Pulgar, p. 576);

(2) the Emperor's viceroy in Valencia in 1516, *Don Diego de Mendoza, hijo del cardenal don Pedro González de Mendoza y hermano de don Rodrigo, marqués de Cenete* (Sandoval, I, p. 283);

(3) an early sixteenth-century Écija poet, whose *Panegírico* was published in 1538. [44]

There is no apparent clue to his identity in the *Infierno*. It might at first appear probable that he was the Écija poet (colleague and kinsman of Garci Sánchez); but this person was perhaps too obscure to appear where he does in the *Infierno*, surrounded by Altamira, Luys de Biuero, Luis de Torres, Manrique de Lara and Bernaldino de Velasco.

LUYS DE TORRES

Luys de Torres drew attention to himself by wearing deliberately flamboyant or otherwise remarkable clothes, which provided him with an unfailing pretext for displays of courtly wit:

> Don Luys de Torres traya en vna capa bordadas muchas estrellas, y dixo por el norte: Si el remedio de perdella / ha de ser otra tal / quán sin el está mi mal;
> Don Luys de Torres, porque salló vestido de negro, yendo a vnas fiestas: A las cosas del plazer / voy qual sé que [*i.e.,* que he] de boluer.

MANRIQUE DE LARA

Pedro Manrique de Lara, the Duque of Nájera, fought in the Granada wars, like so many of the *Infierno* characters. In March, 1503, he took part in the celebrations which followed the birth at Alcalá de Henares of the Infante Fernando, grandson of the Catholic Monarchs.

An anonymous account of the festivities includes a description of the fashionable dresses worn by the ladies of the court. But the magnificent apparel of the Duke of Nájera and the Marquis of Villena was also noted:

> El duque traía vestido un jubón de carmesí altibajo forrado con sus mangas anchas, y un sayo frisado sin mangas y un capuz abierto, guarnecidas las orillas, y una espada toda de oro, y la vaina y correas de hilo de oro labradas. Sacó una caperuza de

[44] *Op. cit.,* 129.

terciopelo con un joyel muy rico en ella; sacó borceguíes leonados y un cinto rico. Sacó el marqués de Villena una loba de paño morado muy fino y un sayo de grana muy singular, una caperuza de terciopelo morado.

After Mass, Isabella went to see her daughter, the child's mother:

...la reina nuestra señora con sus dueñas y damas fué a ver a la señora princesa, donde el marqués de Villena la llavaba de brazo y el duque de Nájara iba delante, y así la vido, y estuvieron hablando un poco...

The Duke and the Marquis had arranged a *juego de cañas* for the afternoon. It took place in the palace courtyard; the Queen watched from a window:

...salió el duque de Nájara con cincuenta caballeros muy ricamente ataviados. Sacó el duque seis caballos de diestro con muy costosos jaeces, y de la misma manera todos sus caballeros muy lucidos; sacó muchas trompetas y atabales, y púsose al puesto hacia donde estaba la reina nuestra señora. Salió el marqués de Villena, que era el competidor, vestido todo de grana y morado, y otros seis caballos ricamente enjaezados. Salieron con él los continos de la reina nuestra señora, y don Alonso de Cárdenas y don Pedro Manrique, y otros caballeros, muy ricamente vestidos, y pasóse al otro puesto. Sacó asimismo muchas trompetas y atabales. Jugó el duque de Nájara las cañas, y no se tañían trompetas sino quando él salía. El marqués no salió vez ninguna de su puesto, donde duró el juego una hora, y de allí comenzaron a escaramuzar: los unos se hicieron moros y los otros cristianos. Duró la escaramuza bien media hora, y después pasaron carrera el duque y el marqués y otros muchos, y de allí hicieron sus reverencias y acatamientos a Su Alteza, con que se fué cada cuadrilla con su cabeza hasta su posada y de allí se despidieron los unos de los otros. Y así se dió fin a la fiesta con mucha alegría, lo que no suele acaescer entre los grandes, y Su Alteza, con sus damas, se retrajo a su palacio. [45]

The Duke of Nájera was godfather to the child. Sandoval quotes a contemporary account of the christening. The alleged magnificence of the clothes worn by those who attended the ceremony does not impress him: writing one hundred years later, when clothes were proclaiming the massive and ornate pomposities of baroque style, he comments—somewhat superciliously:

Es harto notable por lo que dice de las galas de las damas y reinas, que las encarece por muy ricas y agora fueran más que llanas. [46]

[45] This and the preceding descriptions of Manrique de Lara are from Sandoval, *op. cit.*, 22-23.
[46] *Op. cit.*, 24.

And he has this to say about the political importance of the Duke of Nájera:

> El Duque de Nájera de quien habla es el duque don Pedro,
> que por sus hazañas se llamó el duque forte, que se echa de ver
> cuán estimado era de los reyes, cuán grande en el reino, como
> lo fueron siempre sus pasados desde el conde don Manrique o
> Almerique, que entró en Castilla y fué en ella un gran caballero,
> casando y siendo heredado en la Casa de Lara. [47]

The Duke of Nájera's shrewd intelligence and his formidable reputation and experience in battle are asserted by Pulgar:

> Don Pedro Manrique, Duque de Nájera, varón muy sesudo y
> en la arte militar muy diestro, e probado de tiempo antiguo en-
> tre todos los caballeros de España... [48]

So feared was he by the enemy that his fame and the news that he was
approaching with his army sufficed to chase the French out of Pamplona
in 1512:

> Sabido por los enemigos como contra ellos con exército venía
> el dicho Duque, cuya fama e gloriosa memoria en las armas
> sabían los capitanes franceses y el mismo Rey Don Juan que
> fueron vecinos, teniendo por cierto que no les había de consentir
> tener cercada la ciudad, e les había de dar batalla por les echar
> dende, acordaron la noche siguiente de se ir, y de hecho dexa-
> ron la ciudad y cerco que tenían, e fueron camino de Francia;
> a los quales el magnánimo Duque como a vencidos no quiso
> seguir ni matarlos, que pudiera, pues muertos de hambre y de
> frío fuían, e decía el Duque que puente de plata convenía facer
> al enemigo que huía (p. 764).

Lastly, while it might be misleading to describe the Duke as a poet,
he probably dabbled like many other courtiers in the fashionable gallan-
tries of courtly-love verse. He and the preceding character, Luys de Torres,
are among those described in one of Tapia's poems as the *galanes de la
corte*.

BERNALDINO DE VELASCO

He became Condestable de Castilla in 1492 on the death of his father
who had held the post before him. He remained in office until his own
death in 1512 and was succeeded by his brother, Yñigo. He is associated
in a number of ways with other *Infierno* characters: the brothers Antonio

[47] *Ibid.*
[48] *Op. cit.*, 450.

and Sancho de Velasco were almost certainly related to him, he was an uncle of the Conde de Haro, and he crossed swords in 1507 with Manrique de Lara, Duke of Nájera. He himself had been given a dukedom by the Catholic Monarchs, but was usually referred to by his administrative title of Condestable. Enormously rich and powerful, he was a man of action, an archer of repute and something of a wit, as the following anecdotes from Santa Cruz's *Floresta española* illustrate:

Don Bernaldino de Velasco, Condestable de Castilla, fue muy afficionado a ballestas, la qual tirava muy certero: y en una recámara no tenía otra cosa si no ballestas, y muy apunto. Offrecióse que compró dos lugares, para lo qual huuo menester buscar cincuenta mil ducados. Metióles el Camarero en un coffre en aquella recámara. Como el Condestable vio allí el coffre, preguntó a los pages qué tenía; y no se lo supieron dezir, saluo que el Camarero le hauía puesto. Mandóle llamar, y preguntóle qué hazía aquel cofre allí. Respondió. Señor tiene el dinero que se truxo para la paga de aquellos lugares. Dixo el Condestable. O mal hombre, lléuale luego de ay, por hurtarme el dinero, no me hurten alguna vallesta.

Entró a hablar con el Condestable vn su vasallo, y díxole. Vengo a vuestra merced que me haga justicia, y vuestra reuerencia me despache, que si no me remedia vuestra Alteza, no tengo remedio alguno, ni tenemos otro bien si no a vuestra señoría. Dixo el Condestable. Este necio, por alto o por baxo, alguna me hauía de acertar.

Estando el Condestable para morir, llegó a él su Mayordomo Vañuelos, y díxole. Señor perdone me *Vuestra Señoría* hasta quinientos mil marauedís que he despendido de vuestra hazienda, mientras he sido Mayordomo. Respondió. Yo hos los perdono, y pluguiera a Dios que fueran diez cuentos.

He was not a poet, and Garci Sánchez accordingly borrowed for him lines from a poem of Cartagena.

HERNANDO DE AYALA

He was a soldier and helped to restore order in Toledo during the Emperor's absence in 1520. Francesillo de Zúñiga comments in his usual, cryptically typical *gracioso*'s manner:

Hernando de Ayala peleó constantemente; fue apodado que parescía tejedor de terciopelo o sobrino del maestrescuela Soto. [49]

[49] *Crónica, BAE,* XXXVI, 14.

ESTEBAN DE GUZMÁN

Lord of Santa Olalla in 1487, he was probably a son or brother of Alvar Pérez de Guzmán, another of the *Infierno* characters. Like Alvar, Esteban was a distinguished warrior of the Reconquest and put his private army at the disposal of King Ferdinand at Córdoba in 1487—as did many other Andalusian nobles—just before the Christians attacked the last Moorish stronghold: Granada.

EL COMENDADOR JUAN DE HINESTROSA

Andrés Florindo writes:

> Ioan de Hynestrosa Cabrera, Comendador de Herrera i Valdepeñas... sirvió a los Reyes católicos en la conquista de Málaga: i fue uno de los del repartimiento... Hallóse también este Cavallero en la conquista de Granada, i es uno delos del repartimiento de aquel Reino... Y en la fundación de la Ciudad de Sancta Fee, dos leguas de Granada, honraron los Reyes católicos a este valeroso Cavallero, con darle que hiziese a su costa una torre de la Ciudad, i un lienço de la muralla... i oi se conserva con los escudos de sus armas de Hynestrosas i Cabreras, i las Cruzes de Calatrava: i también las manos de la Reina Ysabel, preciándose el ser su hechura. Y assí con su licencia las puso entre sus armas, aplicándoles profanamente aquellas palabras, *MANUS TUAE FECERUNT ME.*
>
> Este valeroso Cavallero labró a su costa mui costosamente la Capilla, i toda la Yglesia del Convento insigne de Sancta Florentina... [in Écija]. [50]

BERNARDINO MANRIQUE

Probably from Écija too, he was the son of Garci Fernández de Manrique, *que tenía la guarda e la justicia de la cibdad de Córdoba.* With Monsalve, he was among the prisoners taken by the Moors after the disastrous skirmish near Málaga. [51]

YÑIGO MANRIQUE

«Alcaide de Málaga», according to Francesillo de Zúñiga. [52]

[50] *Adición al libro de Écija y sus Santos,* Seville, 1629, 102.
[51] Pulgar, *op. cit., BAE,* LXX, 382.
[52] *Op. cit.,* 23.

DIEGO DE CASTILLA

Diego de Castilla was one of the court gallants. He, Manrique de Lara and Luys de Torres are among those in a poem Tapia wrote

> a vna partida que hizo dela corte doña Mencía de Sandoual, y él, viendo quán tristes quedauan sus seruidores, habla en persona de cada vno dellos, y dize lo que ellos podían dezir.

One Diego de Castilla was made a captain in the Armada of 1535 by the Emperor. [53] The late date makes it unlikely that this was the fifteenth-century courtier; his son, possibly. [54]

ANTONIO DE VELASCO

Antonio de Velasco is mentioned by Francisco de Portugal as one of several *galanes castellanos* who wrote verses to Doña Juana Manuel. His contribution runs:

> Yo que me pierdo por fee
> deuría ser remediado
> que el que os vio
> ya está pagado. [55]

All his verses shew that (like Altamira) he took no more than a superficial and dilettante interest in letters. The following piece may serve as an illustration of this:

> Otra suya a vnas damas porque vn galán que uya con
> él cantó mal delante dellas.

> Señora si mal cantó
> el galán que os ha loado
> pues lo hizo de empachado
> no merece ser culpado
> y pues es cosa mía
> no os deuéys marauillar
> que quien va en mi compañía
> no puede sino llorar

> *(Canc. cast.* II, n.º 1043).

The trivial pretext for the poem is typically unsuited to the protestation of lachrymose sadness at the end, even though this is intended only half-

[53] Sandoval, *op. cit., BAE,* LXXXI, 492.
[54] See also Juan de Hariza, *Descripción genealógica de los... Marqueses de Peñaflor* (Ecija, 1722), 18.
[55] See British Museum *Cancionero* (Additional MS 10431), f. 33.

seriously. That Antonio de Velasco was admired by Juan de Valdés understandably surprised Menéndez Pelayo, whose comment is an apt one:

> El autor del *Diálogo de la lengua* muestra especial predilección por el ingenio del agudo cortesano, don Antonio de Velasco... pero casi todo lo que hay de él en los Cancioneros nos le muestra más bien como hombre de mundo que como literato. [56]

Antonio was the Conde de Nieva and the brother of Sancho de Velasco. He was the commander and deputy-governor of Burgos in 1521. [57]

SANCHO DE VELASCO

Like his brother, Antonio, Sancho was a soldier, [58] but there is no evidence that he was also a poet. Francesillo mentions *los aborrecibles principios de don Sancho de Velasco* but, characteristically, does not explain the esoteric allusion. [59]

Sancho supported the Emperor by attempting to put down the revolt of the *comuneros* in 1521, but was completely outmanoeuvred by the Count of Salvatierra.

> Por el mes de marzo de este año, aparejándose ya el condes- table para la jornada que después hizo a Villalar, viendo que era necesaria artillería que les faltaba porque los comuneros habían tomado la que estaba en Medina del Campo, ordenó de sacar la que los Reyes Católicos habían puesto en Fuenterrabía. Enco- mendó esto a don Sancho de Velasco, el cual sacó la munición por tierra y la artillería por mar, para Bilbao, para que todo viniese a Vitoria y de allí se guiase a Burgos.
>
> Súpose esto en la Junta de Tordesillas y despacharon luego avisando al conde de Salvatierra que hiciese gente y tomase la artillería. El conde se dió tan buena maña, que en breve tiempo juntó de todas aquellas montañas, de sus vasallos y amigos, más de diez mil hombres. Y un caballero que se llamaba Gonzalo de Barahona, capitán del dicho conde, fué a las merindades, y de la gente que don Pedro Suárez de Velasco había derramado y des- hecho, juntó tanta, que llegó el conde a tener un ejército de más de trece mil hombres, cosa que nunca se vió en aquella tierra en tan breve tiempo.
>
> Tomó la munición que venía por tierra. Supo cómo la arti- llería, que eran siete piezas gruesas, había venido a Bilbao, y que venían con ella mil y setecientos hombres, muchos de ellos

---

[56] *Hist. Poesía cast. en la E. M.*, III, p. 157.
[57] Sandoval, *op. cit.*, BAE, LXXX, 424.
[58] Sandoval, *op. cit.*, BAE, LXXX, 381.
[59] *Crónica*, BAE, XXXVI, 58.

caballeros y hidalgos principales de Vizcaya; y el alcalde **Legui-**
zama y el corregidor de Vitoria, y que partían de Bilbao para el
valle de Arratia para venir a Vitoria.

Y así, a 3 de marzo, caminó el conde con todo su ejército, y
aun dicen que noche y día, anduvieron nueve leguas, y lunes, a
4 de marzo, amaneció en Arratia sobre el artillería. Don Sancho
de Velasco y su gente, como se vieron perdidos, quitaron las
piezas de los carretones y tomaron los aparejos y mulas y des-
ampararonla; y el conde se apoderó de ella, y por no tener aparejos para llevarla, la hizo pedazos con los mazos de las he-
rrerías. [60]

He also took part in skirmishes between the Velasco and Manrique de
Lara families. The Duke of Nájera (the Manrique de Lara of the *Infierno*)
tried unsuccessfully to capture him.

MARIÑO

The present edition emends the spelling *Ariño* to Mariño and suggests
that this character may be the scholar Marineus Siculus.

ÁLVAR PÉREZ

The chronicles mention what appear to be two persons of this name.
In the *Memorias de la ciudad de Lucena*, one *Álvar Pérez* is listed for
valour in the Granada wars. [61] This is almost certainly the *Álvar Pérez de*
Guzmán who, according to Pulgar, was Lord of Santa Olalla in 1480. [62]
Again, according to Pulgar, the Lord of Santa Olalla in 1487 was Esteban
de Guzmán, [63] hence, as has been suggested above, this Álvar Pérez was
probably the father or brother of Esteban. The second Álvar Pérez de
Guzmán, doubtless related to the first, was the Conde de Orgaz, about
whom Santa Cruz recounts the following anecdote:

> El Conde de Orgaz don Alvar Pérez de Guzmán, dezía que
> tenía por necio al que no sabía hazer vna copla, y por loco, al
> que hazía dos. [64]

This is an indication of some interest, however sceptical, in poetry; and
in the absence of any evidence that the first Álvar Pérez had similar interests, it might seem as though the second is the one Garci Sánchez is
referring to. He, too, was a soldier: Francesillo tells how he helped to

---

[60] Sandoval, *op. cit., BAE*, LXXX, 381.
[61] Anon., Écija, Benito Daza, 1777, 218.
[62] *Op. cit.*, 355.
[63] *Op. cit.*, 447.
[64] *Floresta española, s. l.*, 1790, 22.

restore order in Castile under Antonio de Fonseca during the coronation of the Emperor, and of the battles in which he fought at Medina del Campo, and in the surrounding district. Fray Prudencio de Sandoval lists *don Álvaro Pérez de Guzmán, conde de Orgaz* among the *nobleza de grandes caballeros* assembled at Barcelona in 1535. [65] However, it is unlikely that Garci Sánchez had in mind the Conde de Orgaz, whose career as a soldier—to judge by the chronicles—did not begin until the fifteen-twenties. Hence, it seems safe to assume that the hero of the Granada wars is the Álvar Pérez of the *Infierno;* and that it is as a homage to military valour that Garci Sánchez makes Álvar Pérez a standard-bearer in the army of Love.

ALONSO PÉREZ

According to Garci Sánchez, Alonso was Álvar's brother. There is a poem to the Virgin by one Alonso Pérez, but there is no evidence that he was the same person.

Alonso Pérez de Guzmán, Duke of Medina Sidonia, inherited the title in about 1516, but was still a minor in 1520, Sandoval tells us. It is therefore unlikely that he is the Alonso Pérez of the *Infierno* since, when the poem was published in 1511, he cannot have been more than a few years old; hence, one imagines, a little young to be *muerto de amores.* Alonso became Duke on the death of his half-brother, Enrique de Guzmán, to whom the title had passed on the death of their mutual father, Juan de Guzmán. It was of Juan's second marriage that Alonso was born.

MANUEL DE LEÓN

He was one of the heroes of the Granada wars and his deeds are recorded in Ginés Pérez de Hita's *Guerras civiles de Granada.*

THE CONDE DE HARO

The Conde de Haro was Pedro Fernández de Velasco, son of Yñigo de Velasco and nephew of Bernaldino, and appears to have been something of a scholar if one is to believe the humorous reference to him in Francesillo's *Crónica,* in which Yñigo is made to remark:

> mi hijo el conde de Haro es bachiller «in decretis» y lee en Salustio, Catalinario y Catón. [66]

[65] *Op. cit.,* LXXXI, 493.
[66] *BAE,* XXXVI, 11.

Nor is this the only joke Francesillo made about the Count's learning: he has Doctor Narciso give the following answer to a facetious question of the king:

> Señor, eso mejor lo sabrá el conde de Miranda y el conde de Haro que yo, porque son letrados. [67]

Elsewhere, Antonio Manrique de Lara tells the king:

> No sé...tantas letras como el conde de Miranda, ni soy tan leído en Terencio y Catilinario como el conde de Haro. [68]

Finally, Francesillo gives us a typically sardonic portrait:

> Este conde de Haro parescía de casta de alcotanes ó sobrino de garzota blanca; fue muy buen caballero, esforzado y franco, sino que guardaba los castellanos de oro; la causa por qué lo hacía era porque los hizo el rey don Enrique el Doliente, á quien el era muy aficionado, y de allí vino a parescer dueña flamenca. [69]

YÑIGO LÓPEZ

Yñigo López was the Conde de Tendilla, a Latin scholar, and probably a pupil of Lucius Marineus Siculus, who describes him as *vir sapiens et litteris excultus;* his full name, like his grandfather's the Marquis of Santillana, was Iñigo López de Mendoza. [70] There are two other poets of this name, described in one of the *cancioneros* as *Enyego Lopeç hermano de Mendoça,* and *Enyego Lopeç fixo de Iohan Furtado.* [71] But neither of these could have been a pupil of Marineus Siculus (who taught at Salamanca from 1484 to 1496); the first was Santillana's uncle—Diego Hurtado de Mendoza's brother—and the second appears to have been the brother of María de Mendoza, who was honoured by Alfonso the Fifth of Aragon in 1426; and since Alfonso reigned from 1416 until 1458, it is likely that María's brother was born in the early years of the century.

The Count's knowledge of Latin was put to practical use in 1485 by the Catholic Monarchs, who sent him to Rome to plead with Pope Innocent the Eighth to stop his war against the King of Naples. Pulgar's account of this diplomatic mission gives an interesting picture of Íñigo López's character and ingenuity. [72]

> ...acordaron de embiar por embaxador a aquellas partes, con el cargo destas cosas, a Don Íñigo de Mendoza, Conde de Tendilla;

[67] *Ibid.,* 28.
[68] *Ibid.,* 47.
[69] *Ibid.,* 11.
[70] See *Hist. poesía en la E. M.,* III, p. 25.
[71] *Canc. Palacio,* ed. Vendrell de Millás (Barcelona, 1945), 226 and 252-253.
[72] Quotations from Pulgar, *Crónica,* Parte III[a] and *Continuación* (anon.); BAE, LXX, 365-531.

porque, allende de ser caballero esforzado, era bien mostrado en las letras latinas, e home discreto e de buena prudencia para semejantes negocios. Y embiaron con él un dotor de su consejo que se llama Juan de Medina. Este Conde aceptó el cargo que el Rey e la Reyna le dieron, e fizo grandes gastos en los arreos que llevó de su persona e para las gentes que fueron en su compañía. E como llegó a la cibdad de Florencia e vido la gran guerra que sobre estas cosas había en Italia, embió sus mensageros al Papa a le notificar su venida y el cargo que el Rey e la Reyna le habían dado. E porque era servicio de Dios e conservación de la preeminencia que a Su Santidad era debida, le suplicaba mandase cesar la guerra por algunos días, fasta que él oviese propuesto ante Su Santidad el cargo de la embaxada que por mandado del Rey e de la Reyna traía. El Papa, oído lo que el Conde le embió a decir, como quier que estaba poderoso de gente para proceder contra el Rey Don Fernando, al qual la fortuna por entonces era contraria, por la guerra que le facían los suyos dentro de su reyno, e por la que sufría por los que le eran contrarios de fuera; pero por la grand estimación en que eran tenidos el Rey e la Reyna, conoscido por el Papa como no les placía del daño que el Rey Don Fernando recebía, ni del que adelante recibiese, e que le habían de ayudar a sostener su estado, condescendió a la suplicación que el Conde de su parte le fizo. E asentóse entre las partes suspensión de guerra por días limitados; en los quales el Conde fabló secretamente con el Papa e con algunos caballeros que el Rey Don Fernando le embió. E después de algunas pláticas habidas con los unos e con los otros, el Conde concluyó la paz con ciertas obligaciones fechas por la una parte e por la otra; de las quales la historia no face mención, salvo que el Rey Don Fernando e sus sucesores en aquel reyno pagasen dende en adelante cada año al papa quarenta e ocho mil ducados de tributo, por razón del feudo que eran obligados a dar a la Iglesia Romana; e que el Papa ficiese restituir al Rey Don Fernando las cibdades e villas que se habían rebelado contra él, e ficiese tornar a su obediencia los caballeros o varones que se habían subtraído de su señorío. E por la seguridad que fué menester para cumplir las otras cosas que se asentaron, fueron puestas en poder deste Conde de Tendilla algunas fortalezas de ambas las partes por corto tiempo. Y en esta manera el Rey Don Fernando, mediante el favor que el Rey e la Reyna le embiaron, e la industria e trabajos de aquel Conde, fué libre del infortunio que estaba aparejado contra su persona e contra su estado. Asentada la paz de Italia en la manera que habemos dicho, el Conde y el Dotor Juan de Medina que después fue Obispo de Astorga, estando el Papa en su consistorio con todos los Cardenales, le presentaron la obediencia con gran solemnidad de parte del Rey e de la Reyna, e de los Reynos de Castilla e de León e de Aragón e de Sicilia e de

Valencia e de Cataluña, con todas las islas e otros señoríos que poseían. [73]

The previous year (1484) he had proved a remarkably valiant, zealous and resourceful commander. Trusted and respected by his men, he succeeded in imposing upon them his own dedicated, crusading spirit, so that they became disciplined to concentrate exclusively (oblivious of worldly pleasure) upon the war against the Infidel. These qualities of leadership were enhanced by intelligent initiative—not the least interesting sign of which was the decision to issue paper money. These, and other facets of the Count's personality, may be perceived in Pulgar's account of what happened in the Christian garrison-town of Alhama:

> Dicho habemos que la tenencia de la cibdad de Alhama fué encomendada por el Rey e por la Reyna a Don Íñigo de Mendoza Conde de Tendilla, porque era caballero esforzado, e de noble sangre. El qual, apoderado de la cibdad, luego trabajó de poner la gente de su capitanía en buenas costumbres, e los doctrinar en cosas concernientes al exercicio de la caballería; e defendió los juegos que falló, e otras luxurias que acarrean infortunios en las huestes; dándoles a entender, como muchas veces el justo fundamento de la guerra se pervertía con el injusto exercicio de los que la siguen, o las dañadas costumbres pierden el próspero fin que se espera en las guerras. E por esforzar e provocar a virtud les dixo: «Caballeros, no digo que somos mejores que los otros que este cargo han tenido, para que con orgullo cayamos en algún error, ni menos somos peores para refusar los peligros de la muerte, por ganar la gloria que ellos ganaron. Conviene, pues, que en aquello que virtuosamente ficieron, les remedemos; e si algo dexaron de facer, lo suplamos de tal manera, que los que en este cargo subcedieren, reputen a buena ventura quando pudieren igualar a nuestras fazañas.» E púsoles en tales costumbres, que olvidado todo juego e toda luxuria, que ocupan el tiempo e el entendimiento para bien facer, entendían continamente en la que tenían presente. E habiendo avisos continos de los consejos e movimientos de los moros, ni dexaba en ocio a los suyos, ni en seguridad a los enemigos. E algunas veces salió de la cibdad, e combatió muchas torres e casas fuertes que eran cerca de Granada, e las derribó e tomó prisioneros e bestias de arado, e otros muchos ganados. E tanta solicitud ponía en la guerra, que los de la cibdad de Granada, visto que fasta una legua no osaban salir a sembrar, ni facer labor en el campo, se levantaron contra el Rey viejo, e le pidieron remedio para poder salir de la cibdad seguros. El qual acordó de poner gente de caballo, que estoviese en el campo de contino, entretanto que las gentes de la cibdad facían sus labores. Acaesció en aquel tiempo, que con la gran fortuna de las aguas del invierno, cayó una gran parte del muro de Alhama, lo qual puso gran miedo a

[73] Pulgar, 431.

la gente que estaba en la guarda della; porque recelaban, que sabido por los moros el gran portillo fecho en la cerca, vernía multitud dellos a combatir y entrar en la cibdad por aquel lugar. Conocido esto por el Conde, usó de una cautela, e luego puso una gran tela de lienzo almenado que cubría toda aquella parte del muro que se cayó; e de tal manera era el lienzo, que al parecer de los que lo miraban de lexos, ninguna diferencia había de la color del muro a la color del lienzo. E mandó poner gran guarda en la cibdad, porque ninguno saliese para avisar los moros del peligro en que estaban por la falta de aquel muro caído; e puso tan gran diligencia en lo facer, que en pocos días lo tornó a fortalecer, tanto e más que de primero estaba. E como quier que los moros vinieron en aquellos días a correr la cibdad, pero no pudieron ver el defecto del muro caído. Acaeció ansimesmo que ovo falta de moneda en aquella cibdad para pagar el sueldo que a la gente de armas se debía, e por esta causa cesaba entre ellos el trato necesario a la vida. Vista por el Conde esta falta, mandó facer moneda de papel de diversos precios altos e baxos, de la cantidad que entendió ser necesaria para la contratación entre las gentes. Y en cada pieza de aquel papel escribió de su mano el precio que valiese, e de aquella moneda ansí señalada, pagó el sueldo que se debía a toda la gente de armas e peones, e mandó que valiese entre los que estaban en la cibdad, e que ninguno la refusase. E dió seguridad que quando de allí saliesen, tornándole cada uno en otra moneda de oro o de plata. E todas aquellas gentes, conociendo la fidelidad del Conde, se confiaron en su palabra, e recibieron sus pagas en aquella moneda de papel; la qual andovo entre ellos en la contratación de los mantenimientos, e otras cosas sin la refusar ninguno, e fué gran remedio a la extrema necesidad en que estaban. Después al tiempo que el Conde dexó el cargo de aquella cibdad, antes que della saliese, pagó a qualquiera que le tornaba la moneda de papel que había recebido, otro valor en moneda de oro o de plata como en la de papel estaba escripto de su mano. (pp. 394-5).

Este Conde de Tendilla fizo poner a sus espensas en una torre de Alcalá la Real un farol que ardiese para siempre todas las noches, para que los captivos christianos que estaban en Granada y en los otros lugares de moros que se soltaban de la prisión, pudiesen venir de noche a se salvar al tino de aquella lumbre. El qual dicho Conde por estas fazañas e otras muchas, quando se ganó la cibdad de Granada, fué escogido para Alcayde e Capitán general della, e quedó en el Alhambra con quinientos caballeros e mil peones, quedando la cibdad e todo su Reyno poblado de moros... (pp. 394-5).

But it was at the siege of Baza that he shewed what a brave and gallant soldier he could be:

E porque de la cibdad salían más moros en ayuda de los que primero acometieron la pelea, el Rey mandó al Conde de Tendilla que acometiese a los moros por otro lugar, a fin que dexasen la pelea comenzada contra los capitanes e gentes del Cardenal e de Don Sancho de Castilla. El Conde de Tendilla acometió según le fué mandado por otra parte a los moros que estaban cerca de la cibdad, los quales salieron contra él, e comenzaron a ferir en su gente con acometimiento tan arrebatado, que no podiendo sufrir el ímpetu riguroso de los moros, ni los muchos tiros de pólvora e saetas e lanzas que tiraban, volvieron las espaldas e dexaron al Conde; el qual pensando que si se retraía del lugar do estaba, podría él e los suyos que con él quedaron recebir mayor peligro, con grand esfuerzo sostuvo aquel lugar peleando e sufriendo la fuerza de los enemigos, fasta que de la gente del real vinieron a le socorrer (p. 494).

In 1490 he was given the command of the whole Granada frontier and, once again, shewed daring and enterprise:

En este tiempo el Conde de Tendilla, que tenía a cargo la frontera de Alcalá la Real, ovo aviso que eran entrados ciertos caballeros moros e cient peones, a correr a Quesada; e salió al camino con ciento e cinquenta lanzas, e púsose en Barcina, tres leguas de Granada, y esperó allí un día e una noche en una celada. Los caballeros que estaban con él querían que el Conde se fuese, con el qual nunca lo podieron acabar, fasta que sus guardas vinieron dos horas antes que amaneciese, e ficieron lumbre los moros en Feriate. E vinieron a decir al Conde como venían los moros, y el Conde fizo cavalgar la gente, e los moros que venían con muchos captivos homes e mugeres, e muchas azémilas e joyas que habían tomado de personas que iban seguras a Baza, no se cataron fasta que el Conde dió sobre ellos e los desbarató, e mató treinta e seis moros, e captivó cinquenta e cinco; e tomaron quarenta e cinco caballos ensillados, e los otros se salvaron por la noche e por la aspereza de la tierra. E ansí el dicho Conde tornó a Alcalá la Real con los moros captivos, e los christianos e christianas libres. Donde de toda la cibdad fué recebido con grande alegría, e de su muger que le había venido a ver este día, a cabo de dos años que no le había visto... (p. 580).

When the city of Granada fell in 1492 the Count of Tendilla was given command of the Alhambra and the fortresses:

El primer domingo del año de noventa e dos, el Rey e la Reyna Cathólicos movieron el Real con todos sus exércitos puestos en orden, e fueron la vía derecha de Granada, e no entraron por la ciudad sino por el Genil arriba, e por la puerta de los Molinos e por el Realejo hasta la puerta principal del Alhambra, y allí salió el Rey Chiquito, y se apeó de su caballo con las llaves en las manos, e les entregó dichas llaves del Alhambra e forta-

leza e ciudad de Granada; e con esto sus Altezas entraron en el
Alhambra y se aposentaron en la casa real.

La Reyna Cathólica e sus damas fueron aquel día esquisita-
mente ataviadas al modo que entonces se usaba, y estuvieron ay
algunos días, e a suplicación del Cardenal Don Pero González
hicieron merced a Don Íñigo de Mendoza, Conde de Tendilla, de
la tenencia de la dicha Alhambra y de las otras fortalezas de la
ciudad de Granada, que son Vivataubin, de que hicieron una
buena fortaleza, e la torre de la puerta Elvira, e para la guarda
dexaron quinientas lanzas e mill peones de muy polida gente...
(p. 517).

In 1499 he quashed the revolt in the Albaicín:

El Conde de Tendilla, que, como está dicho, era alcayde e capitán general, a ora de las tres oras e media baxó del Alhambra
con alguna gente de caballo e de pie, porque lo demás dexó para
guarda de la dicha Alhambra, e vino junto al Albaicín, e enco-
mendó las puertas que salen al dicho Albaicín a algunos caballeros de la ciudad, y él quedó aposentado en la dicha Alcazaba,
e toda esa noche los unos e los otros pasaron en vigilia con
mucha grita e pedradas e algunas saetadas como en estos pasos se
suele hacer. El arzobispo de Granada con su cruz y algunos clé-
rigos que le acompañaban salió por la puerta de Guadix e fué
a subir al Albaicín; e porque los moros tiraban muchas pedradas,
el clérigo que llevaba la cruz no osaba pasar adelante, y el
arzobispo le tomó la cruz, e con ella en las manos empezó a
subir una cuesta arriba hacia el Albaicín, y aunque le tiraban
muchas piedras, continuaba su camino hasta que algunas dinida-
des e canónigos de su Iglesia e caballeros de la ciudad que con
él se hallaron le retiraron casi por fuerza.

Otro día de mañana el Conde de Tendilla vino a la puerta
del Alcazaba que sale al Albaicín, que se dice Bibalbunut, e
mandó llamar algunos homes principales moros que vivían en la
ciudad, e platicó con ellos e con otros caballeros christianos el
medio que se debía e podría tener para pacificar el Albaicín; y
aunque muchas pláticas hubo, ninguna se concluyó hasta muy
tarde que se tuvo medio que muchos moros del Albaicín principales saliesen a la puerta de Bibalbunut a hablar con el Conde e
con los moros e alfaquís que con él estaban, y llegados allí, me-
tíanlos de la puerta adentro e reteníanlos, e desta manera se tomaron hasta casi ochenta, que embiaron a la cárcel, e la mayor
parte dellos se tornaron christianos luego, e los otros que no se
quisieron tornar christianos, por la rebelión que habían cometido
hízose justicia dellos. E luego otro día, viernes de mañana, diéron-
se sus pregones en parte donde los oían todos los del Albaicín, en
que se contenía que a todos los que quisiesen tornarse christianos, les perdonaban las rebeliones e muertes que habían cometido, e los que no se quisiesen tornar christianos, se procedería

contra ellos por los dichos delitos. E quando fué viernes a medio
día vinieron a haver sus conciertos e apuntamientos, e se hicieron e entregaron las armas que tenían, que eran gorguzes y lanzas y pocas ballestas, y con esto quedó pacífico, y se tornaron
christianos todos (p. 517).

As the patron of Peter Martyr, whom he brought from Italy in 1487,
the Count must be given some credit for encouraging the revival of Latin
studies in the Peninsula ; and his success both as a soldier and as a scholar
could have helped—in so far as there was a restoration—to restore the
prestige of letters among the largely-philistine Spanish nobility. [74]

RODRIGO MEXÍA

Rodrigo Mexía was Lord of Santa Eufemia, near Córdoba. In 1520 he
tried to restore order in Jaén and Badajoz by assuming judicial authority:

> En Extremadura se alzó Cáceres. En el Andalucía, donde aún
> no se había descubierto esta plaga, la ciudad de Jaén comenzó la
> voz de Comunidad, si bien don Rodrigo Mejía, señor de Santa
> Eufemia, que tiene mucha parte y naturaleza en esta ciudad,
> trabajó le posible en estorbar que no hiciesen los desatinos que
> en otras ciudades hacían; y no pudiendo, a fin de refrenar el
> pueblo, se encargó de la justicia y comunidad; que muchos ca-
> balleros usaron desta prudente disimulación a más no poder.
> Alzóse Badajoz, y el mesmo don Rodrigo, con su buena in-
> dustria, fué templando aquel pueblo, y tomaron la fortaleza al
> que la tenía por el Conde de Feria.[75]

The following year, he was asked to contribute twenty pikemen to help
put down the revolt of the *comuneros*. Similar requests were made to
many other Andalusian nobles. Loyalty to the throne seems to have been
traditional in Rodrigo Mexía's family: his father, who was «señor de la
Guardia, Santa Eufemia, Torrefranca, El Guijo, Vioque y otras villas del
reino de Córdoba», served Enrique IV and the Catholic Monarchs, taking
part in the reconquest of Baza, Guadix, Almería and Granada.

JUAN DE GUZMÁN

He was born in 1467 and inherited the title of Duke of Medina Sidonia
when his father, Enrique de Guzmán, died on 20th August, 1492. Like
the other great *Infierno* nobles, he fought in the Granada wars, placing

[74] That the Castilian nobles were largely philistine has been cogently argued
by Nicholas G. Round in his article, "Renaissance culture and its opponents in
fifteenth-century Castile", *MLR*, LVII, No. 2, April 1962, pp. 203-215.
[75] Sandoval, *op. cit., BAE*, LXXX, 256.

his father's private army in the service of the Catholic Monarchs. But his loyalty to the throne was not unshakable and, in 1506, after the death of Philip the First, when the plague was sweeping through Andalusia, the Duke staked his claim to Gibraltar. It was the task of Íñigo López de Mendoza (the Conde de Tendilla) as Governor of Granada to restore the the royal authority.

> En el Andalucía el Duque de Medina Sidonia, Don Juan, fijo del Duque Don Henrique, que residía entonces en la noble casa de Niebla, siendo muy mal aconsejado, como supo de la muerte del Rey Don Phelipe, luego envió celada de gente a hurtar a Gibraltar, y en pos de la celada a su fijo con gran hueste de gente a pie y de a caballo, e los de la celada no dieron de maña en lo que les era mandado, ca no consintió Dios, y como no acertaron, llegó Don Henrique fijo del Duque, mozo de diez o onze años, con la gente que llevaba y puso cerco a toda la ciudad de Gibraltar, e mandó hacer muchos requerimientos a los de la ciudad para que se la diesen, de la qual ciudad era Alcayde y de la ciudad de Xerez de la Frontera el Comendador mayor Don Garcilaso de la Vega, y él estaba en aquel medio tiempo en Castilla, y el Alcayde que allí en Gibraltar tenía puesto en la Comunidad, tenía puesto muy buen recaudo en la ciudad, y defendiéronla con su buen esfuerzo y adjutorio de vecinos; del qual cerco también por la mar con muchos navíos fué puesto, e ficieron muchos daños a los de la ciudad en sus panes, que tenían encerrados en sus cortijos, y en sus ganados, en que les echaron a perder y robaron más de cuatro cuentos de maravedís. Y de la chancillería que estaba en Granada enviaron a requerir al Duque alzase el cerco, donde no, que invocarían sobre él toda la artillería, y esperó que no le quiso alzar, hasta que supo que toda la tierra realenga y la Casa de León, y otros muchos se apercibían para ir a descercar a Gibraltar, y el Conde de Tendilla, Gobernador de Granada, le escribió que luego alzase el real, y si no que supiese por cierto que todas las gentes de la comarca en favor de la Reyna y de la Corona Real habían de ir sobre él y su hueste, y después de descercado Gibraltar, que le destruiría toda la tierra. [76]

Faced with the threat of having his lands laid waste, Juan de Guzmán raised the blockade of Gibraltar and retired to his stronghold at Seville. He claimed Gibraltar on the grounds that his grandfather had won it from the Moors, that it was unjustly taken away from him by the Catholic Monarchs, and that King Philip the First had restored it to him by royal grant. He would not relinquish his right to it. In January, 1507, he left Seville to escape the plague which was ravaging the city:

> ...e se anduvo por las partes del Axarafe de lugar en lugar y estuvo en los Palacios del Rey cerca de Hinojos, y después en el

[76] Bernáldez, *Historia de los Reyes Católicos*, BAE, LXX, 727.

mes de Mayo desque aflojó la pestilencia, hizo movimiento otra
vez y allegamiento de gente, e pasó a Guadalquivir, y luego se
publicó que iba a tomar la ciudad de Xerez que se la daban (Bernáldez, 727).

But Jerez de la Frontera stood firm under the leadership of Garcilaso de
la Vega. Juan de Guzmán prepared once more to lay siege to Gibraltar:

> ...envió otra vez a tentar a Gibraltar, y a requerir a la Ciudad
> que se le diese, que si no, les destruiría panes y viñas e les
> faría muchos daños, e túvoles cercados ende cabe algunos días,
> e los de la ciudad se pusieron en armas e defendiéronse e dijeron
> que ellos eran de la Corona Real, y la Reyna Doña Juana era su
> señora, que no gastase el Señor Duque tiempo en aquello, que
> antes serían muertos que no darles entrada en la ciudad, y así
> se quedaron; y la guarnición y gente del Duque les ficieron otra
> vez muchos daños en sus panes, viñas e ganados, e desque esto
> vido el Duque, mandó alzar el cerco, volvióse en Sevilla, e volvió
> por cerca de Xerez, y el Regimiento y Alcayde ficieron cerrar las
> puertas de la ciudad, e pusieron a ellas muchos hombres armados,
> e dieron de sí muy buena cuenta, e fueron conocidos entre ellos
> algunos caballeros que quisieran que el Duque tomara la Ciudad,
> de los quales el Regimiento no fiaba ni fió; y sabido en la
> Corte la segunda vuelta del Duque sobre Gibraltar, Don Garcilaso
> vino muy apriesa a poner cobro sobre Gibraltar e Xerez, e entró
> en Xerez un día después que el Duque pasó de vuelta para Se-
> villa e reformó sus fortalezas e Alcaydes de Xerez y Gibraltar, e
> regradeció mucho de parte de la Reyna a los Consejos y Comu-
> nidades de las dichas ciudades la lealtad e buen servicio por
> ello fecho, y se prefirió de hacer pagar a los de Gibraltar todo lo
> perdido. El Duque de Medina se volvió a Sevilla, e estuvo en el
> Copero y en las aceñas de Doña Urraca hasta la víspera de San
> Juan, porque se desahogase bien la ciudad de la pestilencia que
> había andado; y el día de San Juan [24th June] entró con gran
> triunfo de músicas e trompetas, e muchos alabarderos ante él a
> uso de la Italia (Bernáldez, 727-8).

The epidemic, however, may not have been quite over when the Duke
made his exotically-pompous return to Seville, for a few days later he was
taken ill, and on 10th July he died, aged forty.[77]

60.   A la hora en que mi fe

In *Caminando en las honduras*. Garci Sánchez allegorised the pains
of love in an erotic hell. His rôle was that of spectator, or reporter: he
witnessed and recounted the torments of others, many of which appalled

---

[77] Pulgar, *op. cit.*, 728.

him by their intensity. But he did maintain with a flourish of hyperbole that he saw nothing to equal his own suffering. Never had he come across such tortured souls—except his own; some of the lovers were braving unthinkable agonies—second only to his: the reservation is stitched into the fabric of the poem. Perhaps he was already preparing to compose an allegory on his own suffering; perhaps he felt that his reservation required to be justified; perhaps he was challenged to devise for himself torments more horrific than those he had devised for others; but, whatever the reason, *A la hora en que mi fe,* published in the second edition of the *Cancionero general,* can be regarded as a complementary restatement of the same infernal theme.

This poem, too, is about love's torments and these, as in the *Infierno,* are allegorised into physical tortures which the author witnesses. But this time the torments are his. The fictional journey to a place of suffering is dispensed with (a logical development, this: it is clear from the *Infierno* that Garci Sánchez was not interested in the pretence of physical reality) for the erotic hell, a copy of which we are shewn, is that which burns in the breast of the author himself. The language is purely metaphorical: we are not asked to accept any physical reality but are presented with the physical equivalent of the author's emotional tension. The allegory, generalised and conventional in the *Infierno,* has become the means of expressing a personal anguish.

It is scarcely surprising, therefore, that *A la hora en que mi fe* is a much better poem than the *Infierno.* But it is also noteworthy as Garci Sánchez's *apologia pro amore suo:* in the quasi-religious morality of courtly love it is an affirmation of faith. More than that, it exemplifies the ascetic triumph of virtue over the temptations of the World, the Devil and the Flesh. The World is anything less than the author's impossibly high ideal of steadfastness in total and unrewarded devotion, the Devil is Cupid, and the Flesh is the requitable love to which Cupid suggests the author might turn his attention. But Garci Sánchez spurns these temptations and the baffled Cupid disappears (as the Devil traditionally does after failing to tempt a holy man).

Garci Sánchez's reason for persevering shews where the parallel of courtly love with religion breaks down: in the latter, suffering and devotion are rewarded after death, but the true courtly lover has nothing to look forward to since, while he can accept his lady's pleasure in being served by him (*bonsemblans*), he should reject the definitive reward for his service. For him, suffering and devotion are their own reward since they prove the purity and intensity of his passion—both of which attributes would be adversely affected by any state other than the exalted one of unrequited love. Since this state is necessarily an anguished one, his torments are themselves desirable, and he refuses to despise them—Cupid's entreaties are of no avail:

> por él fue otra vez rogado
> que aborreciesse mis males
> y el desseo de tenellos;
> respondí:
> —Yo quiero biuir assí,
> sin sossiego,
> como salamandria en fuego,
> pues tal vida es para mí

> (391-398).

The poet was destined to live thus and is accordingly in his element, like the fire-sprite dwelling amidst the flames. Suffering is the highest expression of love. That is the central paradox, and is plainly stated in the poem, *No pido triste amador:*

> ...la más gloria de amor
> es beuir para penar

> (n.° 53).

Throughout his work, Garci Sánchez protests his loyalty to the sublime contradiction of courtly love by his constant exaltation of suffering. He never lapses into an outright transgression of the code,[78] as many *cancionero* poets occasionally do: Juan Alvarez Gato, for instance, un-Platonically exclaims:

> Dama por quien he sufrido
> a quien dé Dios noches buenas
> demándote por estrenas
> galardón de lo seruido

> *(Canc. cast.* I, p. 226).

Indeed, Garci Sánchez not only nowhere demands the *galardón de lo seruido* but never addresses his lady with the kind of flippant pun employed by Alvarez Gato. Not the least remarkable quality of Garci Sánchez's work is its sustained gravity: nothing less would have been consistent with the role of tragic lover in which he cast himself. His total dedication to the courtly paradox is a pointer to the real tension which can underlie conventional forms and vocabulary. Suffering bestows the greatest glory upon the poet because it is a manifestation of desire, and desire is the essence of courtly love. Desire should be sustained but never realised; hence no true lover can accept respite from his torments, although he

---

[78] He does, once, appear to regret not having lapsed. See *Yo me vi enamorado,* No. 24, and comment in biography, pp. 18-19.

cannot help wanting to do so. *No pido, triste amador* ends with a statement of this last paradox:

> ya lo que pido [*i.e.,* death] no quiero
> porque quiero lo que pido.

Like the early troubadours Garci Sánchez rejects the notion of fulfilment, because it is incompatible with sustained desire. Perpetuation of his torments, however unbearable, is proof of the noblest kind of love. The past and the future, so vital to the Christian concepts of atonement and reward, have little place in the amatory 'religion'; neither can this easily accommodate the simple idea of change, progressive or retrogressive; what it propounds is the contradictory notion of static tension, that is, of a dynamic present state infinitely prolonged.

Now this is a contradiction of the laws of nature and logic and of the Aristotelian esthetic, for it involves the fusion of two traditional irreconcilables: stasis and kinesis. It is not a practicable code, but it can represent an aspiration, an atonement for actual behaviour. The poet aspires to a special kind of purity—not the Christian kind, which shuns the 'occasion of sin', but that which seeks out and even savours the greatest temptations only to shew that it is proof against them. It is an impossible ideal but, in one sense, a curiously logical one; for the superhuman strength presupposed by it is the precise antithesis of the actual weakness which has made it desirable.

To sum up: being essentially paradoxical, the courtly ideal cannot be reconciled with ordered phenomena or systems. Such expressions as «the religion of love» are therefore of limited usefulness, and could easily mislead. Catholic teaching, liturgy and ritual constituted a convenient model for quasi-religious cults; it is not really surprising that poets should have adapted to their erotic purpose parts of the only religion with which they were familiar. But there is no reason for supposing that the courtly cult was a comprehensive substitute for Christianity. The description of it as a «rival religion» could give the impression that it was conceived as a deliberately parallel, profane alternative. But it is not strictly analogous with Christianity on the central concepts of service, suffering and reward. Let us see why.

The strangest features of courtly love are what might perhaps be termed 'timelessness' and 'spacelessness'. Distinctions between past and present and future, between this life and the next, mortality and immortality, Heaven, Hell and Purgatory, and so on, are quite irrelevant. Because desire is paramount, only the present has any meaning. The attitude of the ideal courtly lover must therefore be strictly existential. By uniting his will with that of his lady he enjoys the courtly equivalent of celestial bliss, while *simultaneously* suffering the infernal torments of unrequited love. But his torments are—*also simultaneously*—the purgatorial atonement for his real imperfections. Thus there is no temporal or spatial separateness between Heaven and Purgatory or Hell. The poet is in all three at once; or rather, all three are *as one* in the poet. To observe the numerous analogies between courtly love and religion is unexceptionable; but to overlook these basic differences is to pave the way for unwarranted assumptions.

It should be noted, however, that the sense of timelessness and spacelessness is found in the expression itself of courtly love, not in the discussion of it. The distinction is relevant for, in *A la hora en que mi fe,* there *is* a sense of time and space where the poet is *analysing* or *reviewing* courtly love and its effects upon him. Naturally there is, for any analysis presupposes a measure of detachment. Garci Sánchez is attempting by an effort of the intellect to stand outside his emotions, to separate and distinguish. That is, he is not attempting merely to express what courtly love feels like, but is examining himself as an individual afflicted by it, and assessing his predicament.

Thus, the poem opens with a prologue in which the author reviews his past and present suffering, and sets down those to come. At first, however, one is confused by the poet's apparent failure properly to distinguish past, present and future. But the confusion is chiefly caused by ill-placed headings. Stanzas III and VI have been given the wrong headings: stanza III deals with the past, but is headed *Muestra los males presentes;* it should have stanza VI's heading, *Muestra los males passados* Stanza VI could aptly be headed *Muestra los males presentes,* but so could stanzas IV and V for they, too, are concerned with the present. The poet, then, has succeeded after all in creating temporal divisions. Yet these are neither necessary nor relevant within his predicament—which is a constant—for time is only meaningful in a changing world. That is to say, in the prologue nothing has happened which might justify the introduction of time. *Los males presentes, passados,* and *por venir* are identical. Hence, the poet uses time not to mark change, but rather to stress the continuity and durability of the same state. Clearly, an alternative state must be envisaged if a real sense of time and space is to be established. To achieve this, Garci Sánchez must emerge, however briefly, from his courtly cocoon; for if the prologue was intended to be analytical —as its heading suggests—it has not succeeded.

After the prologue there is a significant change, for the possibility of escaping from the world of courtly love is raised by Cupid, and this introduces our ordinary, mortal world, where an ordinary love can be requited. That the poet will resist the temptation to join this world is never really in doubt, but he is now aware that it exists as it is juxtaposed for a moment to his own. This juxtaposition restores to the poet a sense of time. He remembers that his amatory condition is finite: that it had a beginning and that it could, if he wished, have an end. He is detached in the sense that he can see and assess the alternative. But he is not strictly objective for while he can survey both worlds simultaneously, he does so from somewhere still within the confines of his own, rather than from a point independent of both. Garci Sánchez appears unable quite to separate himself from a state which he wills to continue, and it is this that gives the impression that the dialogue with Cupid is weighted from the beginning in the poet's favour; that it is a pseudo-discussion, a device for demonstrating his faith, the unshakable nature of which he affirms in the opening lines of the prologue:

> A la hora en que mi fe
> más afirma mi cuydado;

and continually reiterates throughout the poem:

> por estar mi fe constante   (27)

> quien era por fe crey   (140)

> y la yunque que era la fe
> en quien mi desesperar
> nunca pudo hazer mella   (335-337).

But just as the dialogue seems to be a device for demonstrating faith, the profession of faith in turn seems like a means of controlling the dialogue. For example, the poet interrupts Cupid's *dulces razones*

> porque era contra mi fe   (258).

In this way, all reasoning and argument can be dismissed; Cupid's advice,

> darte amor en tal lugar
> donde ames siendo amado   (192-193),

elicits a faith-invoking response:

> Desque amé
> le dixe ha sido mi fe
> tan leal
> que el remedio de esse mal
> no lo quiero ni lo sé   (194-198)

—the last line of which emphasises the poet's apparent ability to ignore what he does not care to examine.

But while *porque era contra mi fe* may be a useful formula for rejecting a suggestion, putting an end to, cutting short, or forestalling a discussion, there is in the concept *fe* a strong positive element that deserves mention. For, in courtly usage, *fe* is often invested with a supernatural power which not only enables the poet to suffer temptation, amatory tribulation, and despair, but will not allow him to yield, *even if he wants to*. In this poem, Garci Sánchez is helpless to do otherwise than as *fe* dictates:

> querría desesperarme
> mas la fe nunca me dexa   (70-71);

for *fe* has become a controlling agent, an outside force, rather than a manifestation of the poet's will. It saves the poet from giving in to temptations which his inner resources alone would be insufficient to resist. It is not constant in strength: it varies according to needs, increasing with the suffering of the unrequited lover. As Diego de San Pedro expresses it:

> quanto más mengua la vida
> tanto más cresce la fe
>
> *(Canc. gen.* 1511, f. cxxiii).

It is the mysterious power of *fe* which imprisons the courtly lover, binding him to an insoluble dilemma. Some poets regard death as the only deliverance; for Diego de Quiñones the prospect is even grimly pleasurable in its justice:

> muerte aurá de mí vengança
> pues que me pide desseo
> lo que me niega esperança
>
> *(Canc. gen.* 1511, f. cxxii^v).

But death is not always equally imminent; indeed, to not a few poets, it can appear perversely to withdraw itself: Cartagena complains that it is eluding him in order to prolong his torments:

> No sé para qué nascí
> pues en tal estremo estó
> quel beuir no quiero yo
> yel morir no quiere amí
>
> Todo el tiempo que biuiere
> terné muy justa querella
> dela muerte pues no quiere
> amí queriendo yo a ella
> Qué fin espero daquí
> pues la muerte me negó
> pues que claramente vio
> quera vida para mí
>
> *(Canc. gen.* 1511, f. cxxii^v).

The faithful lover accepts his suffering and though he may ask for death in a moment of understandable weakness, he will in the last resort cancel his request (as Garci Sánchez does in *No pido, triste amador*). The worthiest lover suffers the most, as Pedro de Miranda, warning against amatory involvement, explains:

> Ninguno tenga passión
> damor enel pensamiento
> pues haze por gualardón
> al de más merescimiento
> más crescido enel tormento
>
> *(Canc. gen.* 1511, f. cxxvi*ᵛ*).

Elsewhere, however, Miranda not only accepts his suffering, but triumphantly rejoices in it:

> No puede ser mayor gloria
> que por vos sofrir tormento
> pues vuestro merescimiento
> siempre queda enla memoria
> Mientra más pena sestiende
> no viendos y más sospiros
> tanto más amor senciende
> con más ansia de seruiros
> De manera ques victoria
> padescer por vos tormento
> pues vuestro merescimiento
> siempre dura enla memoria.
>
> *(Canc. gen.* 1511, f. cxxxii)

The lady's worthiness is often considered sufficient reward for suffering. The Duke of Medina Sidonia put it succinctly:

> Es amor el disfauor
> do puede el merescimiento
> dar la paga del tormento
> con ser causa del dolor
>
> *(Canc. gen.* 1511, f. cxxiiii).

The anonymous author of the following *canción* uses the same argument—which, he is careful to mention, is within reason:

> Justa fue mi perdición
> de mis males soy contento
> no sespera galardón
> pues vuestro merescimiento
> satisfizo mi passión

Es victoria conoscida
quien de vos queda vencido
quen perder por vos la vida
es ganado lo perdido
Pues lo consiente razón
consiento mi perdimiento
pues vuestra merescimiento
satisfizo mi passión

(Canc. gen. 1511, f. cxxv).

This is an attitude which Garci Sánchez clearly shares: he frequently expresses just such a point of view. In the poem we are considering, however, there is another factor in his explanation of the paradox, a factor which, coupled with *razón,* appears to him to provide an intellectual justification for his position: *voluntad:*

quiero lo que siempre fue,
que es passión
donde mi mayor prisión
es libertad:
pues biuo a mi voluntad
sin salir de la razón   (262-266).

This pondered assessment is one from which the poet sometimes appears to deviate. But no change of attitude is thereby implied. The poet suffers and cannot help occasionally wishing he did not, nor can he always help saying so. It is essential to distinguish this emotional reaction from his capacity for analysis and assessment. There is often a conflict between the two. Like some of the poets quoted above, Garci Sánchez holds not only that *tormento* is worth suffering because of the lady's *merescimiento,* but that to suffer it bestows glory upon the lover. But he goes on to point out that it is therefore in full accord with *voluntad* and *razón;* hence he finds in *passión* not *prisión* but *libertad.* Despite this, however, the intensity of unremitting *tormento* can incline him to *desesperar,* but *fe* will not allow him to escape from the *prisión* in which his reason and will have acquiesced. The function of *fe,* then, is to keep him in the prison of love, for therein resides his greatest freedom. The poet's amatory plaints are in no sense directed against courtly love itself. Intellectually, he accepts his torments, believing them to bring him glory; but, being no more than human, he does not always succeed in suppressing a cry of anguish. An explicit statement to this effect is contained in the poignant *canción* with which this long poem closes:

No me quexo yo en mi mal
del amor porque me esquiua:
quéxome, siendo mortal,
del mal que sufre que biua   (421-424).

241

The poet, then, has moments of rebelliousness against his state, but *fe* is too strong to permit them more than a passing dominion. If he complains it is because the strain placed by suffering upon his emotions is superhuman. But his *intellectual* acquiescence in his condition has so far proved consistent and irreducible—and this accounts for the intervention of Cupid. The poet accepts his fate too gladly and with too great a degree of equanimity for Cupid's liking:

> hame dicho que me obligue
> a que más triste siruiesse (21-22).

The poet's past, present and future sufferings are revealed to him so that he shall fear and abhor them. But these tactics fail since, although his torments are horrific, he does not want to be cured of them, and confines himself to the paradoxical exercise of lamenting his acquiescence:

> Quéxome de no quexarme,
> que no ay remedio en mi quexa,
> pues no me remedio yo (67-69).

On this note, and with a further declaration of the ascendancy of *fe,* the *Prohemio* ends.

The *Obra* begins with a plea to Cupid for vengeance of the eyes. The importance of the eyes in courtly love can scarcely be over-estimated. Rather than blame the beloved for his sufferings, the lover gallantly indicted his own eyes, for they first perceived her beauty and caused its image to be impressed within him. The resultant torments are therefore *internal* and are considered to affect his mind and heart but not his eyes—which admitted the image—since they perceive that which is external. In order that the poet's *passión* be manifest to his eyes, it must be externalised and made visible; thus will he avenge his mind and heart.

Yet the motivation of Garci Sánchez's plea is not vengeance alone. He desires not only that his eyes should see what he feels, but that his mind should apprehend what he feels on seeing:

> y es que viesse lo que siento,
> y lo que siento en el ver (81-82).

Thus, the vengeance-theme is informed by intellectual curiosity and by the poet's excitement at the challenge to his own ingenuity implicit in the task of allegorising his state of mind. At the same time, and this, too, is doubtless a factor of the poet's intention, the curiosity of the audience is aroused, a mood of eager expectancy is created and, as in the drama —which this narrative poem resembles in more ways than one—the ground is cleared for an important development.

What follows is headed *Fición,* a point worth noting, for it reminds us that we are not asked to accept as literally true the materialisation of the poet's torments. The allegory is the fictional result of the unrealisable hypothesis, *si... viesse lo que siento* (see stanza VIII). The vengeance of the eyes is imagined, that is, «seen» by the eyes of the mind. The poet presents a comparison, creating a correspondence, not the Baudelairean kind (with which modern readers are familiar) between two senses, but that between one sense and a state of mind. He translates mental anguish into *his conception of* its material equivalent.

First, in response to the poet's request, Cupid appears *con toda su hermosura | porque de mí procedía* (104-105). Enveloped in a shining cloud, the love-god approaches gradually, admonishing the poet and wounding others with his fiery darts. The description is detailed, relatively lengthy (stanzas IX-XIII), and intended to be awe-inspiring. The poet notices, among other things, that the god's apparel is elaborated with strange devices and hieroglyphs which concern, as he rightly suspects, his own condition (stanza XIII). In the dialogue which ensues, Cupid explains his office (stanza XV) and announces that he has come to avenge and cure the poet (stanza XVI). This uncharacteristic decision (*de mi condición no siendo,* stanza XVI) is one to which the love-god is driven out of pity for Garci Sánchez's unprecedented plight. But pity is not the emotion he experiences in the *Prohemio.* There, he is perturbed, perhaps even irritated, because the poet is not sad enough. These two reactions may seem difficult to reconcile, and it may therefore appear that Garci Sánchez is to be faulted for unwitting inconsistency. But Cupid's dissatisfaction in the *Prohemio* is not fundamentally incompatible with his pity in the *Obra.* The intensity of the poet's torments is never questioned. That is, the god does not think that the poet is not suffering enough in the *Prohemio,* but is taken aback by the latter's continued acceptance of so cruel a fate. This amounts to something of a challenge to Cupid's powers, and when he suggests requitable love as a remedy, he is moved not only, nor even perhaps primarily, by pity, but by the desire to weaken and degrade his exceptionally steadfast victim, who haughtily rejects this invitation to break the courtly code.

The love-god next attempts to fill the poet with fear and despair by explaining the frightful significance and purpose of his amatory accoutrements (stanzas XIX-XXII), concluding with the following exhortation and warning:

> déxate de este cuydado,
> darte sin pena plazer,
> mira que otros por seruicios
> son penados,
> y nunca galardonados   (248-252)

But these tactics are equally unsuccessful, although the poet appears momentarily tempted:

eran dulces sus razones (257).

In each case it is *fe* which renders Cupid's suggestion unacceptable. And it is here that the analogy with religion is most striking, with the poet and love-god in the rôles of saint and devil, respectively. Garci Sánchez can be likened to a saint in the wilderness who endures great hardship and invokes his faith to banish worldly longings and the snares of the Devil; Cupid invites Garci Sánchez to offend his lady by transgressing the precepts of courtly love just as the Devil invites a saint to offend God by transgressing the precepts of religion. But as the saint loves and serves God, so the poet loves and serves his lady. He addresses Cupid in forthright terms:

De esta señora sabrás
que he sido y seré suyo;
quiero más la pena mía
que la gloria que me das,
y ser de ella que ser tuyo (267-271).

The poet's attitude is idolatrous, but one would not be justified in assuming that he is being deliberately blasphemous, or even disrespectful; rather —as in the case of the *Liciones*—since he clearly wishes to express his passion in the most elevated terms, the fact that he sees his position in a quasi-religious light may itself be a token of obeisance. But the analogy of saint and poet must not be carried too far, since the former will be rewarded and the latter will not. Moreover, the saint's life is progressive: steadily he earns his reward, and is ever closer to it; the poet remains equidistant from everything: for him the future will bring no change, and he is therefore virtually indifferent to time. His service goes unrewarded, but he holds paradoxically that unrequited love is in itself rewarding. Such, indeed, is the glory it bestows upon the lover as to make everything else seem paltry:

quiero más la pena mía
que la gloria que me das (270-271).

By recalling and expressing these points Garci Sánchez attempts both to counteract the effect of Cupid's ignoble suggestions and to reassert the supremacy of his own solitary anguish:

No temo lo por venir,
no quiero tus galardones;
quiero lo que siempre fue,

> que es passión,
> donde mi mayor prisión
> es libertad:
> pues biuo a mi voluntad
> sin salir de la razón   (259-266).

He is free only in love's prison, for there alone do *voluntad, razón* and *fe* concur. Death will put an end to his torments but, since he approves these, he will not desire it. He accepts his life of suffering and will serve unremittingly, dying when death, of its own accord and in its own good time, visits him:

> y hago protestación
> de biuir,
> de biuir y de morir
> y penar,
> y en su seruicio acabar,
> no acabando de seruir   (283-288).

Seeing that the poet's loyalty will withstand the greatest temptations, Cupid tries shock-tactics: the author's torments, translated into material form, will appear before his eyes (stanza XXVII). Thus, Cupid hopes to horrify the poet. But Garci Sánchez appears to have forgotten that the love-god, by making the torments visible, is acceding to the poet's demand for vengeance of the eyes.

The allegory of the poet's condition is not a very complex one. He is shewn a blacksmith's forge complete with fire (Love), coal (Reason), water (tears), bellows (sighing), bellows-operator (Thought), anvil (Faith), hammers (Cares), tongs (Fortune), and so on. It is to be noted, however, that while the description of the forge is essentially allegorical, certain of the elements which the poet «sees» are not explicitly materialised. That is to say, the metaphor is not sustained throughout. For instance, having stated that *Amor* is the fire, *Fe* the anvil, *etc.*, the poet writes:

> Era lo que martillauan
> mi vida, mártir de amor   (355-356).

But he has not given his *vida mártir de amor* a material form. The physical exertions of the *martilladores* is wasted on that which has no substance. The fiction suddenly and disconcertingly collapses; the illusion is destroyed. It seems improbable that the poet should have intended to do this. Rather, the constant repetition of the word *vi* suggests an insistence upon the visual fiction. Hence, it is more likely that the poet has insouciantly failed to describe *vida* under the guise of visible matter. One sus-

245

pects that he may have entertained the *idea* of a material guise and that
his failure to be explicit creates a conflict in the minds of his readers,
but not in his own. He might, for example, have seen his life in the shape
of a human body, that of a martyr, but a few lines later he mentions an
abundance of sparks—which suggests that the hammers are falling on hot
metal. The reader is left with no evidence that *vida* has been allegorised
at all. In view of the preceding allegorisation of concepts, the incompat-
ibility of the physical and the abstract («martillar una vida») is unacceptable. It is true that the interrupted allegorical metaphor is resumed in the
next stanza (XXXIV), where *Ventura* is allegorised as the tongs of the
blacksmith. But in the following stanza the allegory breaks down again,
for the abstractions of Presence and Absence are not materially represented. Yet once more one feels that the poet may have privately translated
them into objective terms, especially since he again employs the word *vi:*

> Vi también la diferencia
> que ay de presencia y su mal
> al de ausencia y su cuydado   (377-379).

Hence, two allegorical and contrary processes are at work, damaging
the allegory from within: (*a*) a concept which ought to have been visual-
ised (*i.e.*, presented as materially visible) is overlooked and left to destroy
the illusion created by the device of allegory; (*b*) some elements within
the allegory are simply material, not materialised concepts, that is, not
allegorical.

After witnessing his torments the poet is beseeched by Cupid to de-
nounce his plight and renounce his acquiescence:

> por el fue otra vez rogado
> que aborreciesce mis males
> y el desseo de tenellos   (391-393).

But he refuses to do so, and the love-god,

> desque vio que no venció
> al vencido   (406-407),

vanishes. Garci Sánchez is left without hope, yet unable to despair. The
forge containing his torments returns to dwell within him, and his sufferings are renewed. This is the last of the curious discrepancies which mark

the poem. In stanza XXVII, Cupid states clearly that the poet is to see a *copy* of his torments:

> mando que el original
> quede en ti
> y el traslado salga aquí
> de tu pena desigual.

The original torments are to continue burning in the poet's breast—a circumstance that Garci Sánchez appears to have forgotten by stanza XXXVII, in which he says:

> la fragua boluió a quemarme
> por lo biuo de la vida.

Here, as in the *Infierno* and the accommodated lessons of Job, Garci Sánchez shews himself lacking in that intellectual control which the composition of a lengthy, narrative poem demands. Brevity is the *sine qua non* of his artistic talent, which is of an aphoristic, epigrammatic and antithetic nature.

61. Ansias y pasiones mías

This poem is an exercise in allusive hyperbole quite unlike anything else Garci Sánchez has written. As usual, he stresses the unparalleled intensity of his unrequited love, but this time sets it against a general background of suffering—a background composed of famous examples from a comprehensive variety of sources: religious, mythological, classical and historical. Each example is apostrophised by the poet in order the better to enhance his own grief. For the first and only time in his works, he displays an awareness of the world at large by considering not just his own torments or those of other unrequited lovers, but those of souls and cities, and creatures real and fabulous. Unrequited love has become no more than one of many conditions which cause suffering, and is secondary to the theme of suffering itself. The dilemma of the courtly lover's state, the expression of which provides the tension that characterises so many of Garci Sánchez's poems, plays no noticeable part in this one. The result is an extraordinary absence of Garci Sánchez's favourite device, paradox. Moreover, although the poem is entitled «Lamentaciones de *amores*», he specifies the nature of his grief only twice (stanzas XII and XXI); and he does so in general terms, simply indicating that he is suffering from unrequited love, without giving expression to his particular experience.

The short *coplas de pie quebrado* in which this poem and Jorge Manrique's famous elegy are written are suitable vehicles for pathos. Prosody

and pathos are successfully combined in many individual stanzas of the
Lamentaciones (especially stanzas IV, VI, XV, XVI, XX and XXI), creating an effect of considerable beauty and poetic worth. But, considered
together, the stanzas are less impressive, because they have not been
meaningfully organised. The sequence of allusions—Purgatory-Limbo-Hell-
Jerusalem-Troy-Babylon-Constantinople-Mérida-women in labour-ship-
wreck-siren-swan-pelican-turtle-snail-phoenix—is not, on the whole, the
most logical one. Besides, each allusion has a stanza to itself. Hence, the
stanzas are self-sufficient, and the poem is not so much a single composition
as a number of randomly-placed short compositions with the common
theme of misfortune. Since there is no general progression in the order
of allusions, there is no reason why the poem could not have been extended idenfinitely, like the *Infierno* (for which the poet invited additional
matter). The allusions themselves are in any case too heterogeneous, so
that, even if the original order of stanzas had been different, it would not
have added anything to improve the poem's cohesion. A less miscellaneous
selection would have been easier to grade: a progression in degrees of
suffering, for instance, would have given a yardstick upon which to
measure the development of the poet's amatory hyperbolism. The idea of
an ordered entity is not particularly evident in any of Garci Sánchez's
longer poems; in this one, it may not have been his intention to apply
such a criterion.

Free of paradox and conceit, the *Lamentaciones* make no great demands on the intellect; stanzas are short and easy to learn and, being
self-sufficient, need not all be learned and do not have to be memorised
in the right sequence. The poem is in fact ideal for recitation. And all
the evidence shews that it was recited endlessly in the sixteenth century.
Inevitably, some grew tired of it (see Anecdote XIII), and it was parodied
in *pliegos sueltos:*

> Romance que dize. Riberas de Duero arriba caualgan dos
> çamoranos. Con su glosa, hecha por Francisco de argullo. Y vna
> lamentación de amor a manera de chiste del mesmo. [79]

The following late sixteenth-century anecdote quotes an early impromptu
parody of the *Lamentaciones,* and observes that the poem has now become
intolerably hackneyed:

> Gabriel, que era poeta y músico, contaba al Almirante de Cas-
> tilla aquellas lamentaciones que dicen:

> Mérida que en las Españas, etc.

[79] For text. see R. Foulché-Delbosc, "Les cancionelillos de Prague", no.
LXXIII, ff. 303-306, in *RHi*, LXI, p. 332.

que entonces debían de ser muy frescas, y agora una muy rancia
vejez, y sintió crugir la silla de bajo, y dijo de presto así:

> Y tú, silla de caderas
> Que en sufrir hombres pesados
> Te deshaces,
> Si supieses bien de veras
> Cuánto pesan mis cuidados
> Poco haces.

Y al mismo punto acabarse la copla y caer la silla con él fué
todo un caso. [80]

The author of this anecdote refers to the poem not by its first line but
by the first line of stanza XI, and the parody he quotes is a parody of
stanza XX. The poem is so constructed as to render inevitable this kind
of piecemeal familiarity with it.

For the *Lamentaciones* are prone to fragmentation not only because
their stanzas are complete in themselves, but because the examples of
calamity and grief fall into groups of stanzas. The idea upon which the
poem was originally based is clear from the first stanza:

> o planto de Xeremías
> vente agora a cotexar
> con el mío.

Hence, the title: *Lamentaciones de amores*—the poet was to imitate the
Lamentations of Jeremiah, pitting his grievances against the prophet's,
and adapting the latter's plaintive cries to profane love. But the idea is
realised in stanzas I, II and VI only; all the other lamentations come
from different sources. It is possible that Garci Sánchez decided from the
first moment to use these sources too. But it is more likely that his first
plan was to confine himself to Jeremiah, and that he changed his mind
on seeing the possibility of extending the poem indefinitely by means of a
miscellany of lamentable events and situations. This new plan had the
additional advantage of disguising the fact that the original idea involved
the profane accommodation of a part of the liturgy. For the three lessons
from the first nocturn of the office of *Tenebrae*, sung on Maundy Thurs-
day at Matins, are taken from the Lamentations of Jeremiah. The way in
which Garci Sánchez used this source is of the utmost significance: it is
clear that he had in mind the same methods as those he employed in the
Liciones: an interpolated, paraphrased translation. Stanza II, for instance,
is an extended paraphrase of the opening words of Jeremiah's Lamentations, I, 1: *Plorans ploravit in nocte, et lacrimae ejus in maxillis ejus.*

[80] Luis Zapata, *Miscelánea* (c. 1595), in *Memorial Histórico Español*, Madrid,
1859, 390.

PATRICK GALLAGHER

Stanza VII, which attributes the destruction of Jerusalem and her temple
to the error of her ways,

> *(Casa de Hierusalém*
> *que fuiste por tus errores*
> *destruida,* lines 1-3)

derives from verses 4 and 5 of the same chapter:

> Viae Sion lugent eo quod non sint qui veniant ad solemnita-
> tem: *omnes portae ejus destructae:* sacerdotes ejus gementes;
> virgines ejus squalidae, et ipsa oppressa amaritudine. Facti sunt
> hostes ejus in capite, inimici ejus locupletati sunt: *quia Dominus*
> *locutus est super eam propter multitudinem iniquitatum ejus:*
> parvuli ejus ducti sunt in captivitatem, ante faciem tribulantis.

The destruction of Babylon, mentioned in stanza IX, was prophesied by
Jeremiah, but Garci Sánchez did not resort to textual adaptation in his
reference to the disaster. Perhaps the most remarkable feature of the
Lamentaciones is that which attracted a host of sentimental imitators: its
luxuriating lachrymosity. The idea of copious weeping with its image of
tears streaming from the eyes and flooding the cheeks (stanzas II and
XXII) are clear paraphrases of Jeremiah (*Lamentations* I, 1, and II, 11).
The notion became fashionable, and torrents of tears were shed by Garci
Sánchez's imitators, one of whom was no less a poet than Garcilaso, who
echoed Garci Sánchez's *Lágrimas... salid, salid sin recelo* with what must
be one of the best-known lines in Spanish poetry, *Salid sin duelo, lágri-*
mas, corriendo. (This is not the place to discuss the still-disputed meaning
of *sin duelo,* but it should be noted that *sin recelo,* 'without fear', hence,
'freely', 'unrestrainedly', would have made Garcilaso conscious of *duelo* in
its sense of 'duel', and therefore of *sin duelo* in the sense of 'without
fighting one another', 'without a struggle', 'unrestainedly', 'freely', although, of course, that is not necessarily the exclusive, or even primary,
sense in which the phrase was intended.) Jeremiah's picture, which Garci
Sánchez borrowed, of tears on cheeks (*lacrimae ejus in maxillis ejus*) passed to other poets:

> y tú mar quando tensañas
> bañas con furia del viento
> las orillas
> assí en mí de mis entrañas
> saca el agua el pensamiento
> a las mexillas. [81]

[81] For the full text of this poem, see, pp. 164-5

250

Weeping became a duty of the good lover; and the more he wept, the better:

> mas tiene el amor costumbre
> que se muda a cada viento
> con escuridad sin lumbre
> nos manda dar aposento
> con lloros en muchedumbre. [82]

It is not known when Garci Sánchez wrote his *Lamentaciones*. Since the poem does not appear at all in the *Cancionero general,* it was, perhaps, not composed before 1514. Besides, the fact that it does not concentrate upon the dilemma of courtly love and the curious absence of paradox and conceit suggest that it was written in the latter part of his life; so does the fact that the poet does not address a particular lady. [83] Indeed, so different are the *Lamentaciones* from the bulk of his poetry, the thirty-nine poems published in 1514, that one might hesitate to ascribe them to the same author.

The date of Garci Sánchez's poem would decide whether he or Bartolomé de Torres Naharro wrote the first *Lamentaciones*. Torres Naharro wrote three, one of which sufficiently resembles Garci Sánchez's to suggest influence in one direction or the other. [84] Torres Naharro died in 1520, but Garci Sánchez was still alive in 1534. It seems reasonable to assume that Torres Naharro's lamentations were written before Garci Sánchez's. But the question is not one of great importance: such influence as one poet may have had upon the other has not been more than superficial. Besides, whoever wrote first, it was undoubtedly Garci Sánchez's poem that acquired the fame and inspired the imitations.

Garci Sánchez's major source was Costana's *Conjuro de amores*. [85] The influence of style and versification is at once apparent, but it is also to Costana that Garci Sánchez owes the idea of using classical allusions and the lore of the medieval bestiaries. Costana mentions Dido, Aeneas and Medea; Garci Sánchez, the fall of Troy; Costana mentions the turtledove, the pelican and the phoenix; so does Garci Sánchez. He was, however, too orthodox an observer of the courtly code to take from Costana the notion of enjoining suffering upon the lady who has caused one to suffer.

The practice of writing *Lamentaciones de amores* in the mid-sixteenth century resulted in a large number of poems, in most of which the influence, direct or indirect, of Garci Sánchez is observable. [86] Many of his emulators remain anonymous, whilst others, such as Lope Ortiz de Zúñiga and Pedro de Palma, were minor poets. The latter was also a

[82] For the full of this poem, see pp. 168-171.
[83] See Biography, p. 19 and pp. 15-22.
[84] The poem is *Resuenen mis alaridos;* full text on pp. 166-168.
[85] *Canc. gen.* (1511), f. lxxviii.
[86] A selection of these poems is included in the Appendix, pp. 162-171.

native of Écija. [87] Of the better-known poets (apart from Torres Naharro, whose *Lamentaciones* might ante-date Garci Sánchez's), Gregorio Silvestre and Luis Barahona de Soto appear to have been the most keenly affected by the fashion. They wrote no less than ten *Lamentaciones* each. Those of Silvestre are the first poems in the 1599 edition of his works. They are not among those in which the influence of Garci Sánchez's *Lamentaciones* is immediately discernible, but they do contain several very obvious examples of imitation of other poems by Garci Sánchez.

Most *Lamentaciones de amores* are contained in undated *pliegos sueltos*. A curious exception is an adaptation, in alternating Spanish and Latin stanzas, of the Lamentations of Jeremiah; the date, 25th July 1534, is given. Besides the date, the rubric gives the following information:

> Imitación del Planto de Hieremías, nueuamente traducido en metro castellano, y latino: compuesto en Salamanca por vn Estudiante de la villa de Piedrahita. [88]

This poem is what Garci Sánchez's would have been, had he been so rash as to pursue his original intention: an accommodation of the lamentations of Jeremiah to the author's profane love. It begins with an adaptation of I, 12 (*O vos omnes, qui transitis per viam, attendite, et videte si est dolor sicut dolor meus...*):

> Oh vos omnes que pasáis
> por las barcas desta vida
> decidme si contempláis
> mi dolor y si juzgáis
> ser mi pena sin medida.

The verse from Jeremiah's lamentations is seen as a challenge by both poets, and they both therefore make special claims about the greatness of their respective woes. Garci Sánchez goes so far asto suggest that Jeremiah's plaints are no match for his own:

> (o planto de Xeremías
> vente agora a cotexar
> con el mío).

Changing to Latin in the next stanza, the student from Piedrahita paraphrases Jeremiah's image of tears streaming from the eyes:

> Lacrimas corde vertendo
> oculis per cunctas vias
> lapide in isto sedendo
> gutture rauco plangendo, *etc.*

[87] According to the rubric of a *pliego suelto* (*Romance nueuamente glosado por Pedro de palma natural decija*); see *RHi*, LXI (1924), p. 331.
[88] Rubric and text in Gallardo, *Ensayo* III, col. 2694, p. 391.

Hence, both poets take the tone of their respective lamentations from the words of the prophet.

Other writers of *Lamentaciones* do not go direct to Jeremiah; they go to Garci Sánchez. But it was from the prophet's words, *videte si est dolor sicut dolor meus,* that he derived the idea which they emulate; that of defying any pain to measure up to one's own. The following anonymous lines are a good example of this kind of hyperbole:

> Las passiones ajuntadas
> de quantos penas tuuieron
> y tormento
> son con las mías comparadas
> sombras que desparescieron
> como el viento
> y la cruel rauia y furor
> que han suffrido los amantes
> hasta aquí
> nunca dio tanto dolor
> a nadie después ni antes
> como a mí, *etc.* [89]

The introduction, by pathetic fallacy, of nature, extended the technique:

> Todos quantos days clamores
> gentes y aues y animales
> y *elementos*
> si miráys a mis dolores
> quedaréys con vuestros males
> muy contentos, *etc.* [90]

The poet places himself in a landscape of mountains, trees and torrents which he commands to suspend activities and lend an ear to his plaints. Inanimate nature plays a very small part in Garci Sánchez's poem, and there is no landscape, no physical setting whatever. There is, it is true, a single example of pathetic fallacy (stanza XIII), but no attempt is made to involve the whole of nature. Perhaps that is what saves Garci Sánchez from lapsing into mawkishness. His *Lamentaciones,* despite the tears and sentimental theme, are comparatively robust.

[89] For full text, see pp. 161-2.
[90] For full text, see pp. 164-5.

SOME MINOR POEMS

6. *Soys la más hermosa cosa*

An example of succinct amatory hyperbole. Earlier poets did not always express themselves with the same degree of economy, but their ladies, too, were emphatically perfect:

> Senyora linda donzella
> dome vos por servidor
> pues que pareces aquella
> que nunca yo vi mexor
> Fizo vos parescer Dios
> a quien jamás fast agora
> si non solamente vos
> que le parescéys senyora
> nunca cristiana ni mora
> vi tan linda de faciones
> pues en gracia e condiciones
> ya nunca nasció mexor

> (*Canc. Palacio*, ed. F. Vendrell
> de Millás, p. 183)

10. *Son tales la llaue y huesso*

The reply to a *pregunta* of Altamira, whose identity is discussed on pp. 212-215. The question is of a religious character. It asks why men do wrong when they have the means of salvation; but the question is asked in metaphorical terms and employs the vocabulary of archery. Garci Sánchez's answer uses the same terms. 'It is true', he says in effect, 'that our lives are like crossbows by means of which we should be able to hit the bull's eye (the road to salvation) with our deeds but, in order to do this the cord must be so taut that the shaft often goes astray when it is re-

255

leased.' The reason for this is given in the last three lines, which are a clear reference to the doctrine of original sin.

Other implications of Garci Sánchez's reply are discussed in the section on Altamira's identity.

11. *Calla, no hables traydor*

A poem addressed to a starling trained to say «no» by *vna señora*. This *esparsa* is probably one of the poems that Garci Sánchez wrote in Zafra, in the latter part of his life, when he appears not to have had any particular lady to address. Hence, *vna señora*—as in the case of *Mirada la gentileza.* The poet pretends that it would be a bad omen to hear the lady's starling say a word as black as its own feathers.

The black starling was apparently the parrot of medieval Spain. In his *Vita Christi,* Fray Íñigo de Mendoza chides those who pay no more than lip-service to Christianity:

> Como el tordo que se cría
> enla jaula de chequito
> que dize quando chirría
> Jhesús y Sancta María
> y el querría más un mosquito
>
> *(Canc. cast.* I, p. 47).

13. *Desde la hora que os vi*

An *esparsa* to a lady, this poem was written in a prayer-book, and is constructed around a simple pun (*hora / oras*). Antonio de Velasco wrote an *esparsa*

> porque su competidor le dio a su amiga
> unas horas
>
> *(Canc. cast.* II, No. 1038).

The poets were contemporaries. It is therefore within the bounds of possibility that Velasco's rival was Garci Sánchez himself.

14. *El graue dolor estraño*

This poem closely resembles one by Alonso Pérez:

> La graue pena y passión
> que de enfermedad suffrís
> dama noble
> me aliñó tal la ocasión

que la pena que sentís
sienta al doble
aunque salud para vos
fuera va de bien mirado
dessearos
pues está claro que Dios
el tenérselos en cuydado
desamaros

(Canc. Const., n.º 6).

and was anonymously parodied:

> De una mujer flaca se finge, que pusieron sobre su sepultura
> esta letra:

Yaze en esta sepultura
los huessos de una señora
que en el siglo como agora
se vieron sin cobertura
Fue tanta su subtileza
que aunque se ha de deshazer
nunca llegará el no ser
a do llega su flaqueza

(Melchior de Santa Cruz,
Floresta española I, Ch. 20, ed.
Ruiz, Madrid?, 1790).

Garci Sánchez wrote his *esparsa* to his lady because she was ill. Lope de Stúñiga wrote a poem on a similar occasion. Like Garci Sánchez, he gallantly consoles his lady in her illness by claiming that it is causing him to suffer more than her:

Donzella cuya belleza
es flor dela juuentud
Dios os dé tanta salud
quanto yo tengo tristeza
mucho mayor que no muestro
por lo qual
más es mío que no vuestro
vuestro mal, etc.

(Canc. cast. II, n.º 979)

15. *O dulce contemplación*

This *esparsa* describes the poet's joy on finding himself once again in the presence of his lady. The presence/absence antithesis was a favourite topic of *cancionero* poets, but the pleasure of returning to the beloved was rarely mentioned by them. The fact that Garci Sánchez expresses such pleasure in this poem (lines 9 and 10) has been noted as untypical by Pierre Le Gentil (*La poésie lyrique espagnole et portuguaise à la fin du Moyen-Age* I, Rennes, 1949, 142); he does so again in the *canción. Siempre se deue contar* (No. 42).

16. *O rauioso despedir*

Like *Yo me parto y no me aparto,* this *esparsa* is about the theme of departing from the beloved, but it sees departure as leading to despair, whereas *Yo me parto* rationalises it in the customary manner by arguing that the poet's thoughts remain with his lady. An earlier example of this kind of argument is the following *canción* of Iohan de Torres:

> Departa en toda partida
> quien quisiere departir
> dela triste partida
> cora me conviene partir
>
> Pártome donde se parte
> mi coraçón tan partide
> que non sabe dessa parte
> en graçia ni buen partido
> mi voluntad no es partida
> aun que quiero partir
> pues la tengo ya partida
> con quien la puede partir
>
> *(Canc. Palacio,* ed. V. de Millás, pp. 162-163).

O rauioso despedir is attributed to Luys de Biuero in the *Cancionero general* (see *Canc. cast.* II, no. 1128). It is ascribed to Garci Sánchez in the British Museum *Cancionero*.

19. *Caminando por mis males*

A longer version of the *romance, Despedido de consuelo,* the setting of *Caminando por mis males* is similar to that of the *Sueño.* A point to be noted in both poems is the unusual versification: rhyming *romances* are rare in the *cancioneros.* Lines 1-6 are an imitation of the first five lines of Ximénez's *Purgatorio de amor:*

> De sentir mi mal sobrado
> ya mis sentidos enfermos
> viendo el bien de mi alexado
> quise dexar lo poblado
> y perderme por los yermos
>
> *(Canc. cast.* II, n.° 558);

(a poem which resembles Garci Sánchez's *Infierno* in many respects).

Caminando por mis males must have been Garci Sánchez's most widely-known poem in the sixteenth century since, of all his poems, it is the one that appears most frequently in *pliegos sueltos*. The poet wanders in two regions; first, a desolate, mountainous one where he encounters strange, wild beasts and, second, an Arcadian valley in which lovesick birds sing their songs. Garci Sánchez takes fright upon seeing the beasts but they, noticing that *de amor viene herido* (line 18), decide to flee

> ...porque el mal que tiene
> a nosotras no se pegue,
> huyamos antes que llegue
>
> (lines 21-23).

The poet attempts to dissuade them from this course, but they refuse to keep him company. Later, having discovered *vnos valles muy süaues* (line 64), he is consoled by the lovesongs of the birds, for they remind him that he is not alone in his suffering, and distract him for a moment from his predicament; he therefore encourages them in their song:

> Cantad todas, avezillas
> las que hazéys triste son:
> discantará mi passión
>
> (lines 85-87).

The poet himself sings in his wanderings, and the *romance* is interrupted at several points by *villancicos* and *canciones*. An earlier poet, Quirós, interrupts one of his poems in similar fashion and in similar circumstances for, like Garci Sánchez, he wanders in despair:

> El dolor del coraçón
> y de mi dolor pesar
> ándanme triste a buscar
> con la desesperación
> Viendo yo mi perdición
> causa de no auer ya sido
> fuyme adonde estoy perdido
> cantando aquesta canción
>
> Señora despúes que os vi
> dezidme pues me prendistes
> qué es de mí qué me hezistes, etc.

Both poets proclaim that death is close, and use music to console themselves. In a style akin to Garci Sánchez's, Quirós introduces a *villancico*:

> Acabé de demandarme
> mas no quiso responderme
> mostróme su mal quererme
> con jamás querer mirarme

mas como deuo alegrarme
con mi fin que cerca veo
cantando con mi desseo
començé de consolarme

Vida que por bien se acaba
no teniendo nada en ella
mayor mal es no perdella

(Canc. cast. II, n.º 581)

After the birds have sung for Garci Sánchez, he sings for them, but is
unable to make up his mind what to do next. Not knowing whether to
take his leave of them, continue his journey, or turn back (lines (121-123),
and *no estando bien constante | en el mi determinar* (lines 124-125), he
resorts once again to song, at which point the poem ends.

23. *Si de amor libre estuuiera*

Like *En dos prisiones estó,* this poem—a gloss on the famous *romance,*
Por mayo era por mayo—was clearly composed while Garci Sánchez was
in prison. Both poems argue that being imprisoned by love brings greater
suffering to the poet than being where he literally is—in prison. Appro-
piately, Garci Sánchez chooses as his text a ballad written in a prison—a
ballad usually referred to as the *Romance del prisionero.*
The rubric describes the poem as a *Glosa del romance que dize por*
mayo era por mayo, but it would have been more accurate to say «Glosa
del romance que dize por el mes era de mayo»: there are several versions
of the *romance,* and the rubric quotes the first line of one of these, but it
is not the one that Garci Sánchez glossed. What he did gloss was the
version that begins, *Por el mes era de mayo | quando haze la calor;* three
years earlier, a gloss by Nicolás Núñez of another version had appeared—
that which begins, *Por mayo era por mayo | quando los grandes calores.*
Núñez's poem was published in the first edition of the *Canc. gen.* and
Garci Sánchez's in the second. Castillo, the editor, was therefore already
familiar with the version *Por mayo era por mayo* before receiving Garci
Sánchez's gloss on the version *Por el mes era de mayo;* that seems the
most likely explanation of the inaccurate rubric. Three versions of the
romance (including the two glossed by Núñez and Garci Sánchez) are given
on pp. 159-161.
Si de amor libre estuuiera, following the version that it glosses, contrasts the gloom of imprisonment with the bright freshness of spring. The
prisoner of the *romance* in his dark dungeon knows that dawn has come

when he hears the song of a small bird, the only reminder that this is the season

> quando canta la calandria
> y responde el ruyseñor
> quando los enamorados
> van a servir al amor.

Garci Sánchez expands this reference to nature in Stanza IV:

> En el tiempo que las flores
> cubren los campos süaues
> de estrañas lindas colores
> y comiençan ya las aues
> a cantar por los alcores
> todos biuen sin passión
> todos andan sin cuydado

Verses such as these are rare in *cancionero* poetry. Garci Sánchez himself alludes to the beauty of nature in only two other poems—the *Sueño* and *Caminando por mis males*—and does so there even more briefly. Stanza V recalls the following lines of Diego del Castillo:

> nin con vos viuo de día
> nin syn vos en tenebrura
> nin con vos mi fantasía
> nin syn vos jamás podría
> fenescer su lobregura

> *(Can. cast.* II, n.º 459).

24. *Yo me vi enamorado*

This is the poem in which Garci Sánchez comes closest to renouncing courtly love. He does not transgress the courtly code by demanding the *galardón,* but tells his lady that he was foolish not to have sought it in his youth. The same theme is treated in the *romance* of which this poem is a gloss.

Lines 13-16 of Garci Sánchez's poem shew that he was well past his youth when he wrote it; in lines 1-4 and 9-11, he also alludes to growing old, and there seems little reason to doubt that this was the case. But that is not necessarily the sense of his *non vos puedo haber, no,* a fact which becomes clear on consulting the ballad which Garci Sánchez glosses: Rosa-fresca rejects her suitor on hearing that he is married. We know that Garci Sánchez did marry, but we do not know when; perhaps he was as virtuous in his attitude to wedlock as Rosafresca appears to have been.

The same *romance* was glossed by Pinar (*Canc. cast.* II, no. 959).

261

28. *Lo que queda es lo seguro*

This *villancico* enjoyed considerable fame in the sixteenth century. Like *Secáronme los pesares,* it was set to music by Escobar (Barbieri, *CM,* no. 145). In *I,* only the *estribillo* and first *mudanza* and *vuelta* are given, but a second *mudanza* and *vuelta, Los ojos que van comigo,* etc., make their appearance in *IIa.* It is consistent with the rest of the poem in rhyme-scheme and tone, but one cannot be certain that it is by Garci Sánchez. A further stanza, from *CM,* and three from *BMC* are included in the notes (pp. 72-3). Since some poems circulated in many versions it is impossible to say with certainty whether any of these extra stanzas was written by Garci Sánchez. Internal evidence is not enough. But it seems not unlikely that stanzas were added to these well-known *villancicos* by emulators of the poet.

Garci Sánchez is probably indebted to Pinar for his *estribillo.* In *Quando vos ell alma mía,* Pinar exclaims (stanza IX, 8-10; stanza X, 1-2):

> mis plazeres tornan tristes
> pues mi alma que prendistes
> ni queda ni va comigo
>
> Y lo que comigo va
> es mi fe siempre soldada, *etc.*
>
> *(Canc. cast.* II, n° 953).

The poem was piously glossed by both Alonso de Proaza and Pedro Manuel Ximénez de Urrea.

Finally, there is clearly some kinship between *Lo que queda* and the following anonymous *villancico:*

> El que muere queda viuo
> quel que biue
> muy mayor muerte recibe
>
> Pues amor assí l'ordena
> en la muerte está la vida
> pues beuir siempre pena
> haze muerte más crescida
> y do viene es bien venida
> pues quien biue
> muy mayor muerte recibe
>
> *(Canc. gen.,* 1511, f. cxlix).

29. *O castillo de Montánchez*

This poem is a gloss on an anonymous *villancico* of the second half of the fifteenth century. The castle at Montánchez became famous during the war of succession (to the throne of Castile) which ended in 1479. The poem was also glossed by Encina, and appeared in his *Cancionero* in 1946 (for the text of this *glosa,* see pp. 161-162). An anonymous expanded version of Encina's poem is contained in the *Cancionero musical.*

Garci Sánchez's version is one of eight poems by various authors which have not been found in any collection other than the *BMC* and which recall poems of Encina contained in his *Cancionero* (1496) and in the *Cancionero musical.* According to a recent hypothesis (see R. O. Jones, «Encina y el Cancionero del British Museum», *Hispanófila* (1961), No. 11, 1-21; and my references to this article, Biography, p. 4 *et seq.*) Encina was influenced by all eight poems. This would mean that Garci Sánchez wrote his version before 1496. In the absence of conclusive evidence it is possible that Garci Sánchez's poem antedates Encina's. But it must be considered a remote possibility.

The fact that both Garci Sánchez and Encina wrote a poem entitled *O castillo de Montánchez* is not as significant as it might seem: there is no need to assume influence in either direction. Both poets have simply used the *estribillo* of a *villancico* by an earlier poet, as the headings indicate («Otras suyas a vn villançico que dize O castillo de Montanches», «Coplas... a este ageno villancico»). Not only does a comparison of the two texts reveal no further noteworthy similarities but, what is striking, in view of the common *estribillo* and the common theme of courtly love, is the fact that they have so little else in common. The poems differ fundamentally in that Encina presents the poet as being held in the castle (*Mas me siento lastimado | en verme dentro de ti,* lines 9-10) while, in Garci Sánchez's poem, his lady *is* the castle: her coldness and resistance are allegorised as an unassailable fortress. Nor is it very surprising that Garci Sánchez's poem has not been discovered in any collection except the *BMC:* the *BMC* contains a large number of poems not found anywhere else. There are ten such poems by Garci Sánchez alone.

32. *Secáronme los pesares*

This *villancico* was set to music by Escobar (Barbieri, *CM,* No. 133). The third *mudanza* (stanza IV) differs from the others in its rhyme-scheme. For this reason and also because it is the last *mudanza,* it is possibly by another poet.

One cannot be certain that this *villancico* is about unrequited love: the *pesares* are unspecified and could refer to sorrows other than amatory, although this is admittedly unlikely since the word *ojos,* used twice, is a key-word in the language of courtly love. (*Los ojos* are the source of the trouble as Otis Green's article, «Courtly love in the Spanish Cancioneros», *PMLA* LXIV (1949), 247-301, has shewn.) An extra stanza in *CM* is included in the footnotes.

36. *En dos prisiones estó*

A fine example of conceptual equilibrium—achieved in this case by alternately distinguishing (both in the proposition and its expansion) two kinds of imprisonment. The poet is in two kinds of prison, a physical prison, and a metaphorical prison of love (*cf* Diego de San Pedro); he is held in the physical prison (*la vna me tiene a mí*), but he holds the metaphorical one himself (*la otra tengo yo*) that is, he acquiesces in it. On the one hand, then, there is physical imprisonment (involuntary) and, on the other, metaphorical imprisonment (voluntary). Now, being his own gaoler in the second case, he ought to be able to set himself free but, paradoxically he cannot do so. Others may release him from the physical prison, but he will remain in the prison of love.

Upon the antithetical theme of *presencia/ausencia,* the Bachiller de la Torre constructed the following *esparsa:*

> Con dos estremos guerreo
> que se causan de quereros
> ausente muero por veros
> y presente porque os veo
> qué haré triste catiuo
> cuytado triste de mí
> que ni ausente yo comigo
> hago vida ni contigo
> ni puedo beuir sin ti

(Canc. gen. 1882, n.º 169).

And Altamira wrote a *canción* which treated the same theme in very similar terms:

> Con dos cuydados guerreo
> que me dan pena y sospiro
> ell vno quando no os veo
> ell otro quando vos miro
>
> Mirándoos de amores muero
> sin me poder remediar
> no os mirando desespero
> por tornaros a mirar

lo vno cresce en sospiro
lo otro causa desseo
del que peno quando os miro
y muero quando os veo

(Canc. cast. II, n.º 1192).

37. *Mirada la gentileza*

A *canción* written to thank *vna señora*—not *su amiga*—for her present, a *nuégado de alegría*. Garci Sánchez must have been fond of sweetmeats: it is said that he was given candied lemon peel as an enticement to him to entertain a group of people with a sample of his verbal ingenuity (see Anecdote V). This is a happier occasion. The poet expresses his joy by a play on the word *alegría:* ordinary nougat is a confection of flour, honey, and nuts, but to make a *nuégado de alegría,* sesame («*alegría*») is mixed with the honey. Hence, by saying *quedé con tanta alegría | que nunca tendré tristeza,* Garci Sánchez is both expressing his delight on receiving the present and thanking the lady for sending a generous quantity of nougat. It is scarcely conceivable, in the circumstances, that he is not conscious of a third sense in which *alegría* could be understood: that of «favour», for the Arabian legend had given sesame the extra meaning of 'magical access to what is usually inaccessible'.

38. *Pues vuestra merced ganó*

In *En dos prisiones estó,* the poet argues that things are not as they seem, that his incarceration was not of great importance because he was already in a «prison» from which release was much less certain. In *Pues vuestra merced ganó,* he argues that things can be the opposite of what they seem. Both poems illustrate one of the aims of the *canción:* to express an unconventional view in more or less startling terms, and to win for it, by means of conceptual ingenuity and the graceful disposition of antitheses, a sympathetic, and even appreciative, hearing.

Pues vuestra merced ganó was composed after Garci Sánchez had played a game of cards with his mistress—and lost. But, the poet holds, he staked everything on the game; hence, if the lady is content whit her winnings, that is a sign that she does not spurn him (*jugué | la libertad y la vida*); so that, as a result of the card-game, he may really have won more than she.

Poets' ladies were not only keen on gambling but, apparently, pretty down-to-earth about it, if necessary: the rubric of a poem by Rodrigo Dávalos runs

Del mismo porque dio vnos naypes a su amiga, y ella le dixo que pusiese el precio de lo que auían de jugar.

(Canc. gen. 1882, nº 183).

39. *Quando os vi en mí sentí*

Pinar echoes line 2 of this *canción* in his poem, *Después de seros aussente:*

> pues que sé que ha de plazeros
> vn dolor que me combate
> porque más no se dilate
> *mi nunca poder venceros*

(Canc. cast. II, n.º 594).

The poem is characterised by strong internal rhyme: «Quando os *vi* en *mí* sen*tí*»; «*vi* que quando os conos*cí*»; «que sen*tí* en vos y en *mí*»; «no *vencer*me ni *vencer*os».

42. *Siempre se deue contar*

A poem upon the same theme as the *esparsa, O dulce contemplación* —the joy of returning to the presence of the beloved. The expression of such joy was unusual among *cancionero* poets. Garci Sánchez not only expresses it in this *canción,* but does so with emphatic hyperbole:

> que avnque fuesse por mirar
> vuestro gesto mi partida
> no se perderá en la vida
> quanto en veros fue ganar.

From the point of view of the unrequited lover, Tapia's conclusion is more realistic:

> quanto se gana en miraros
> tanto se pierde y condena
> passando la triste pena
> que viene del dessearos

(Canc. cast. II, n.º 842).

43. *Si por caso yo biuiere*

This poem is an imitation of the following *canción:*

> Si por caso yo biuiesse
> esperaría morir
> mas yo nunca vi venir
> muerte do vida no ouiesse

Que si yo vida touiera
según es el mal tan fuerte
nos possible quela muerte
alguna vez no viniera
O qué dicha si viniesse
para matar el morir
pues que no queda beuir
que conla muerte muriesse

— Nicolás Núñez *(Canc. gen.* 1511, f. cxxiiij).

But, as in other cases, it is mainly the first line that Garci Sánchez imitates; in substance, the rest of the poem has little in common with Núñez's.

44. *Tan contento estoy de vos*

Gracián quotes the first four lines of this *canción* as an example of paradox in the proposition, remarking:

> En la propuesta y en la razón de ella suele intervenir variedad, porque unas veces la proposición suele ser la repugnante y paradoja...

The lines *Bien supo dios que me dio | porque le desconosciera* might be a reference to the poet's sacrilegious verses, or to his madness. *Perdimiento* should be understood in its religious sense, 'eternal damnation', as well as in the sense of 'undoing' or 'ruin'—both senses are intended: Garci Sánchez is saying, 'my desire for you will lose me my soul, while your indifference to me will ruin my life'.

45. *Ved que tanto es más mortal*

A deservedly-praised *canción*. Garci Sánchez's most polished poems are the *villancicos* and *canciones,* perhaps because of the contrapuntal exigencies of music, but also because of their shortness. This applies particularly to the *canciones* (G. S.'s are never more than twelve lines long) since *villancicos* vary in the number of their *mudanzas,* which is unrestricted, although more than three of four would be unusual. Much has to be compressed into the twelve-line *canción,* which may be divided into three groups of four lines. The first four lines generally take the form of a paradoxical, pseudo-logical proposition, the next four explain what the first four mean, and the last four, by way of conclusion, reaffirm the original proposition. To excel in such a genre demands greater skill in the use of antithesis, conceit, paradox, *etc.,* greater ingenuity, economy, and general intellectual effort. What pleases in a *canción* of Garci Sán-

267

chez is first, the ingenuity and the gallant hyperbole of the proposition, second, the additional intellectual skill displayed in expanding and explaining the proposition, third, the aptness of the symmetry by means of which the proposition is reaffirmed in the conclusion and, fourth, the balance of opposites both within and between the three four-line groups which constitute the poem.

Not surprisingly, poems which achieved all this appealed to the *conceptista* writers of the Golden Age. Gracián admired the *valiente paridad* in the proposition of *Ved que tanto es más mortal,* and the balance of *el exceso del extremo con el mayor término* (*Obras,* Madrid, C. A., 1944, 151). The blessing of death-throes, Garci Sánchez points out, is death; he suffers death-throes (his *tormento* is as bad as that) and lives.

The sound (not the sense) of *Ved que tanto es más mortal* was perhaps suggested to Garci Sánchez by the following less accomplished *canción* of Soria:

> Ved si puede ser mayor
> el mal de mi pensamiento
> que vuestro merescimiento
> se me conuierte en dolor
>
> Tanto quanto merescéys
> peno yo por meresceros
> y pues no meresco veros
> mirad que tal me tenéys
> Tenéysme con tal dolor
> amí que tenéys contento
> qual vuestro merescimiento
> que no puede ser mayor

(Canc. gen. 1511, f. cxxix).

47. *Aunque mi vida fenesce*

The first stanza consists of *versos llanos.*
In stanza III, Garci Sánchez refers to the source of his trouble:

> Que mis ojos causadores
> me paresce a mí que fueron;

This is the correct courtly diagnosis (see Otis Green's article, *loc. cit.*).
Features of many lines are internal rhyme, assonance and alliteration: «*quiéroos* tanto que yo *quiero*» (I, 3); «*morir* por lo que *merece*» (I, 4); «*mas* si agora me *hallase*» (I, 5); «*quiero ver* de *quien ter*nía» (I, 7); «*la quexa* si *me aquexa*sse» (I, 8); «No es *amor* el mat*ador*» (II, 1); «aun *ques* el *que* me *degüe*lla» (II, 2); «Ven*tura* no tiene c*ulpa*» (II, 5); «ma-

yor mal que puedo dar» (II, 7); «*vieron* muchos que la *vieron*» (III, 3), etc.

In stanza I, line 3, Garci Sánchez is imitating Cartagena's *quieros tan-to que no quiero | cosa que vos no queráys* (*Canc. gen.* 1882, No. 150), which Gregorio Silvestre, many years later, imitated still more closely: *Quiéro os tanto, que no quiero | otro bien sino quereros* (Silvestre, *Obras*, ed. cit., f. 8v.).

49. *No espero por ningún arte*

Stanza I is a close imitation of the first stanza of a poem by Jorge Manrique:

> Ni beuir quiere biua
> ni morir quiere que muera
> ni yo mismo sé qué quiera
> pues quanto quiero se esquiua
> ni puedo pensar que escoja
> mi penado pensamiento
> ni hallo ya quien me acoja
> de miedo de mi tormento
>
> *(Can. cast.* II, n.º 484).

Both poets are describing their mental estrangement from the physical world. Courtly love, with its impossible ideal of sensual chastity, created a world far removed from the everyday one; *cancionero* poets are occasionally perturbed by a strong feeling of alienation. The subject was admirably treated by Suárez in a poem beneath the informative rubric,

> Otras suyas que dize cómo se le quexan sus sentidos que anda apartado dellos.
>
> *(Can. gen.* 1882, n.º 137).

It is easy to see that the poems resemble each other; the first stanza of Suárez's will illustrate the affinity in the moods of the two poets:

> Hanme dexado passiones
> de mis sentidos desnudos
> y tristes alteraciones
> y amargas persecuciones
> 5 sordo me tienen y mudo
> que ni stoy biuo ni muerto
> ni estoy sano ni herido
> ni estoy dubdoso ni cierto
> ni dormido ni despierto
> 10 ni macuerdo ni me oluido

Not only do both poets talk about the same subject, but often use the same syntax, and even the same words: Suárez's *ni estoy sano ni herido* (line 7) becomes *ni sano ni con herida* in Garci Sánchez's poem (16); *ni macuerdo ni me oluido* becomes *ni oluidança ni memoria* (27) and *no me acuerdo* (52). Garci Sánchez appears to have emulated verses from other stanzas of Suárez's poem too; the latter's *ni estoy libre ni en cadena* (II, 2) becomes *No soy libre ni catiuo* (9); *ni de pena ni de gloria* (IV, 4); becomes *Assí que pena ni gloria | tengo, ni gloria ni pena* (25-26), etc.

Cartagena describes a similar state of mind in a poem *sobre vna partida que hizo de donde su amiga quedaua:*

> Ya no me calienta el fuego
> no tengo ojos ni soy ciego
> ni callo ni tengo lengua
> ni el plazer me haze mengua
> ni el pesar me da sossiego
> ni podría
> bien ni mal darme alegría
> pues que sus términos niego

(Canc. gen. 1882, n.º 147)

Garci Sánchez's repeated use of *ni... ni* in the expression of this kind of antimony is an example of a much-practised device, particularly favoured by Jorge Manrique:

> Ni miento ni me arrepiento
> ni digo ni me desdigo
> ni estó triste ni contento
> ni reclamo ni consiento
> ni fío ni desconfío
> ni bien biuo ni bien muero
> ni soy ageno ni mío
> ni me venço ni porfío
> ni espero ni desespero

(Canc. cast. II, n.º 473);

and by Peralta:

> Ni la gloria me da gloria
> nil plazer me da holgança
> nil vencer me da victoria
> ni reposo ellesperança
>
> Ni aussente biuo gozoso
> ni presente soy contento
> ni fenesce mi tormento
> ni jamás me vi glorioso
> Ni del bien tengo memoria
> ni en mi mal hallo mudança
> ni reposo ellesperança

(Canc. gen. 1511, f. cxxv v.)

Further examples of the device occur in *Mis ojos llenos de amor* (*Canc. cast*. II, No. 799) by Tapia and *En mi desdicha se cobra* (*Canc. cast*., II, 879) by Nicolás Núñez.

An unusual aspect of the versification of *No espero por ningún arte* is the fact that three of its eight stanzas (II, IV, and V) consist entirely of *versos llanos;* Stanza IV has the additional, curious distinction of consisting of *redondillas cruzadas*—not *abrazadas* like the other seven.

52. *Después que mi vista os vido*

This poem was published in 1514, that is, after the poet was imprisoned for madness. He indicates that his spirit has been broken by unrequited love, and he cryptically alludes (7-11) to what appears to be a physical degeneration in himself. The second stanza consists entirely of *versos llanos*.

Gregorio Silvestre imitated the first stanza in his *Lamentación segunda:*

> Luego que mi vista os vido
> vi preso mi coraçón
> vi mi seso en confusión
> y el pecho al amor rendido
> y el alma y cuerpo en prisión
> Vi que no podía valerme
> y vi en aquel passo fuerte
> tan mejorada mi suerte
> que no quise defenderme
> sino entregarme a la muerte

(*Obras*. f. 3).

53. *No pido, triste amador*

This is one of Garci Sánchez's most paradoxical poems, a powerful expression of the dilemma inherent in the courtly attitude to desire. The attitude originally concerned love but the principle can be applied to desire of any kind. The poet, in this case, wants death; but, in the end, he refuses it in order to go on wanting it.

The following lines of Diego del Castillo may have helped Garci Sánchez in stanza I, lines 1-5, and stanza II, lines 1,5:

> nin viuo porque consiento
> nin muero porque padezco
> mas peno porque contento
> fallo mi querer esento
> en dolor que non merezco

(*Canc. cast*. II, n.º 459).

There are also echoes, in both *No pido, triste amador* and *Lo que queda es lo seguro,* of the following piece by Jorge Manrique:

> Con dolorido cuydado
> desgrado pena y dolor
> parto yo triste amador
> de amores desamparado
> de amores que no de amor
>
> Y el coraçón enemigo
> de lo que mi vida quiere
> ni halla vida ni muere
> ni queda ni va conmigo
> sin ventura desdichado
> sin consuelo sin fauor
> parto yo triste amador
> de amores desamparado
> de amores que no de amor.

(Canc. cast. II, n.º 499).

55. *Yd, mis coplas venturosas*

Stanza III consists entirely of *versos llanos.* Stanza II, line 7 has nine syllables in the basic text but it looks as though this is because *de* was inserted into the original verse, significantly changing the sense of it: with *de,* lines 6-7 mean 'but so wonderful was it for her to come from such an excellent Being, *i.e.,* God'; whereas, without *de* they mean 'but so wonderful was it that she should be such an excellent creature'. The word is better omitted—both from the point of view of meaning and that of the number of syllables.

Garci Sánchez wrote this poem in a mood of great excitement and pleasure: his lady had actually requested him to write her some verses. It looks as though, casting around for a theme, he hit upon the idea of making his poem a joyous counterpart of two pieces, one by Tapia, the other by Costana:

> Id mis coplas desdichadas
> trobadas por mi dolor
> con mis males concertadas
> sacadas y trasladadas
> delas entrañas de amor

— Tapia *(Canc. cast.* II, n.º 797);

> Id coplas damargura
> en quien yo mi mal profundo
> escriuo y mi gran tristura
> contando mi desuentura

yd señoras por el mundo
y sofrid qualquier tormenta
yendo con este concierto
que lleuáys
hasta llegar a quien sienta
el dolor de mí que muerto
me dexáys

— Costana *(Canc. gen.* 1882, n.º 134)

The rubrics point the contrast between the happiness of the occasion on which Garci Sánchez wrote and the sorrowful circumstances in which Tapia and Cartagena found themselves:

> Rubric of Garci Sánchez's poem: *Otras suyas porque su amiga le pidió coplas en que leyese;*
> Rubric of Tapia's poem: *Otras suyas estando aussente de su amiga;*
> Rubric of Costana's poem: *Estaundo aussente de su amiga, en que ruega a las mismas coplas que la vayan a buscar.*

Garci Sánchez's poem may be contrasted particularly with Costana's for a further two reasons: Costana apparently wrote his poem in the hope of its reaching his mistress, who had not asked for it, and his line *contando mi desuentura* is counterpointed by the adjective *venturosas* which Garci Sánchez substitutes, in his opening line, for *damargura.*

As one would expect in such a poem as this, hyperbole is used in the description of the lady's beauty: ... *la gran hermosura | delante quien las hermosas | parescen la noche escura* (lines 2-4). Elsewhere, the poet shews that perfect physical beauty is not enough—his lady is perfection in all things:

Soys la más hermosa cosa
que en el mundo hizo Dios
y lo menos que ay en vos
es ser hermosa

(n.º 6).

Beauty, however, is the outward sign of inner perfection; hence, the courtly-love poet's lady, who is by convention beautiful, is automatically excellent in every respect, too good for the world, as Juan Fernández de Heredia points out in a sustained display of amatory hyperbole:

Hizos dios merescedora
yen tanto grado hermosa
ques el mundo poca cosa
para ser vos dél señora

273

Y por esto es de creer
que dios para contentaros
mundo y mundos para daros
de nueuo querrá hazer
Que aqueste mundo de agora
es vuestro y dar no se osa
por ser tan poquita cosa
para ser vos dél señora

(Canc. gen. 1511, f. cxxvi).

Lastly, a poem which bears a general resemblance to *Yd, mis coplas venturosas* and a particular resemblance to its last stanza; by Suárez:

Anda ve con diligencia
triste papel do te mando
y llega con reuerencia
ante la gentil presencia
de quien quedo contemplando
Si preguntare por mí
responderás con desmayo
Señora quando partí
con más passiones le vi
que letras comigo trayo

Y si dixere por qué
dirás que por su desseo, *etc.*

(Canc. gen. 1882, n° 138)

57. *La mucha tristeza mía (Sueño)*

Gregorio Silvestre wrote a *Sueño (Op. cit.,* f. 115), but it bears no resemblance to Garci Sánchez's. Poems about dreams were not uncommon. But the fact is not always indicated in the title: Juan Rodríguez del Padrón, for instance, recounts a dream in which Love dictates to him the amatory commandments (*Canc. gen.* 1882, I, No. 167, p. 371, for full text); it is called *Los diez mandamientos de amor.* After Santillana's *Sueño,* however, the title was given to a number of poems on various subjects and with not very much in common other that the fact that they purported to recount dreams. The title continued to be popular after Garci Sánchez's *Sueño* appeared in 1511, perhaps because of the poet's fame (just as the title *Lamentaciones* was used by a large number of poets towards the middle of the sixteenth century, after the publication of Garci Sánchez's *Lamentaciones.*) The traditionalist Castillejo wrote a *Sueño* (text in *BAE,* xxxii, 133), and so did Feliciano de Silva. The latter author's poem is a long allegorical *romance,* reminiscent in style and imagery of Garci Sánchez's *romance, Caminando por mis males.* But the following description of the setting reminds one of the landscape painted by Garci Sánchez in stanzas II, IV and VI of his *Sueño:*

> Entre sierras y montañas
> desiertas y sin poblado
> con hambre sed y fatiga
> vn año auía caminado
> comiendo solas rayzes
> que con trabajo vue hallado
> y biniendo de la fuente
> que an mis ojos destilado
> hasta que a vna floresta
> muy cansado vue llegado
> tan poblada de arboleda
> quanto el suelo muy sembrado
> de verdes plantas y flores
> con dulces fuentes regado, *etc.*
>
> (*Sueño, s.l.,* 1544)

In all three poems, the poet wanders at first in a landscape of rugged and desolate mountains—a Romantic scene, but described for its fearfulness rather than its beauty—before emerging into a gentle place of verdant valleys, trees, flowers and streams.

A notable aspect of Garci Sánchez's *Sueño* is the part played by the nightingales. Among earlier examples of poems in which these birds are in sympathetic, verbal communication with the author are one by the hermit, Garci Ferrándes, in which the poet addresses a nightingale and receives a reply (*Canc. Baena,* no. 558, p. 622), and one by Villasandino, in which two nightingales advise the poet:

> Los leales amadores
> esforçad perdet amores
> pues Amor vos amonesta
>
> (*Can. cast.* II, n.° 636).

Sometimes, the creatures are simply birds, with no further specification, as in *Caminando por mis males* and, earlier, in the following lines—which read as though they inspired the last two stanzas of Garci Sánchez's *Sueño*—with which Villasandino ends his *cantiga, Vysso enamoroso:*

> Razonando en tal figura
> las aues fueron bolando
> yo aprés de vna verdura
> me fallé triste cuydando
> y luego en aquella ora
> me membró gentil señora
> a quien noche y día adora
> mi coraçón ssospirando
>
> (*Canc. cast.* II, n.° 638).

Carvajales wrote a poem entitled *Sueño de la muerte de mi enamorada* (*Canc. cast.* II, No. 1007); in Garci Sánchez's *Sueño,* addressed to his lady, it is the poet himself who dies. The idea is ingenious: the poet dreams that he dies of unrequited love in the presence of a nightingale; Love questions the nightingale and is told how Garci Sánchez died (the birds sang his funeral rites and now sing their love-songs on top of the laurel grove into which his body was converted); the poet then wakes up, and is disappointed to find he has not died after all:

> recordé y halléme biuo
> de la qual causa soy muerto   (79-80).

In Jean de Condé's *Messe des Oiseaux,* the funeral rites are also chanted by birds; the idea was by no means original. But the complexity of Garci Sánchez's dream is an unusual feature.

The tone of this romantic poem is one of delicate melancholy, and the setting of the dream is described with great skill and economy. Details which might make it appear realistic are avoided: first there is just a wild mountain; then there is a plain with its *acequias* and trees. The most emotive lines are effectively expressed in dactyls:

> Muy poco ha que passó
> *solo por esta ribera*   (31-32);
>
> *Hasta que muerto cayó*   (51).

59. *que después porque se esmera*

This is a curious fragment consisting of two stanzas, both complete. They are the last two stanzas of a poem the full length of which it is impossible to estimate. The first of the stanzas consists entirely of *versos llanos.* The poem appears to be an idolatrous eulogy, and this is perhaps why only a fragment of it has survived. Some of the praise (*e.g.* 1-4 and 11-15) is of the kind sometimes given to the Virgin, but lines 7-10 make it clear that the poem is not devotional.

62. *O mi Dios y criador*

This poem is addressed to each Person of the Trinity in turn, then to all three together, and, finally, to the Virgin Mary. A poem by Juan Tallante (*Quien de los alpes celestes influye, Canc. cast.* II, No. 1083) addresses the Trinity and the Virgin in the same manner but there is otherwise no obvious affinity between the two poems. Garci Sánchez uses a few liturgical, Latin phrases, including two from the *Salve regina;* so that, in this conventionally devout poem, the poet whose youthful sacrilegious use of the liturgy made him notorious, uses the liturgy with unexceptionable reverence.

64. *Ymajen de hermosura*

According to the rubric, Garci Sánchez sent this poem to his lady with the *Liciones*. The poet himself says as much in Stanza II. The poem is both a cover-note and a dedication—*pues le fueron dedicadas*, II, 9. Gregorio Silvestre imitated the first few lines, then changed to lines 2-4 of *Yd, mis coplas venturosas*:

> Imagen, illustre y pura,
> pintada en el alma mía
> ante cuya hermosura
> la lumbre del claro día
> parece la noche escura.

(Obras..., Granada, 1599 ed., f 5v.)

Prudence warned Silvestre not to take his imitation farther: *Ymajen de hermosura* is dangerously close to blasphemy and idolatry, and too intimately associated with the sacrilegious *Liciones* to be emulated with impunity from beginning to end. In his *Residencia de amor* Silvestre rather cunningly makes amends by quoting the whole of the first stanza by means of the following stratagem: Garci Sánchez is introduced into the poem as one of the lovers in the residence; he recites the first stanza of *Ymajen de hermosura* and is sternly admonished by the judge. Apart from this cunning device, the passage is worth quoting for its picture of Garci Sánchez and because it shews Gregorio Silvestre being rather carefully orthodox. Garci Sánchez is introduced after Santillana, to whom the second line of the passage refers:

> Todos estauan loando
> la firmeza de este amante
> y vieron venir cantando
> otro que es su semejante
> mas perdió el juyzio amando
> Éste Garcisánchez era
> que ya fue en su edad primera
> muy discreto, y perdió el seso
> después que de amor fue preso
> bien antes que enloqueciera
>
> Quisiéronle detener
> los porteros y officiales
> porque no entrasse ahazer
> algunas locuras tales
> qual las supo componer

El juez le concedió
porque en común se pidió,
por ver la razón de vn loco
que hable si quiera vn poco
y el hazia Venus habló

Ymagen de hermosura, etc.

Cortóle aquí la razón
el juez que en verle tal
temió que en la conclusión
auía de parar en mal,
por ver la comparación.
Diziendo si tú porfías
dirás dos mil eregías
profanarás lo sagrado.
él dixo, auéysme estoruado,
pues ved las lectiones mías.

(Op. cit., f 203)

METRICAL ANALYSIS

Three aspects of Garci Sánchez's versification are perfectly conventional: length of line, type of stanza, rhyme-scheme. His verses are of eight or four syllables, and the latter are invariably *pie quebrado* lines, that is, lines which depend for their existence upon the surrounding octosyllables. Many of his poems, the numerous *canciones*, for instance, the *villancicos* and *esparsas*, are of fixed forms which cannot be the vehicle for prosodial experiment. In his longer poems, he uses the most characteristic stanza-forms of fifteenth-century poetry, the *copla real*, the *copla de pie quebrado*, the *copla mixta*, and the *copla castellana*. He favoured the last of these, the Castilian stanza. It was the newest form, believed to have evolved later than 1470. (See Tomás Navarro, *Métrica española*, New York, 1956, p. 207.) The Castilian stanza, with its four rhymes, was an apparently simple variant of *arte menor*, with its two or three. But, in fact, the change was an important one, for the two independently-rhyming *redondillas*, which the introduction of the fourth rhyme brought about, created what was in effect two stanzas. Similar changes in other types of stanza had begun about 1450. (That is, the introduction of four rhymes into the *copla mixta* and the *copla real*. T. Navarro, *op. cit.*, 109.) Towards the end of the century, *arte menor* stanzas outnumbered Castilian ones by about three to one, but the latter were roughly twice as numerous as the former by 1511. In his predilection for the Castilian stanza, therefore, Garci Sánchez shews that, in his own restricted poetic field, he was no traditionalist. But neither was he an innovator.

The metrical structure of Garci Sánchez's poetry could serve to illustrate the general change undergone by the rhythm of octosyllabic compositions in the latter part of the fifteenth century. A sharp decline in the proportion of trochaic verses was matched by a corresponding rise in the number of dactylic and mixed ones. (Mixed-metre octosyllables are dactylo-trochaic: they begin with a syllable in anacrusis and are followed by either one dactyl and two trochees or a trochee, a dactyl and a trochee.) Eighty per cent of the verses of some *Canc. de Baena* poets are trochaic; in the whole of the *Canc. de Baena*, trochaic octosyllables have an abso-

279

lute majority over dactylic and mixed ones of almost seven to three. A steady weakening in this hegemony resulted, during the reign of Ferdinand and Isabella, in a balance between the trochaic octosyllable and the others. Fourteenth-century troubadour poetry was overwhelmingly trochaic; in the fifteenth century, Villasandino, Santillana and others made considerable use of popular metrical forms, paving the way for the fusion of these and the trochee in the rhythms of late courtly-love verse. In most of the poems of the younger *Canc. gen.* writers, the trochee is still the most important single octosyllabic metre, but constitutes only about 50 % of the total number of metres used, the two types of mixed metre constitute 30 % - 40 %, and the dactyls, 10 % - 20 %. Garci Sánchez's poems, which are all octosyllabic (puntuated, in some cases, by *pie quebrado* lines) have the following metrical proportions:

> 52.13 % trochaic verses;
> 32.82 % mixed-metre verses;
> 15.05 % dactylic verses.

Hence, Garci Sánchez's works, taken as a whole, are perfectly representative of the metrical structure of late *cancionero* poetry.

By analysing each poem in turn, however, one soon becomes aware of considerable fluctuation in metrical disposition. Some of his poems are without dactyls, others have exceptionally high proportions of trochees, while in a few, mixed-metre verses outnumber the sum of the rest. These fluctuations do not trace a formal pattern. For instance, if two distinct types of poem differ widely in the proportionate number of their trochees, it will not normally be because one is written in *coplas castellanas* and the other in *coplas reales*. There is not, in Garci Sánchez's poems, any general association between metrical proportion and stanza-form. A particular exception is the *canción*. It teds to contain roughly half of the average proportion of dactyls. Out of a group of eight *canciones* in the *Canc. gen.* (1514), for example, only 7.6% of the total number of verses are dactlys. (Nos. 35, 36, 38, 39 and 42-45 of this edition.) Two of these poems have no dactyls at all, but a third is well above average with four (i.e. 25%). Dactylic representation in the *canciones* is therefore not necessarily slight in every case but, on the whole, it is. The same applies to the numerically much less important *villancicos*. An extreme example is *De mi dicha no se espera* which is 90% trochaic, and devoid of dactyls. Hence, the phenomenon tends to occur in poems written to be sung— poems that are essentially lyric. In the others, the proportion of dactyls is distinctly higher, averaging over 20% in the *coplas castellanas* and the *coplas reales*. It is the same with *cancionero* poetry in general throughout the fifteenth century and at the beginning of the sixteenth. Villasandino's *zéjeles* and *villancicos* have few dactylic verses; his *decires* have many times more. A high proportion of the *canciones* in the *Canc. gen.*

(1511), ff. cxxii-cxxvii, contain no dactyls whatever, and it is unusual for the rest to contain more than one each. They are like Garci Sánchez's *canciones,* therefore. But not as regards the rest of their metrical structure, for Garci Sánchez's *canciones* have a higher percentage of mixed-metre verses; whereas, in the *Canc. gen. canciones,* the proportion of mixed-metre verses is small—16 % - 25 % on the whole—it is as high as 58% in some of Garci Sánchez's *canciones.* (*e.g.* Nos. 35 and 38). Of the group of eight *canciones* mentioned above, for instance, only two have a proportion of mixed-metre verses lower than 25 %; the rest have an average proportion of 44.4 %. This difference in metrical emphasis between Garci Sánchez on the one hand and such poets as Jorge Manrique, Tapia, Cartagena, Pedro de Miranda and the Conde de Oliva on the other is curious and, perhaps for that reason, noteworthy, but not of great significance. Nevertheless, it could be a sign of greater tension and emotion in Garci Sánchez's poems: the trochee, which all but he prefer, is the slowest, smoothest, best-balanced and most symmetrical of the octosyllabic metres; the mixed-metre verse is the least symmetrical—half of it is quick and half of it slow; it is more flexible and obtrusive than the trochee, and its rhythm is better suited to express agitation than composure.

The dactylic octosyllable differs from the trochaic and mixed ones in not having any syllables in anacrusis. Since the initial syllable is stressed, this metre is often used for emphasis, above all to draw attention to the opening of a speech, as Garci Sánchez does in the *Infierno* with such phrases as *tales palabras hablando* and *estas palabras dezía;* similarly, it can help to create an air of finality at the close of a speech. Tho rôle of the dactyl in these circumstances has long been recognised. But there are few such instances in Garci Sánchez's poems compared with the total number of dactyls (about 450). The dactyl may accordingly help in the expression of more than has so far been suggested. Garci Sánchez uses them in the moments of greatest tension or excitement:

> Pues en todo fuy menguado
> *crezca mi pena y tormento*
>
> (n.º 48, 61-1);

> *de ella me quiero quexar*
> *de ella y no de ventura*
> *que se me quiso mostrar*
> en toda su hermosura
>
> (n.º 47, 21-4).

He breaks into dactyls as soon as Cupid appears in *A la hora en que mi fe:* stanza XI. In the next stanza, however, dactyls alternate with trochees from line 4 to line 10 as the poet struggles to control and perfect his description of the god.

The above examples may seem clear enough, but there may be many dactylic lines in which the presence of tension or excitement is questionable. However, there is little point in discussing such cases since the contention here is not that dactyls are an automatic guide to all the emotional peaks of Garci Sánchez's poetry, but simply that the most emotive lines of his compositions are often dactyls because that rapid, emphatic metre is, of those available, the best suited to convey sudden tension.

CONCLUSION

The writers of courtly-love verse who lived in the reign of Ferdinand and Isabella express themselves in terms more paradoxical than those of their predecessors; they juggle with antitheses more and more dexterously; conceptual and verbal tours de force display a more and more convoluted ingenuity. The extremest forms of rhetorical elaboration were reached by such poets as Cartagena and Diego de San Pedro. Garci Sánchez de Badajoz, writing later, used fewer devices and concentrated more upon paradox, in order to give cogent expression to an obsessive tension. He tried to plumb the depths of the courtly dilemma. He was perhaps the most adept and grave practitioner of the new refinement, and certainly the last important one. After him, no progress in the same direction was possible. The exhausted genre is therefore abandoned by the perceptive, who henceforth turn their attention to the Italian innovations.

The extremes of contrivance typical of the late phases of courtly-love verse gave rise to the antipathy with which many critics have been accustomed to look upon the poetry of this period. They consider it utterly artificial, and deplore what they take to be the simulated emotions of people whose only concern, when composing verses, was to flaunt their ingenuity. Such judgements are unduly harsh,[91] and their authors are doubtless under the spell, as perhaps to some degree all of us are, of the romantic theory of inspiration. For if poetry was considered a mere game by Garci Sánchez and his contemporaries, it should be judged according to the rules, instead of by 'absolute' criteria which it can never have been intended to meet. If we don't like it we may of course say so, but if we are to understand and appraise it, we must bear in mind what it was attempting, not what we think it ought to have attempted.

The widely-accepted view that courtly-love verse was a truancy from orthodox moral and religious values should be examined too, because it appears not to take account of the fact that practical adherence

---

[91] "... coplas fútiles, coplas de cancionero, versos sin ningún género de pasión..., conceptos sutiles y alambicados, agudezas de sarao palaciego..., algo, en suma, que recrea agradablemente el oído sin dejar ninguna impresión en el alma." Menéndez Pelayo, *Juan Boscán*, Madrid, 1908, 208.

to these values was exceptional. That is to say, it does not appreciate the difference between the theory of courtly love and the reality of courtly life: the former borrowed from the Church the concepts of self-discipline, suffering and martyrdom, while the latter was certainly not characterised by such ascetic ideals. The conclusion is clear: if one is already leading an immoral life, to play truant from orthodox moral and religious values is superfluous; hence courtly-love verse is not a truancy from morality but an escape from immorality. The code which inspired it is an aspiration, an impossible ideal, a product of the guilty feelings caused by promiscuous behaviour.

But the subject is complex and demands further elucidation. Those who think of courtly love as a «delightful audacity», [92] either overlook the concepts upon which it is based or misinterpret their significance. Failure to distinguish between what poets wrote about and the way they lived is again the root of the confusion. To recognise that sexual promiscuity was widespread and insist that courtly love is therefore a cult of sensuality seems reasonable, but it is no nearer the truth than to recognise that courtly love was unrequitable and insist that sexual promiscuity was not widespread. The fact that courtly love provokes extreme desire while forbidding its fulfilment seems to lend weight to the view that it is deliberately sensual, but as A. J. Denomy remarks: [93]

> for the troubadours this love is pure, good and true... it is spiritual in that it teaches the union of hearts and minds and not of bodies...

Fulfilment of desire makes love impure or mixed, and mixed love, being necessarily sensual, is incompatible with the purity to which the troubadours aspired.

The fifteenth century in Spain is marked by riot and chaos: the factious nobles were extravagantly corrupt. But since it was also an age of religious faith, the taste for flamboyant immorality was sharpened by a feeling of transgression which made sensual indulgence—not courtly love— a 'delightful audacity'. Persistent guilty feelings demanded atonement, that is, the discipline and chastisement of the senses. In the reign of Isabella, large numbers of nobles were brought to heel and order was established, but the sense of guilt about immorality seems to have become deeper. The poets of the *Cancionero general,* most of whom are Isabelline, write almost exclusively of unbearable desire which on no account must be satisfied. For that is the ideal of purity which they must uphold: if in practice they surrender to the senses, in the ideal world of poetry they do not, even though the temptations are infinitely stronger. And since it is

[92] C. S. Lewis, *The Allegory of Love,* Oxford, 1936, 30.
[93] *"Fin Amors:* the pure love of the troubadours, its amorality and possible source»*, Mediaeval Studies,* VII (1945), 142-143.

religious faith that caused the sense of transgression, the atonement is expressed in religious terms, and the ascetic concepts of the Church are incorporated for this purpose into what has aptly been called the 'religion of love'. [94]

It is in this light that we should approach the poetry of the *cancioneros:* the poets did not live up to their aspirations because that would not have been humanly possible. But these aspirations were not meaningless and insincere: they represented an attempt by poets to justify themselves, and are thus expressions of unsimulated tensions. Unless we understand this we shall almost certainly accept the superficial judgement that *cancionero* poetry is a lifeless and trivial convention. George Ticknor, for example, stated that «hardly a poetical thought» was to be found in «the light amatory poetry of the *Cancionero general*». [95] He does not divulge the meaning of the curious phrase «poetical thought», but his condemnation of this kind of poetry is patently occasioned by the belief that it lacks emotion, that it is an uninspired contrivance. The view has a logical extension (implicit in Ticknor's attitude) whereby the most contrived pieces are judged the least 'poetical'. Hence, the progressive refinement of contrivance in the latter half of the fifteenth century and the first and second decades of the sixteenth is seen as evidence of that steady decline of poetry which is assumed to have preceded what for the sake of convenience we may call the Spanish Renaissance.

It needs to be stated with some emphasis that such a view is not only narrow but even directly opposed to that which a less subjective study of the *cancionero* poems will reveal: the *cancionero* poet's love for his lady must go forever unrequited, and the poetic expression of this dilemma is necessarily complex and paradoxical. Clearly, the more he loves the more he suffers; and the more he suffers the more his verses will tend to reflect the paradox of his aspirations. In other words, the formal intellectualisation of his predicament, far from shewing that the latter is feigned, *can be* the measure of its reality. So that what has been described above as a «progressive refinement of contrivance» is not, as has been supposed, a sign of emotional poverty, but quite the reverse. *Cancionero* poetry is charged with emotions which have gone unrecognised because *they are expressed through contrivance*. It is essential to understand this before beginning any useful literary study of the *cancioneros*.

That it has not been understood is a tribute to the influence of the romantic feeling that contrivance and emotion are mutually exclusive. Another factor which has contributed to the misunderstanding of *cancionero* poetry is the misleading conventional view of the historical and cultural background; propagated chiefly by historians of literature and other arts, this view produces much talk of waning epochs and dying worlds;

[94] C. S. Lewis, *loc. cit.*
[95] *History of Spanish literature* I, London, 1863, 397.

of a tired civilisation awaiting change, yet apprehensive of it, stifled and wilting in the hothouse of medieval forms of thought, yet unwilling to admit the fresh air, and so on. If one equates «fresh air» with the Renaissance, it is true that during the reign of Isabella only a little permeated the hothouse. But what must surely cast doubt upon the truth of the picture are the intense activity and vigour which transformed much of Spanish life at precisely this time: the Reconquest, the political unification of the country, the discovery, conquest and colonisation of the New World, the growth of Spanish power in Europe—these historical facts do not square with obscurantism, jaded sensibility, and the arid decadence of the spirit. One might attempt to explain the anomaly by supposing that the authors of the *canciones* and *villancicos* were reactionaries living in an ivory tower—out of tune with their coevals, unsympathetic towards, or ignorant of, the new enthusiasms, clinging stubbornly to attitudes that had long since been drained of their raison d'être; but it is not easy to believe this of people often intimately connected with the life of the Court. And if the supposition were correct, their poems would certainly not have been published and printed in numerous editions throughout the sixteenth century.

It seems odd that a picture so manifestly contradicted by history should ever have been painted. Yet it does shew the cultural scene in what at first glance appears to be its true colours. Even by the end of the fifteenth century. Petrarchism and cognate modes are not widely practised in Spain. The full impact of *Rinascenza* poetry on Castilian is not felt until well into the sixteenth century. Its primacy is established by Boscán and Garcilaso. The period we are concerned with is sometimes seen as the pre-Renaissance (chiefly, perhaps, because study of the Humanities was flourishing at Salamanca and elsewhere), and sometimes as the end of the Middle Ages. Some of those who concentrate on its medieval characteristics see it as a dying age. If this simply means the age succeeded by the Renaissance proper, the description is unexceptionable. But the adjective is chosen for its overtones and promotes the following fallacy: since it is a 'dying' age it is a degenerate one. Arbitrary divisions of history into cultural epochs have resulted in many such misapprehensions. These divisions are doubtless useful and perhaps even indispensable, but it is far from easy to guard against the host of false assumptions they engender.

The distinction drawn above between contrivance and artificiality and the consequent exhortation that the *cancioneros* should no longer be neglected should not be taken to imply that all *cancionero* poets wrote seriously and sincerely. It would be unrealistic to expect feather-brained fops to refrain from versifying their amatory plaints, and the considerable number of modish pieces in the *cancioneros* goes some way towards excusing the cursory treatment which the poetry of the period receives. Unfortunately, the difference between these elegant dabblers and the serious poets has too often been ignored, and study of the latter consequently discouraged.

An unmistakably dilettante note is struck by the Vizconde de Altamira, for whom courtly love was indeed a game—and not worth the effort at that:

> La más durable conquista
> desta guerra enamorada
> es vna gloria passada
> que se passa sin ser vista
>
> Y de tal guisa tropieça
> su visión que amor renombra
> que en alçando la cabeça
> ya no vemos sino sombra
> y pues tiene buena vista
> y donosa la mirada
> huyamos gloria passada
> que se passa sin ser vista

(Canc. cast. II, n.° 1194).

Others, less ingenuous than Altamira, consistently simulate unrequited love, but their poems share with his, however hard the authors try to sound complex, a relative simplicity of statement, a facile use of paradox and antithesis, which reveal that they have never seriously pondered the implications of their rôle.

What has been said in the foregoing paragraphs implies that *cancionero* poetry, although conventional, is not necessarily meaningless. It treats of courtly love, the essence of which had perhaps little bearing on courtly life, but which was, precisely for that reason, a significant form of escapism. It cannot be taken seriously as a code of behaviour, but that is no reason for rejecting it. If we can assess literature only by the broad criteria of our time, *cancionero* poetry clearly stands condemned, since our blunt and partial realism demands above all that a writer should describe how he actually behaves, not how he would like to behave, for this is seen as a mere fantasy—divorced from the 'reality' which he must, if he is to deserve our attention, try to capture. This equation of 'reality' with behaviour is the hallmark of our scientific age, and we take it so much for granted and are moreover so satisfied with our way of interpreting the world that we are impatient of platonic concepts which, embracing a higher 'reality', look upon our 'real' world as the insubstantial shadow of one that lies beyond. *Cancionero* poets did not write about the insubstantial shadow where love is weak and enslaved by the senses and where indulgence repeatedly kills desire, but about the 'real' world where love is eternally strong because desire is never allowed satisfaction, never allowed, that is, to be extinguished, even temporarily, by fulfilment. The more they suc-

287

cumbed to love in the insubstantial shadow the more they aspired to their 'real' world, to the infinite prolongation of infinite desire; a world at once sensual and ascetic, of masochistic purity. The concept of this 'real' world is intellectually exciting, and so are the inevitably paradoxical expressions of it, but, as we have seen, some *cancionero* poets, unable to grasp this, lamely ape the convention, and their work is therefore hollow and artificial. Our modern incomprehension of this 'real' world and our tendency to confuse it with our own notion of reality have made us all but incapable of distinguishing the good poets from the bad, for the work of both seems cold, remote and contrived. The truth is that the work of the good poets is *warm*, remote and contrived: warm in emotion, remote in time and sensibility, and contrived in paradox. Our education has made it difficult for us to envisage the coexistence of high contrivance and deep emotion; yet, in much *cancionero* poetry, the former is the index or register of the latter, and all the mental acrobatics, the ingenious convolutions presupposed by a fine conceit may betoken the anguish of a mind yearning for self-retribution in the unattainable paradox of sensual chastity. The ideal of courtly love is in fact atonement for adultery, and the atonement is envisaged, as it must be in a Christian society, in terms of suffering, penance, self-denial, martyrdom. We should consider courtly love, then, as an idealisation of courtly life, an aspiration which attempted to compensate for failure to practice Christianity by embracing accommodated religious concepts.

BIBLIOGRAPHY

1. The sources of the present edition.

(*a*) Codices:

[CANCIONERO «de Gallardo»] Madrid, Biblioteca Nacional, manuscript 3.933.

[CANCIONERO musical] Madrid, Biblioteca de Palacio; *Cancionero musical de los siglos XV y XVI. Transcrito y comentado por Francisco Asenjo Barbieri,* Madrid, Academia de Bellas Artes de San Fernando, 1890.

[CANCIONERO de Pedro del Pozo] compiled by Pedro del Pozo, Salamanca, 1547; A. Rodríguez-Moñino, «El cancionero manuscrito de Pedro del Pozo», *Boletín de la Real Academia de la Historia,* xxix (1949), 453-509; xxx (1950), 123-146 and 263-312.

Poesías varias, Madrid, Biblioteca de Palacio, manuscript F-b-3.ª-20.

Poesías varias, London, British Museum, Additional manuscript 10431.

Manuscript 773, Madrid, Biblioteca Nacional, f. 197.

(*b*) Printed works:

CANCIONERO *general de muchos y diuersos autores,* Valencia, Cristóbal Kofman, 15th January, 1511.

CANCIONERO *general de muchos y diuersos auctores otra vez ympresso emendado y corregido por el mismo autor con adicion de muchas y muy escogidas obras: las quales quien mas presto querra ver vaya ala tabla y todas aquellas que ternan esta señal + son las nueuamente añadidas,* Valencia, Jorge Costilla, 20th June, 1514.

Idem, Toledo, Juan de Villaquirán, 31st August, 1514.

Idem, Toledo, Juan de Villaquirán, 20th January, 1520.

Idem, Toledo, Ramón de Petras, 12th May, 1527.

CANCIONERO *general: enel qual se han añadido agora de nueuo en esta vltima impression muchas cosas buenas: ha sido con dili-*

gencia corregido y emendado, Seville, Juan Cromberger, 2nd April, 1535.

Idem, Seville, Juan Cromberger, 20th November, 1540.

CANCIONERO *general de obras nueuas, nunca hasta ahora impressas, assi por el arte española como por la toscana*, Saragossa, Esteban G. de Nájera, 1554; reprinted in *L'Espagne au xve et au xvie siècles, documents historiques et littéraires, publiés et annotés par Alfred Morel Fatio*, Heilbronn, Henniger frères, 1878, 489-602.

LAMENTACIONES *de amores hechas por vn gentil hombre apassionado. Con otras de los comendadores por mi mal os vi. Y la glosa sobre el romance de A la mia gran pena forte: hecha por vna monja: la qual se quexa que por engaños la metiera pequeña en el monesterio con otras sobre Circumdederunt me: en las quales se quexa Sant Pedro porque negó a su señor (s.l., s.a.)*

MALDICIONES *de Salaya, hechas a vn criado suyo que se llamaua Misanco, sobre vna capa que le hurtó, (s.l., s.a.)*

2. Modern criticism and studies of Garci Sánchez de Badajoz.

BATAILLON, M., «¿Melancolía renacentista o melancolía judía?», *Estudios hispánicos. Homenaje a Archer M. Huntington*, Wellesley, Mass. (1952), 39-50.

COTARELO Y MORI, E., «El trovador Garci-Sánchez de Badajoz», in his *Estudios de historia literaria de España*, Madrid, 1901, 33-52.

LÓPEZ PRUDENCIO, J., *Extremadura y España*, Badajoz, 1903, 254-259.

MARTÍN JIMÉNEZ, J., «Cancionero de Garci Sánchez de Badajoz, su vida atormentada, sus decires, sus dichos agudos, sus desesperanzas», *Archivo hispalense*, 2.ª época (1947), 36- 67, 193-236, 326-366.

— *Cancionero de Garci Sánchez de Badajoz*, Seville, 1948.

MÉNDEZ BEJARANO, M., *Diccionario de escritores, maestros y oradores naturales de Sevilla y de su actual provincia*, 3 vols., Seville, 1922-1925; vol. ii, 367-370.

MENÉNDEZ PELAYO, M., *Historia de la poesía castellana en la Edad Media*, Madrid, vol. iii, 1916, 138-153.

MICHAELIS DE VASCONCELOS, C., «Garci Sánchez de Badajoz», *Revista crítica de historia y literatura españolas, portuguesas e hispano-americanas*, ii (1897), 114-133.

3. Other works cited and consulted.

(a) Manuscript documents:

REFUNDICIÓN *de privilegios de la ciudad de Écija*, i, n.º 60, Écija, Archivo Municipal.

Manuscript 13109, f. 173, Madrid, Biblioteca Nacional.

(b) Printed works—fifteenth to eighteenth centuries:

ANTONIO, N., *Bibliotheca hispana*, Rome, 1672.
— *Bibliotheca hispana nova*, ed. Madrid, 1788.
ARAGONÉS, J., *Cuentos*, in J. Timoneda, *Aliuio de caminantes*, Medina del Campo, 1563.
ARBOLANCHE, J. DE, *Epístola de Jerónimo de Arbolanche a don Melchor Enrico, su maestro en artes*, Saragossa, 1566.
ARGOTE DE MOLINA, G., *Nobleza del Andaluzia*, Seville, 1588.
AZPILCUETA NAVARRA, M. DE, *Manual de confessores y penitentes*, Salamanca, 1557.
BERMUDO, J., *Declaración de instrumentos musicales*, Osuna, 1555.
CARTAGENA, A. DE, *Doctrinal de los Caualleros*, Burgos, 1487.
EL LIBRO de la celestial jerarchia (anon.), *s.l., s.a.*, [1511?].
EQUICOLA, M., *Libri di natura d'amore*, Venice, 1525.
FERREIRA DE VASCONCELLOS, J., *Eufrosina*, ed. 1561; *Ulyssipo*, ed. 1618; *Aulegrafia*, ed. 1619.
FLORINDO, A., *Adicion al libro de Ecija y sus santos*, Seville, 1629.
FUENLLANA, M. de, *Libro de musica para vihuela*, Seville, 1554.
GUTIÉRREZ DE TORRES, A., *El sumario delas marauillosas cosas que enel mundo han acontescido*, Toledo, 1524.
HARIZA, J. DE, *Descripción genealógica de los excelentísimos señores marqueses de Peñaflor*, Ecija, 1772.
HERRERA, F. DE, *Obras de Garci Lasso de la Vega con anotaciones de Fernando de Herrera*, Seville, 1580.
INDEX librorum expurgatorum, Madrid, 1584,
LAS LECIONES de Job trobadas por vn reverendo y devoto religioso; de la orden de los predicadores. Con vn infierno de dañados. Es obra muy devota y contemplativa, Toledo, 1524.
LAS OBRAS del famoso poeta Gregorio Sylvestre, Granada, 1582; ed. 1599.
LEBRIXA, A., *Rerum hispanicarum scriptores*, ed. 1579.
— *Hispaniae illustratae...scriptores*, ed. 1603.
LÓPEZ DE SANTA CATALINA, P., *Espejo de Cauallerías en el qual se se veran los grandes fechos y espantosas auenturas que el conde don Roldan por amores de Angelica la Bella hija del rey Galofron, acabo: e las grandes e muy fermosas cauallerías que don Renaldos de montaluan: y la alta Marfisa: e los paladines fizieron: assi en batallas campales como en cauallerosas empresas que tomaron*, Seville, Juan Cromberger, 1533.
MEMORIAS de la ciudad de Lucena (anon), Ecija, Benito Daza, 1777.
MONTEMAYOR, J. DE, *Cancionero*, Alcalá de Henares, 1572.
MUCHAS MANERAS de coplas y villancicos con el juyzio de Juan del Enzina, s.l., 1535.
NARVÁEZ, L, DE, *El primero libro del delphin de musica para tañer vihuela*, Valladolid, 1538.
PORTUGAL, F., DE, *Arte de galanteria*, Lisbon, 1670.

PULGAR, H. DE, *Chronica de los Reyes Catholicos don Fernando y doña Ysabel*, Valladolidad, 1565.

ROA, M. DE, *Flos sanctorum; fiestas i santos naturales de la ciudad de Cordova; algunos de Sevilla, Toledo, Granada, Xerez, Ecija, Guadix i otras ciudades, i lugares de Andaluzia, Castilla i Portugal; con la vida de doña Sancha Carrillo, i la de doña Ana Ponce de Leon, Condesa de Feria*, Seville, 1615.

— *Vida de doña Ana Ponce de Leon, Condesa de Feria y después monja en el monasterio de Santa Clara de Montilla*, Córdoba, 1604.

ROMÁN, Fray J., *Repúblicas del mundo*, Medina del Campo, 1575; ed. Salamanca, 1595.

SÁNCHEZ DE LIMA, M. DE, *Arte poética en romance castellano*, Alcalá de Henares, 1580.

SANTA CRUZ, M. DE, *Floresta española, de apotegmas, o sentencias, sabia y graciosamente dichas, de algunos españoles*, Toledo, 1574; editions of 1576, 1598, 1605, 1614, 1629, and the two editions of Ramón Ruiz (British Museum shelf-marks: 12315. aa.17 and 12315.aa.18).

SANDOVAL, Fray P. DE, *Crónica del Emperador Carlos V*, in *Biblioteca de autores españoles*, lxxxi.

VALDERRÁVANO, E. DE, *Libro de musica de vihuela*, Valladolid, 1547.

VALERA, D. DE, *La Chronica de España*, Seville, 1482.

VELÁZQUEZ, J. L., *Origen de la poesía castellana*, Málaga, 1797.

XIMÉNEZ DE URREA, P. M., *Cancionero*, Logroño, 1513.

(c)   Nineteenth and twentieth centuries—including editions of earlier works.

ANGLÉS, H., *La música española desde la Edad Media hasta nuestros días*, Barcelona, 1941.

AUBRUN, C. V., «Inventaire des sources pour l'étude de la poésie castillane du xve siècle», *Estudios dedicados a Menéndez Pidal*, iv (1953), 297-330.

BARRANTES, V., *Catálogo razonado y crítico de los libros, memorias y papeles, impresos y manuscritos, que tratan de las provincias de Extremadura, así tocante a su historia, religión y geografía como a sus antigüedades, nobleza y hombres célebres*, Madrid, 1865.

— *Aparato bibliográfico para la historia de Extremadura*, Madrid, 1875-1877.

BENÍTEZ CLAROS, R., «El diálogo en la poesía medieval», *Cuadernos de literatura*, v (1949), 171-187.

BRAGA, T., *Historia da Universidade de Coimbra*, Lisbon, 1892-1902.

CANCIONERO castellano del siglo xv ordenado por R. Foulché-Delbosc, 2 vols.; in *Nueva biblioteca de autores españoles*, xix (1912) and xxii (1915).

CANCIONERO de Gallardo, ed. J. M. Azáceta, Madrid, 1962.

CANCIONERO general de Hernando del Castillo, Madrid, Sociedad de Bibliófilos Españoles, xxi, 1882.

CANCIONERO general recopilado por Hernando del Castillo (Valencia, 1511), sale nuevamente a luz reproducido en facsímile por acuerdo de la Real Academia Española, con una introducción bibliográfica, índices y apéndices, por Antonio Rodríguez-Moñino, Madrid, 1958.

CANCIONERO de Juan Alfonso de Baena. (Siglo xv). Ahora por primera vez dado a luz, con notas y comentarios, ed. Pedro José Pidal, Madrid, 1851.

CAPELLANUS, ANDREAS, *The Art of Courtly Love*, transl. J. J. Parry, New York, 1959.

CÁRDENAS, F. DE, *Discurso leído ante la Real Academia de la Historia*, Madrid, 1872.

— *Ensayo sobre la historia de la propiedad territorial en España*, Madrid, 1875.

CARTA del Bachiller de Arcadia y respuesta del Capitán Salazar (anon.), *Revista de archivos, bibliotecas y museos*, xxviii (1950), 353-374.

CEPERA ADÁN, J.: «La sociedad en la época de los Reyes Católicos», *Estudios americanos*, ii (1950), 353-374.

CHAMPION, P., *Histoire poétique du xve siècle*, Paris, 1923.

CLARKE, D. C., *Morphology of fifteenth-century Castilian verse*, Pittsburgh, Duquesne University Press, 1964.

COTARELO Y MORÍ, E., «La dama castellana a fines del siglo xv», *Boletín de la Real Academia de la Historia*, iii (1916), 80-88.

DÁVILA, Fray F. DE, *La vida y la muerte*, Salamanca, 1508; in Gallardo, *Ensayo...*, i (1863), col. 343.

DENOMY, A. J., *The Heresy of Courtly Love*, New York, 1947.

FERNÁNDEZ DE BETHENCOURT, F., *Historia genealógica de la monarquía española, casa real y grandes de España*, 10 vols., Madrid, 1897-1920.

FOULCHÉ-DELBOSC, R., «Les cancionerillos de Prague», *Revue Hispanique*, lx and lxi (1924), 303-586.

GALLARDO, B. J., *Ensayo de una biblioteca española...*, 4 vols., Madrid, 1863-1869.

GARCÍA DE DIEGO, V. (ed.), *Marqués de Santillana: canciones y decires*, Madrid, Clásicos castellanos, 1913.

GRACIÁN, B., *Arte de ingenio, tratado de agudeza*, Madrid, 1642; *Obras completas de Gracián*, Madrid, 1944.

JEANROY, A., *La poésie lyrique des troubadours*, Toulouse, 1934.

JONES, R. O., «Encina y el Cancionero del British Museum», *Hispanófila*, n.º 11 (1961), 1-21.

LAPESA, R., *La obra literaria del Marqués de Santillana*, Madrid, 1957.

— *La trayectoria poética de Garcilaso*, Madrid, 1948.

LAS OBRAS de Boscán y algvnas de Garcilasso dela Vega repartidas en quatro libros, Barcelona, Carles Amoros, 1543; facsimile edition by M. Artigas, San Sebastián-Madrid, 1936.

LECOY, F., *Recherches sur le Libro de buen amor de Juan Ruiz,* *Archiprêtre de Hita,* Paris, 1938.

LE GENTIL, P., *La poésie lyrique espagnole et portugaise à la fin du Moyen-Age,* 2 vols., Rennes, 1949-1952.

LEWIS, C. S., *The Allegory of Love; a study in medieval tradition,* Oxford, 1936.

LIDA DE MALKIEL, M. R., *Juan de Mena, poeta del prerrenacimiento español,* México, 1950.

LÓPEZ PRUDENCIO, J., *Diego Sánchez de Badajoz,* Madrid, 1915.

LOT-BORODINE, M., «Sur les origines et les fins du service d'amour», *Mélanges de linguistique et de littérature offerts à M. Alfred Jeanroy,* Paris, 1938.

MITJANA, R., «Nuevas notas al 'Cancionero musical de los siglos XV y XVI' publicado por el maestro Barbieri», *Revista de filología española,* v (1918), 123-124.

MORÁN MARQUÉS, A., *Nombres claros de Extremadura,* Badajoz, 1914.

NAVARRO, T., *Arte del verso,* México, 1959.
— *Métrica española,* New York, 1956.

OVID, *Metamorphoses,* transl. M. M. Innes, London, Penguin Books, 1955.

PAZ Y MELIA, A (ed.), L. de Pinedo, *Libro de chistes* (16th century), in *Sales españolas o agudezas del ingenio nacional,* Madrid, 1890.
— *Obras de Juan Rodríguez de la Cámara,* o del Padrón, Madrid, Sociedad de Bibliófilos Españoles, xxii, 1885.

POST, C. R., *Mediaeval Spanish Allegory,* Cambridge, Mass., 1915.

QUINTANA, M. J., *Introducción a la literatura española,* in *Biblioteca de autores españoles,* xix.

RENNERT, H. A., «Der Spanische cancionero des Brit. Mus.», *Romanische Forschungen,* x (1895), 1-178

RIVERS, E. L. (ed.), *Garcilaso de la Vega. Obras completas,* Madrid, 1964.

ROUND, N. G., «Renaissance culture and its opponents in fifteenth-century Castile», *Modern Language Review,* lvii, n.º 2 (April, 1962), 204-215.

TICKNOR, G., *History of Spanish Literature,* i, ed. London, 1863.

VALBUENA PRAT, A., *Historia de la literatura española,* i, ed. 1946.

VARGAS ZÚÑIGA, A. DE, *Títulos y grandezas del Reino,* Madrid, 1956.

VÉLEZ DE GUEVARA, L., *El diablo cojuelo,* Madrid, Clásicos castellanos edition, 1918.

ZAPATA, L., Miscelánea (*c.* 1595); in *Memorial histórico español,* ix, Madrid, 1859.

INDEX OF FIRST LINES

* Poems of uncertain attribution.

N. B. The editor's headings are square-bracketed: the remainder are taken from the texts upon which this edition is based.

DATE DUE

STORIES FOR YOUNG CHILDREN

CHRISTOPHER RAWSON

Illustrated by STEPHEN CARTWRIGHT

Consultant: Eric Maple   Reading expert: Betty Root

Long Ago

Long ago, people went on journeys to far-away lands. They came home with stories of the monsters they had seen with wings and long tails.

Some had scales on their bodies, like fish, and rows of sharp teeth. Some even puffed out fire and smoke. People called them dragons.

Some dragons lived in caves. They guarded the treasure they had stolen from rich travellers.

Some lived up in the sky. When there was a storm, people said it was because the sky dragon was angry.

Others lived at the bottom of the sea. Sometimes they came up and frightened sailors.

Most dragons were kind and friendly.

But some were fierce and not friendly at all.

All dragons were large and needed a lot to eat.

Some people blamed dragons for everything. They even believed that lightning was a jet of flame from a dragon's mouth.

Sometimes dragons had terrible fights. They hissed and roared and tried to kill each other. Everyone came to watch and cheer.

Beware of Dragons

People always stayed as far away from dragons as they could. But if a fierce dragon flew down, brave soldiers in armour came out to fight it.

When people travelled through a country where there were dragons, they avoided big caves, deep holes and dark woods where they might live.

Soldiers believed that a sword, dipped in dragon's blood, made wounds which would never heal.

A dragon's breath was poisonous. Just one puff could kill a soldier.

A bath in dragon's blood helped people see into the future.

A dragon's tooth used to bring good luck.

People believed that dragon fat made good eye ointment.

4

Some people even said that if dragon's teeth were sown in the ground, they would grow into fighting soldiers.

Some dragon slayers kept the heads and tails of dragons they had killed to show how brave they had been.

The Cock and Dragon

Long ago and far away in China, all cocks had big horns on their heads. Of course, they had bright red combs as well, just as cocks have today.

One day a huge dragon came flying out of the clouds. He did not look fierce like most dragons. He looked sad and cried big dragon tears.

Just then a cock walked by. "Hello," he said. "What is the matter with you?" The dragon sniffed. "I want to fly to Heaven. I have fine wings."

"But I have no horns," he said. "I am afraid the Heavenly People will laugh at me. Please will you lend me your horns?"

6

The cock scratched his head.
He thought, if I lend my horns to
the dragon, will he give them back?
He asked his friend, the worm.

"My good friend," said the worm,
"I am sure the dragon will bring
them back." So the cock gave his
horns to the dragon, who flew away.

The cock waited and waited for the
dragon. But he never came back.
So the cock ate the worm, and cocks
have eaten worms ever since.

Now, every morning at dawn, all cocks
look up and cry "Cock-a-doodle-doo".
In cock language, this means
"Dragon, where are my horns?"

7

Victor of Lucerne

Many years ago there was a barrel maker called Victor. He lived beside a lake in a town called Lucerne in the middle of Switzerland.

One day he set out to explore the woods on Mount Pilatus. He wanted to choose the very best trees to make some new barrels.

Victor walked all day in the woods. He looked for the trees that were tall and straight. He marked each one with a piece of chalk.

Because he was looking up at the trees he did not see a big hole in the ground. "Help!" he cried, as he fell down it. But no one heard him.

Down and down he went, turning over and over in the air. At last, he landed with a splosh in the middle of a pool of mud at the bottom.

There he lay in the mud all night. Next morning, Victor stood up and looked round. He was at the bottom of a huge hole with steep sides.

9

Victor tried to climb. "I'll soon get out of here," he thought.

But every time he got a little way up, he slipped down to the bottom again.

Victor tried all morning. Then he just sat down and began to cry.

Suddenly there was a rumbling noise. Victor turned round and saw two huge dragons coming out of the cave.

The dragons had big bright eyes and shiny teeth. They blinked at Victor and licked their lips.

Poor Victor was very frightened.
He wanted to run away. But there was
nowhere to go. "Don't eat me,"
he cried. "I won't do you any harm."

But the dragons just smiled at him
and were not fierce at all.
They seemed quite pleased to have a
new friend in their cave.

Soon they curled up on the floor of
the cave and went to sleep.
"It might not be so bad down here
after all," thought Victor.

But after a few days he was bored.
The dragons just wanted to sleep
all the time. There was nothing for
Victor to do and no one to talk to.

All through the winter Victor lived in the hole. There was only grass to eat and drips of water to drink. Victor grew thinner and thinner.

Then, one day, it was Spring. One dragon woke up and yawned. It gave a great roar, flapped its wings and flew up out of the hole.

"Oh no!" said Victor. "If the other dragon flies away, I will never get out of here." So he held on to its tail as hard as he could.

Up and up they went, out of the hole and up into the sky. They flew over the trees until they landed right on the top of Mount Pilatus.

Victor walked all day and, at last, he reached Lucerne. The people cheered when they saw him. They thought he had died on the mountain.

Victor was very hungry after eating only grass for six months. He had a huge feast. He ate and ate for three whole days.

But Victor ate too much. He went to bed with a terrible pain in his tummy. The doctor came and gave him some medicine. But, after two days, he died.

All Victor's money was given to the Church. The people were so sad that he had died. They made a statue of him so they would not forget him.

The Lambton Worm

Lord Lambton was a kind old man who lived in Lambton Hall in England. The River Wear flowed deep and wide past the front of his house.

The old Lord's son was a lazy lad. He would not go to church on Sunday mornings. Instead he went fishing in the River Wear.

One Sunday, he fished all morning but did not catch anything. There were no fish, not even tiddlers.

Young Lambton grew crosser and crosser. He shouted, cried and jumped up and down.

Suddenly there was a tug on the line. "A fish at last," he thought. "I hope it's a big one."

14

But when he pulled it out of the river, it was not a fish at all. It was pink and slippery. It was an enormous worm.

Just then an old man walked by. "That worm will make trouble," he said. "But you must keep it. Don't put it back in the river."

The old man went away. Young Lambton wondered what to do with the enormous worm.

He pulled the hook from its mouth. Then he picked it up and pushed it down the well.

15

But one day the worm crawled out.

It had grown even more enormous.

It slithered down the hill,
over the bank and into the river.
It curled itself round a big rock
and lay there, fast asleep.

Sometimes it came out of the river.
It chased the cows all round the
fields, and frightened the people
who lived in the village.

16

Young Lambton did not know what to do.
He thought the terrible worm was all his fault.

He said goodbye to his father. Then he set out for the Holy Land to ask God to forgive him.

There he knelt every day and prayed that the worm would go away and trouble his father no more.

But the worm did not go away.
Soon the people hardly dared to go out of their houses. So they fed it with milk to keep it happy.

Every day they filled a huge trough right to the top with milk.
Every day the worm came and drank until the trough was empty.

But sometimes the people were too
frightened to feed the Lambton worm.
Then it hissed and roared at them.

It wrapped its tail round the biggest
trees in the park. Then it pulled
until they came out of the ground.

For seven years many brave knights
came to fight the worm. But the worm
was always too strong for them.

It lashed with its tail.
Then it squeezed and squirmed
until no one would fight any more.

The old Lord was happy when at last young Lambton came home. But he looked even more frightened than before.

The old man said "Go and talk to the wise woman of Brugeford. She will tell you how to kill the worm."

The old woman said, "No one else but you can kill the worm. But you must go to the blacksmith who will make you a special suit of armour."

The blacksmith hammered red hot iron into sharp and shining spikes.
Then he fixed the spikes, one by one, all over young Lambton's armour.

Young Lambton put on his armour and sword.

He prayed all night for strength to kill the worm.

As the sun came up, he waited for battle.

When the worm saw young Lambton, it wrapped itself round him, and squeezed with all its strength. But the spikes were terribly sharp.

Every time the worm squeezed, the spikes stuck further and further in to it. At last, it gave a cry of pain and unwound its slimy body.

Now young Lambton had his chance.
Lifting his sword above his head,
he aimed a mighty blow at the worm,
and chopped it clean in half.

The beast was dead at last. The head
and the body were washed away by the
river and never seen again. And that
was the end of the Lambton Worm.

Stan Bolovan and the Dragon

Stan Bolovan was a poor woodcutter. He lived in the forest with his wife. They were very happy but for one thing. They had no children.

One day in the forest, Stan met a wizard who gave him one wish. Stan said "I wish for as many children as my wife is thinking about now."

When Stan arrived home, his wife had not one . . .

not ten or twenty, or even fifty . . .

but a hundred children. "Oh no," groaned Stan.

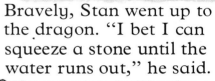

They ate such a lot, Stan could not feed them all. One day he set out to make his fortune.

Soon he met a shepherd who promised him some sheep. But first he had to get rid of a dragon.

Bravely, Stan went up to the dragon. "I bet I can squeeze a stone until the water runs out," he said.

"Bet you can't," said the dragon. Stan took a lump of cheese from his bag. It looked just like a stone. He squeezed until water ran out.

"Now watch me," said the dragon. He picked up a huge rock and squeezed and squeezed. But he could not make one drop of water run out.

23

The dragon was very frightened. He thought Stan must be the strongest man in the world. "I will give you another chance," said Stan.

"If you can beat me this time," said the dragon, "I promise to give you half my treasure." So they set off towards the dragon's cave.

The dragon's old mother lived in the cave. "What shall we do?" asked the dragon. And he told her how Stan could squeeze water from rocks.

"I bet you can throw your club further than Stan can," she said. Stan trembled with fear when he saw the dragon's big, heavy club.

The dragon picked up his club. With a huge grunt, he threw the club over the mountain. "Oh dear," thought Stan, "I will never beat that."

Then he had a good idea. "Wait," he shouted to the dragon. "I cannot throw yet. The moon will get in the way."

25

The dragon stopped and stared at Stan.

He was so frightened, he trembled and shook.

Then he ran back to his cave, crying all the way.

That night Stan heard the dragons whispering. They were planning to kill him when he was asleep.

When Stan went to bed, he put a log under the bedclothes. Then he hid under the bed and waited.

In the middle of the night, the dragon crept in with his club.

He hit the log just where Stan's head should have been.

When the dragon told his mother, she laughed.

She jumped up and down.

"Well done," she cried. "That has got rid of him."

At that moment, Stan walked in. "Good morning," he said, "I hope you both slept well."

"I seem to have a little bump on my head today. I think a flea must have bitten me in the night."

The two dragons got a terrible shock. They were quite sure that Stan was dead in his bed.

They got out their sacks of money and treasures. "Take it all." they cried, "Go away. Leave us alone."

"If you want me to go," said Stan, "you must carry it for me." Sadly the dragon picked up his treasure and followed Stan home.

When the dragon saw all the children, he was terrified. He dropped the treasure and ran away. Stan and his family were never hungry again.

Famous Dragon Slayers

Once long ago, there was a young Christian knight called George. One day he was riding past a lake where a fierce dragon lived.

George killed the dragon and saved the King's daughter. The King and all his people became Christians, and the knight became Saint George.

King Cracus of Poland once tricked a very dangerous dragon. He poisoned it by putting pitch and sulphur in its food when it was not looking.

Another famous dragon fighter made a shield of mirror glass. The dragon got such a fright when it saw its own face, it rolled over and died.

Who kills the Dragon?

This is the maze of King Zoz. He keeps a fierce dragon called Ug in a cave in the middle. The King has promised that his daughter shall marry the knight who kills the dragon.

There is only one way in. Which knight gets into the cave?

Red Beard draws his sword. He is ready to find his way into the maze.

KEEP OUT

DANGER

NO ENTRY

Black Beard is armed with a mighty club. Can he find his way to the dragon's cave?

White Beard has sharpened his spear. Perhaps he will be the lucky one.

31

Find the Dragon's Treasure

Here is a plan of the rooms in the dragon's cellar. They are all empty except one which is full of treasure. The dragon has promised to share it with the giant if he can find it.

But the dragon has made some rules. The giant must begin at START and end at FINISH. And he may only go through each room once, either on the way to the treasure or on the way back.

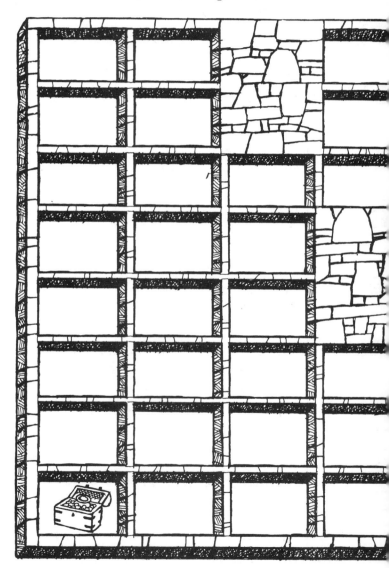

Also he may only go from room to room either up and down or across but not diagonally. See if you can work out how the giant gets the treasure. The answer is on page 192

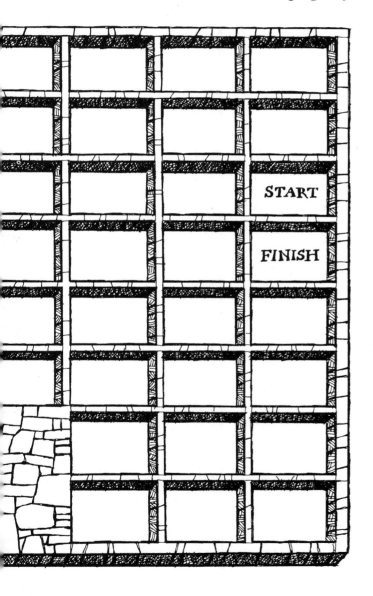

START

FINISH

All sorts of Giants

There are lots and lots of stories about giants—good giants, bad giants, middle-sized giants and giant giants.

This really big giant tried to hit people with his club. But he was so slow he always missed them.

These two giants liked fighting. They shouted and roared but neither of them won the battles.

This giant was so big he was always hungry. When he found food, he just took what he wanted and never paid.

A mountain giant lived all alone in a cave. He liked hiding behind rocks and playing tricks on travellers.

This stupid giant sat down, even on someone's house, when he was tired.

A very sad giant cried all day and his tears made a great lake.

This was a kind giant who was friendly and helpful to grannies.

The Giant of St Michael's Mount

The giant who lived on St Michael's Mount and the giant who lived on Trecrobben Hill were shoe makers. But they only had one hammer.

One day the giant on St Michael's Mount shouted to his friend, "Hello, giant Trecrobben. Please will you lend me the hammer?"

Giant Trecrobben picked it up and threw it over the water. "Look out!" he shouted, "here it comes."

The wife of the giant on St Michael's Mount was in her cave. She ran out when she heard the shouting.

But she did not see the hammer. It landed on the top of her head and she fell down and died.

The two giants were so sad they could not think what to do. They sat down and cried so much, they made a great storm of giant tears.

Some people say they lifted up the church and buried the giant's wife under it. Others say they just rolled her down the hill into the sea.

37

Heimo, the big bad Giant

Once there was a bad giant called Heimo. He ruled over all the lands in Austria beside the River Inn.

When Heimo was angry, he ran through the villages, knocking down the houses and frightening all the people.

Then one day God spoke to Heimo. He told him to stop being a nuisance.

So Heimo became a monk and started to build a monastery.

38

The devil was cross that God had turned Heimo into a good giant. He sent a dragon to frighten him and stop him building his monastery.

But Heimo knew God would protect him. So he went out all alone to fight the dragon. He cut out its tongue which was longer than a bed.

Then Heimo finished building his monastery. He lived there for many years, helping the poor people and looking after their children.

When Heimo died they put his body in a coffin long enough for ten men. Then they built a statue of him, holding up the dragon's tongue.

Patrick O'Brien, the Irish Giant

This is the story of Patrick O'Brien. He built houses in Ireland about 150 years ago.

Patrick was nearly three metres tall. People used to pay lots of money just to come and look at him.

But Patrick did not get any money. He was put in prison because he could not pay for his food.

When he was let out, he went to London. Everyone wanted to meet the friendly Irish giant and he soon became rich and famous.

He used to walk round the streets of London in the middle of the night. People ran away when he stopped to light his pipe from a gas lamp.

Patrick was so tall that a special coach was made for him to ride in. A big box was fixed under the floor to make enough room for his legs.

One day, a highwayman tried to rob Patrick's coach. But when Patrick leaned out of the window, the robber was so frightened he galloped away.

When he was at home he sat on the table. There were no chairs big enough for Patrick to sit on.

But poor Patrick was not very strong. Sometimes he needed help to climb up steep hills.

When he died, his skeleton was preserved. You can see it at the Royal College of Surgeons in London.

Jon and the Troll wife

There was once a poor farmer who lived far away in the north of the world. The farmer's wife was dead and he had one son called Jon.

All through the spring and summer, they worked in the fields. But in the autumn they travelled far beyond the mountains to fish in the sea.

One year the farmer said to Jon, "You must go alone. I am too old now. But remember to hurry past the big black rock where the trolls live."

When Jon was in the mountains, there was a storm. The thunder boomed and the lightning flashed. Suddenly Jon saw a big black rock.

He was so pleased to see a place to shelter, he forgot his father's warning. He drove his horses under the rock and let them eat the grass.

He unpacked his basket of food and sat down outside the cave to eat his supper. He had some cheese, a loaf of bread, an apple and one big fish.

Suddenly from inside the cave, he heard two babies crying, "We want food, we are so hungry."

Jon picked up the fish. He cut it in half, and spread the two halves with butter.

Then he threw them into the cave. "Here you are," he shouted. At once the crying stopped.

Jon was tired and lay down. He was just going to sleep when he saw a huge troll wife going into the cave. "I smell a man," she growled.

But when the troll wife came out, she gave Jon a big smile. "Thank you for feeding my children," she said, carrying him into the cave.

Inside the cave, the troll wife picked up her children. "You shall sleep in their bed," she said to Jon. Soon he was fast asleep.

Next morning she gave Jon fried fish for breakfast and he told her all about his old father. The troll wife gave Jon some magic fishing hooks.

Before Jon left, the troll wife said "When you get to the seashore, tie up your horses on the beach. I will look after them all through the winter."

"You must find the old man who lives in the tumbledown hut. Use the magic hooks, and only go fishing near the pointed rock."

When Jon reached the seashore, the fishermen laughed at him. "Who will look after your horses?" they asked. Jon said nothing about the troll wife.

Then he went to look for the old man who had a boat. "You won't catch any fish with me," the old man said, "I never have any luck."

Next morning Jon looked at the old
man's boat. It was full of holes.
The old man looked very sad.
"We can't go fishing today," he said.

"I'll soon mend it," said Jon.
He got some tar and pieces of wood,
and patched up all the holes.
Soon the boat was as good as new.

When they rowed near the pointed rock,
Jon remembered the magic hooks that
the troll wife had given him.
"Let's try fishing with these," he said.

First they tied the hooks to their
lines. Then they put worms on the
hooks. As soon as the hooks were in
the water, the fish began to bite.

46

On the first day, they filled their boat three times. Each time they took the fish back to the shore, cleaned them and hung them up to dry.

When the other fishermen saw all Jon's fish, they were amazed. "Where did you get them all?" they asked. So Jon told them where to fish.

Next day they all tried fishing there, but they caught nothing. Only Jon and the old man caught more and more fish on their magic hooks.

Then on the last day of winter, they both felt big tugs on their lines. When they pulled their lines up, the magic hooks had disappeared.

47

Now it was time for Jon to take his share of the fish home to his father. When he went to fetch his horses, he found a big brown horse there too.

Jon loaded all the fish on to the big brown horse. When he reached the troll's cave, he gave half of his fish to the friendly old troll wife.

She thanked Jon and said to him, "One day you will have a dream about me. Then you must come back to this cave. Everything here will be yours."

Jon rode back to his father. After a year, he had a dream about the troll wife. He told his father he was going on a secret journey.

When Jon got to the cave, he called "Hello, troll wife. Are you there?" But no one answered.

Inside the cave, he found two big boxes. Each one had his name written on it.

Suddenly he heard a noise outside the cave. It was the big brown horse which had carried all the fish.

Jon tied the boxes on the horse's back. Then he led it carefully over the mountains, back to where his father was waiting.

The boxes were full of troll treasure and gold. The kind old troll wife had never forgotten how one day long ago Jon had fed her hungry babies.

49

Niels and the Giants

A man and his wife once lived in a tiny cottage right on the top of a high and windy hill.

They had two sons. The older one, called Rasmus, helped his father mind the sheep all day.

The younger son, called Niels, never helped at all. He just liked to go out shooting.

The shepherd's wife had always wanted to see the Pope. One day they set off to travel to Rome.

On the first evening, they came to a cross-roads. As they were very tired, they stopped to rest.

Father, mother and Rasmus lay down to sleep. But Niels climbed a tall tree to keep guard.

After a while, Niels saw three giants come into a clearing in the forest. They made a fire and sat on the ground to eat huge chunks of meat.

The giants were so big that their spoons were like spades, and their forks were as big as hay forks. Niels decided to play a trick on them.

He fired his gun at one of the giant's forks, just as the giant was about to eat a piece of meat. Niels thought they could not see him.

The bullet hit the fork, and the fork stuck into the giant's chin. "Ow!" shouted the giant. He looked up and saw Niels sitting in the tree.

Before Niels had time to run away, the giant came crashing through the trees. "Any more tricks from you," he said, "and I'll stamp you into the ground!"

"But you're just the boy we need to defeat our enemy, the King. You can go into the castle and help us to capture his daughter, the princess."

"Every time we try to climb the high castle walls, the King's dog begins to bark. Then all the King's soldiers wake up again."

"Yes," boomed another giant. "We have cast a spell on the castle to send everyone to sleep. But the spell won't work on the King's dog."

When they arrived at the castle, Niels said "But I can't climb up there." "Oh yes you can!" said the giant. "I'm going to throw you up."

Niels landed with a bump on the top of the wall. He looked down at the giants. "Hurry up!" they shouted. "Shoot the dog and let us in."

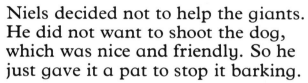

Niels decided not to help the giants.
He did not want to shoot the dog,
which was nice and friendly. So he
just gave it a pat to stop it barking.

Niels peeped into the first room.
He saw a huge sword hanging on
the wall. Beside the sword was a
golden cup with words round the top.

The words on the cup said:
WHOEVER DRINKS THIS WINE
MAY USE THIS SWORD
TO SAVE THE PRINCESS.

Niels read the words.
Then he picked up the
golden cup. He drank a
little of the wine.

Then he tried to lift
the sword. He pulled with
all his might. But the
sword would not move.

54

Niels peeped into another room. He found the beautiful princess asleep in bed.

"The giants must never capture her," he thought. So he ran back and drank all the rest of the wine.

With one mighty heave, he pulled out the sword. "Now I'll go and see the giants," he said.

The castle had two doors. One was very big and the other was very small. Niels could hear the giants shouting outside, "Let us in, let us in."

When Niels saw the two doors, he had an idea. "I can't open the big door," he shouted. "You'll have to come in through the small one."

Niels opened the small door. Then he hid round the corner, out of sight. As each giant bent down to come in, he chopped off his head with one blow.

"Hooray!" shouted Niels. "I've saved the princess." Then he began to wonder if the King would be cross with him for using the magic sword.

56

He ran out of the castle with the magic sword. He found his family and they all went off to Rome.

Back in the castle, the dog began to bark. This woke up the guards. They saw the dead giants.

The King was amazed when he saw the sword was missing. He wondered who had killed the giants.

"We must search every land for the brave knight who has killed the wicked giants," cried the princess. "I shall marry him."

So the King's men built an inn where travellers could stay. A sign above the door said: ANYONE WHO TELLS THE STORY OF HIS LIFE MAY STAY HERE FREE.

Niels and his family walked on towards Rome. Soon they came to the Alps. The path was too steep and their feet were cold. They turned round to go home.

On the way back, they came to the King's new inn. Each one of them told his story. At first Niels was shy. He did not want to say who he was.

Then Niels showed them the sword. "Hoorah!" shouted all the King's men. "This must be the giant killer. Fetch the King and the princess."

The sword was put back on the wall. Niels and the princess were married. From that day onwards, only friendly giants came to visit the King.

Spot the Giant differences

Here are pictures of Giant Glumwit, Mrs Glumwit and their two children.

But the two pictures are not quite the same. Can you spot the 20 differences.

King Frederick's Army

This is a true story about King Frederick of Prussia. He wanted giant guardsmen in his army to frighten away all the soldiers of his enemies.

The King sent messengers all over the world for giants. But they were too big and clumsy to fight. They ran away when the enemy charged them.

The Empress of Austria's Party

Long ago the Empress of Austria invited all the giants and dwarfs to a party. Everyone was worried that the giants would frighten the dwarfs.

But the dwarfs tickled and pinched the giants, stole their food and pulled their hair. The giants began to cry and begged to go home again.

Some famous Giants

Tom Hickerthrift

Tom Hickerthrift was the hero giant of Cambridge. He was so big and strong that he fought with an axle and a cartwheel.

Sand Giants

Sand giants sometimes appeared to frighten travellers in the desert.

Paul Bunyan

Paul Bunyan was the monster man of the Wild West.

Jordan

Jordan, the Swiss Giant, used to play tricks on mountain climbers in the Alps.

Atlas

Atlas was punished for fighting the Greek god Zeus. He was made to hold up the earth.

Giant Trolls

Giant Trolls lived in caves in the mountains of Norway. They sniffed out children with their long noses.

A Giant Problem

The giant has asked the witch to help him solve this problem. See if you can work it out too. If you cannot the answer is upside down in the middle of the page.

The giant wants to take his dog, his hen and a sack of corn across the river. But his boat is only big enough for himself and either his dog or his hen or the sack of corn.

5. Next he takes the sack of corn across.

6. Then he goes back alone.

7. Finally he brings the hen back.

8. Now they are all safely across.

64

If he takes the dog across first,
the hen will eat the corn.
If he takes the corn across first,
the dog will eat the hen.
What does the witch tell him to do?

Answer

1. First he takes the hen across.

2. Then he goes back alone.

3. Next he takes the dog across.

4. Then he takes the hen back again.

65

Witches and Imps

Long ago, people thought witches were horrid old women who wore black clothes. They were afraid that witches would put bad spells on them.

But there were kind witches too, who only made good spells. When a bad witch put a spell on people, they asked a kind witch to take it off.

When one witch wanted to visit a witch friend in the next village, she flew there on her broom stick.

There were also some men witches. They were called warlocks and sometimes flew around on pitchforks.

Each witch had a special helper called an imp. Imps carried out the witch's orders and visited the houses of her enemies to bewitch them.

Many witches also had a black cat a white mouse, a big black raven, a toad, a lizard or an elf to help them with their bad spells.

Each witch made spells by boiling up herbs and other things in a cauldron. Spells only worked if the mixture was stirred anti-clockwise.

Sometimes a witch's spell was so strong that even a white witch could not take it off. Then a priest had to come to drive it out.

The Witches of Canewdon

The village of Canewdon has a very old church. Long ago, the people believed that nine witches who lived in the village kept the church safe.

Canewdon witches did not fly on broom sticks like other witches. They flew on gates. One day a witch flew over the river to the next village.

She wanted to steal their church bell. She landed on the church roof and lifted it off its hook.

The bell was too heavy to take home on her gate. She ran down the hill with it towards the river.

The people chased her. But she was too quick. She put the bell in a tub, and began to row away.

But when she was half way across, there was a terrible storm. She cried out for help.

No one could help her. The tub turned over. The bell sank and so did the old witch of Canewdon.

Even now, people sometimes say they can hear the old witch ringing her bell at the bottom of the river.

The Witch who lost her Broom stick

One morning, a jolly witch received an invitation to go to a witch's party that afternoon.

She went to get her broom stick to fly to the party. She looked everywhere but she could not find it.

"I'll turn someone into a horse with my magic halter," she said. "Then I can ride to the party."

First she met a man and his wife walking along the road. The man was in front. His wife walked behind, carrying all the heavy luggage.

When the man had passed by, the witch jumped out from behind a tree. Before the wife could cry out, the witch threw the halter over her head.

As soon as the halter touched her, the wife turned into a horse. Then the witch jumped on to the horse's back and galloped away.

The man turned round but his wife had disappeared. He could only see his luggage lying on the ground under a tree.

He looked everywhere for his wife. But he could not find her. Crossly he picked up the luggage and went on his journey alone.

Soon the horse began to limp. When they came to the next village, the witch asked the blacksmith to fit new horseshoes on the horse.

At last, the witch reached the party.
All the other witches laughed at her.
"What a funny horse!" they cried.
"Haven't you got a broom stick?"

Then they all played games and
danced round the fire. They made up
lots of new spells and told stories about
all the trouble they had caused.

When the party was over, all the
other witches climbed on their broom
sticks and flew home. The jolly witch
set off for home on her horse.

Just outside her house, she met
the same man again. As she did not
need the horse any more, she asked
him if he would like to buy it.

The poor man was very tired from carrying all the luggage, so he was delighted to buy the horse. Of course he did not know who it really was.

When he got back to his cottage, the man led the horse into a stable. He took off the saddle. Then he started to take off the magic halter.

As soon as the halter was off, the witch's spell was broken. The horse turned back into his wife.

But one part did not change. She still had horse shoes on her hands and feet.

It took a long time for them to wear off. The man had to carry all the luggage until they did.

73

The Two Silly Witches

A family of witches once lived
in a cottage at the bottom of a hill.
The chief witch was old and grumpy.

The other two were young and silly.
They forgot to say their spells,
and did not even wear black cloaks.

One day they were even more silly
than usual. They dropped the cauldron
and it broke into two big pieces.

The old witch was very angry.
She set off at once on her broom
stick to buy another cauldron.

When she had gone, the two young witches wondered what to do all day. "Let's make it rain!" one of them said. "That will stop everyone having fun."

They ran to the shelf where the chief witch kept her book of spells. "This one looks easy!" one witch said. "Spell 21. HOW TO MAKE RAIN."

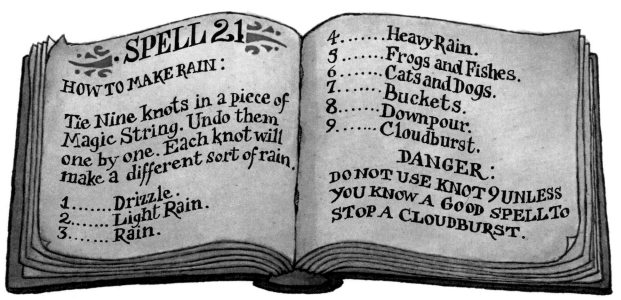

SPELL 21

HOW TO MAKE RAIN:

Tie Nine knots in a piece of Magic String. Undo them one by one. Each knot will make a different sort of rain.

1 .... Drizzle.
2 .... Light Rain.
3 .... Rain.
4 .... Heavy Rain.
5 .... Frogs and Fishes.
6 .... Cats and Dogs.
7 .... Buckets.
8 .... Downpour.
9 .... Cloudburst.

DANGER:
DO NOT USE KNOT 9 UNLESS YOU KNOW A GOOD SPELL TO STOP A CLOUDBURST.

But they did not notice the warning at the end of the spell.

They rushed off to look in the cupboard for a piece of magic string.

They tied nine knots in the string. Then one of the witches quickly untied the first knot.

The other one ran outside to see what was happening. "It really works," she said. "It's drizzling."

"Now let's try some heavy rain," she said. "That should be fun." So they untied the fourth knot.

The fourth knot worked even better. The rain came pouring down until it made big puddles.

"How about a cloud burst?" said the first witch. And she began to undo the last knot in the string.

They went outside to watch. It began to rain so hard their hats and coats were soon wet through.

They ran back into the cottage to find out how to stop the cloud burst. They looked in the book of spells. Then they saw the warning.

"Oh no!" they cried. "What shall we do? It's going to rain for ever." The water rose higher and higher. Soon it was so deep they had to swim.

Then the chief witch flew back with the new cauldron. And she was even crosser than before. The cottage was in the middle of a lake.

But it was only raining on the witches' cottage. Soon the lake covered the roof and the silly witches were never seen again.

The Black Witch and the White Wizard

Early one morning a farmer and his wife set out to work in the fields. Their daughter Jane went too. She carried the picnic lunch.

By the middle of the day, they were all hot and tired. Jane ran to the barn where she had hidden the basket to keep their picnic cool.

When Jane peeped into the barn, she saw an old witch asleep in the hay. The basket was empty. The witch had eaten all the food and drunk the beer.

"You have eaten all our food!" the little girl cried. She pointed at the basket and the empty beer bottle. "You nasty old woman."

"I'll make you sorry!" the witch said.
Then she cast a spell on Jane.
"Maxi-baxi-jollybee-hogg, get down on
the ground and bark like a dog."

Jane ran back to her father and
mother. She could not tell them what
had happened. She could only bark.
And the witch ran off, cackling.

"Come back!" shouted the farmer.
"What have you done to my daughter?"
But the witch just laughed as she
flew away on her broom stick.

The farmer and his wife took Jane
back home. Everyone came to look at
her. But no one knew how to break
the witch's spell.

So they took Jane to see the old white wizard who lived in the cottage on top of the hill. He had an owl and a bat, two cats and a family of mice.

Jane knelt on the floor and barked. "Oh dear!" said the wizard. "What a terrible thing to happen. I wonder which witch has cast this spell?"

"Swashamazoosh!" he cried, looking into his crystal ball. "Show me who has cast the spell on the girl."
The witch's face appeared in the ball.

The wizard began to make a magic brew to break the witch's spell.
He mixed up toadstools, horseshoe nails, mustard and red berries.

When the brew was ready, he heated it over a candle. Then he looked in the crystal ball again. The witch stuck out her tongue. She was not afraid.

The wizard cried out "Tongues of fire come out and chase the witch."
The cork flew out of the bottle and the flames shot up the chimney.

The witch's face in the crystal ball changed from a laugh to a worried frown.

Then she turned and ran away as the tongues of fire chased her.

"Stop!" she cried, as they caught her up. "I'll break the spell on the girl."

The spell was broken as soon as the witch spoke. Jane was not a dog any more. She jumped up from the ground and hugged her mother.

They all waved good bye to the wizard. And they never saw the witch again. But after that Jane was very careful where she hid the picnic basket.

82

The Farmer's Revenge

Farmer Jones had a big brown cow.
He milked her in the morning and he
milked her in the evening. Every day
she gave him five buckets of milk.

But a greedy witch lived in the same
village. She did not keep a cow.
She just wanted all Farmer Jones'
lovely creamy milk for herself.

One day something very
strange happened.
Farmer Jones milked his
cow, just as he always did.

Then he tipped the milk
into the big wooden churn.
Now it was ready to be
made into butter.

But when he looked into
the churn, it was not
full of milk at all.
The milk had disappeared.

Farmer Jones was angry. He wondered if someone was casting a spell to make his milk disappear.

Next day, at milking time, the farmer's wife went into the village to see who was making trouble.

She saw the witch using the village pump. But it was not water coming out. It was milk.

"Poor farmer Jones!" chuckled the witch. "He'll never know I make his milk disappear into the pump."

The farmer's wife ran all the way back to the farm. She told her husband what she had seen.

"I know what we'll do to beat her," the farmer said. Then he went inside and fetched a big box.

84

At milking time, farmer Jones took the box with him. Even the big brown cow wondered what it was.

When the farmer had finished milking, he poured the milk into the churn as he always did.

Then he opened the box, and tipped lots of white stuff into the churn. It was a soap powder.

The witch began to pump. "Lovely milk," she cried. She was so greedy, she did not notice the funny taste.

The milk started to bubble and froth. The bubbles filled her mouth and stuck to the end of her nose.

Soon the old witch was covered all over with bubbles. She never tried to steal the milk again.

Janek and his Brothers

There was once a witch who could turn herself into a huge, black bird. Every night she flew down and broke the windows of an old village church.

Three brothers lived in the same village. Every night the older ones guarded the church. But every night they fell asleep before the bird came.

One night the third brother, called Janek, hid in a thorn bush to help him stay awake.

When the bird came swooping down, Janek jumped out of the bush and fired his gun at it.

The bird fell down behind a big rock, and Janek ran to tell his brothers what he had done.

But when they looked behind the rock, the bird had disappeared. There was just a deep hole. So they lowered burning sticks to try and see down it.

Janek wanted to explore the hole. So he climbed down and down through the mist and clouds until at last he reached a strange underground land.

Janek was all alone. He ran along a winding path to a castle and climbed the steps. Slowly he pushed open the huge wooden door.

In the first room he met a girl with golden hair. She was so beautiful that Janek asked her to come up to the world above with him.

But the girl said she had been cursed by the bird witch. She could not leave the castle until some brave man killed the witch with the magic sword.

The girl with the golden hair had two sisters. Janek said he would kill the witch to free them all. So they gave him a special drink to make him strong.

88

When Janek saw the sword with its blade buried in a huge block of stone, he wondered what to do.

He pulled and pulled. At first it did not move. Then slowly it began to come out of the stone.

At last the sword was free. Janek waved it above his head and set out to find the witch.

Janek waited outside the castle. Soon the bird came swooping down. As soon as its feet touched the ground, it turned back into the witch.

When the witch saw Janek, she leapt forward to attack him. But Janek was too quick. He killed her with one blow from the magic sword.

Janek took the three sisters to the place where he had climbed down the rope. He tied it round them and called to his brothers to pull them up.

Up at the top of the deep hole, Janek's brothers began to pull. At last the three beautiful sisters arrived safely in the world above.

Then Janek ran back to the castle and collected all the treasure. He tied the treasure chest to the rope and called up to his brothers again.

The brothers pulled up the rope. They were delighted when they saw the big chest. Now they had three beautiful sisters and all the treasure.

But Janek was worried. He wondered if his brothers would pull him up safely too.

Janek tied the rope to a big stone. Then he called to his brothers that he was ready to be pulled up.

But when the stone was half way up, his brothers let go of the rope. The stone came crashing down.

Janek was very unhappy. He knew his brothers tried to kill him. There was no other way out. So he wandered round the underground world.

One day, after many months, he met a magician. "If you will guard my children in the apple tree," said the magician, "I will help you escape."

The old magician was happy when he saw his babies had been saved.
"Climb on my back," he said to Janek.
"I will take you to the world above."

Janek hid in the tree with the babies.
Soon a huge serpent attacked them.
After a long, terrible fight, Janek killed it with the magic sword.

First the magician said a magic spell.
Then, while Janek held on round his neck, he shot up through the clouds and mist, out of the deep hole.

92

Janek was so pleased to be back, he ran all the way to his brothers' house. He burst open the door.

His brothers and the beautiful sisters were amazed to see him again. They thought that he must be dead.

At first Janek's brothers were frightened and tried to run away. Then they were sorry for what they had tried to do to him.

But Janek was so pleased to be home, he forgave them. They all shared the treasure and each brother married one of the beautiful sisters.

Witches at Night

The best time for witches to go flying was when the moon was full. This was because of the magic power of moonlight.

Witches lived in the first house of the village.

Witches sometimes danced round their chief witch to cast a spell.

The chief witch had a white mouse and a black cat to help her.

People thought ringing church bells would frighten witches.

Witches sometimes rested on roof tops or flew down the chimney.

Horseshoes kept away witches.

Witches stirred egg shells in a cauldron. People believed that ships at sea would sink when the egg shells sank.

WITCHES DUCKED HERE

Old ladies who looked like witches were ducked and were often killed.

Frogs and Toads

Once three witches met to plot against the wizards. "Let's put a spell on them," they cried. "Then everyone will come to us for magic."

But one wizard overheard the witches' plot. He ran to tell his friends. The wizards decided to cast a spell on the witches first.

The witches' spell was made to turn the wizards into slimy toads.

The wizards' spell was made to turn the witches into slimy frogs.

Both spells worked at the same time.
The witches turned into frogs and
the wizards turned into toads.
How angry they all were!

All Sorts of Wizards

Long ago, people thought that a man who could do magic tricks was a wizard. Many wizards were kind and friendly, but some were nasty.

Sometimes sick people went to a wizard instead of going to a doctor. They hoped that he could make them better just by waving his wand.

Farmers thought that wizards could cure sick animals. If a cow stopped giving milk or had a bad cough, they took it to the wizard.

Wizards were good at taking away the spells made by bad witches. They kept their magic powers secret and never told anyone how they did it.

A wizard sometimes
played tricks on people,
just for the fun of it.

He would talk in an
ordinary way. Then
say some magic words.

And vanish in a puff of
smoke. Sometimes he
appeared somewhere else.

Some wizards used their magic spells
to turn iron into gold. But these
wizards never grew rich because the
gold soon turned back into iron again.

Most wizards used a crystal ball to
look into the future. In the crystal ball,
they could also watch things happen
that they could not see.

The Man with the Lump on his Nose

There was once a man with a big lump on his nose. His wife sent him to the Wizard.

The Wizard opened his door and peeped out. "What do you want?" he asked the man.

"Please will you cure my lump?" he asked. "Gosh!" said the Wizard, "what a big one!"

CURES FOR LUMPS AND SPOTS

1. BEST CURE:
Rub the lump with a piece of meat..........50p.

2. SECOND BEST CURE:
Rub the lump with a runner bean,
Bury the bean.........25p

3. CHEAP CURE:
Rub the lump with a stone.
Put the stone in a paper bag.
Bury the bag besides the nearest crossroads.....1p

WARNING!
The person who opens the bag will catch the lump.

The Wizard opened his book of magic spells. "Do you want the best cure, the second best cure, or the cheap cure?" he asked the man.

The man had only one penny. "The cheap cure," he said. He gave the Wizard his penny. The Wizard gave him a stone and told him what to do.

Off the man went to the crossroads.
He rubbed his nose on the stone and
put it into a paper bag. Then he
buried the bag.

When he was half-way home, he felt
the end of his nose. The lump had
disappeared. "Hooray!" he shouted,
"three cheers for the Wizard."

The man ran home. He sat down in
his chair feeling very happy. Then
his wife came in. She was holding a
paper bag in her hand.

"You fool," she cried. "I saw a man
burying a bag at the crossroads. I
thought it was treasure so I dug it up.
Now look at me, I have the lump."

Zog, the Wizard's Helper

There was once a wise Wizard who could cure every illness. Zog, his helper, mixed his cures. But Zog sometimes got things wrong.

One day, the Wizard went to visit a friend. Before he left, he made Zog promise not to touch any of the secret medicines in his room.

Zog was alone in the shop. He looked at all the jars and said to himself, "The Wizard said I must only use the medicines that are in the shop."

"If anyone wants a special medicine, I'll tell him to come back tomorrow when the Wizard is here. I must be good and keep my promise," he said.

Zog sat down and waited. He had nothing to do. He took down some jars to mix up a medicine.

There was a knock at the door. A small man with a bald head came in. He looked very sad.

"All my hair has fallen out," he said, "My wife laughs at me. Can you make it grow again?"

Zog shook his head. "I'm not allowed to," he said. "Come tomorrow and see the Wizard."

"Please help me," said the bald man. "I'll give you this bag of gold if you will mix me a cure."

"All right, I'll try," said Zog. He went into the room where the Wizard kept his secret medicines.

Zog looked at all the jars and bottles until he came to the hair medicines. There were so many he did not know which one to choose.

"What shall I do?" he wondered. "I know, I'll use them all." He stirred all the medicines up until they bubbled and smoked.

He put the mixture into a bottle and told the man to rub it into his head at night. The man took the bottle and gave Zog the bag of gold.

Next day the Wizard came back. "Did anyone come to the shop?" he asked. "Oh no, Master," said Zog. "No one wanted any medicine."

Suddenly the small man rushed through the door. He was not bald any more. "Look what you've done to my hair!" he shouted.

The Wizard was so angry he grabbed the bottle and shook what was left of the medicine over Zog's head. At once his hair began to grow and grow.

Zog rushed out of the shop and down the street. His hair was getting longer and longer. He ran over the hill, and they never saw him again.

The Wizard gave the man his gold. Then he made him another mixture. He made certain it was the right cure. A cure for having too much hair.

The Miser's Christmas

The kind old Wizard of Tumbledown village looked after all the orphans. He cooked their meals and mended their socks, but never did any magic.

He was always very poor. One day there was no money left. The orphans were hungry. "We must earn some money," said the Wizard.

So he taught the boys and girls to do tricks and to juggle. They put on a show for the people in the village.

Everyone came to watch. They laughed and clapped. Then they all gave money to the orphans.

The village miser saw them as he walked past. He was carrying bags of gold to his house.

He did not laugh at the orphans. He never laughed. He had not laughed for 25 years.

He marched into his house and shut the door. He was too mean to give a penny to anyone.

The money did not last for ever. On the day before Christmas there was no food and no money left.

It was snowing outside. The Wizard and the orphans were very cold and hungry. They all went to bed early.

When the Wizard was asleep, the orphans crept down the stairs to his secret room. They wanted to find a magic spell for making money.

The room was very dusty because the Wizard did not use it any more.
The orphans were very sorry for him.
They wondered how they could help.

One of the orphans saw a rusty old tin at the back of the top shelf. He climbed up and got it. Then he read the writing on the label.

"Come and see what I've found," he whispered. The other orphans came to look. "Let's find out if it really works," said one girl.

The orphans waited until everyone in the village was asleep. Then they crept out of the Wizard's house and set off through the snow.

They came to the miser's house and opened the door very quietly. Then they tiptoed up the stairs and peeped into a bedroom.

The miser was lying on the bed, fast asleep. He was so mean he did not even have any blankets. The orphans crept in very quietly.

They sprinkled the laughing powder all over the miser, taking care not to wake him up. He just went on snoring, louder and louder.

Then a boy pulled a feather from the pillow. He tickled the miser's feet. The miser stopped snoring and woke up. He began to smile.

He sat up in bed and laughed until the tears ran down his cheeks. "What fun it is to laugh," he said. "Tomorrow I will have a party."

The next day was Christmas Day. Everyone in the village came to the party. The Mayor, the Wizard and all the orphans were there.

The miser gave all his gold to the orphans. They promised to make him laugh every day. And from that day he was a very happy man.

The Wizard and the Robber Baron

There was once a clever Wizard who knew lots of secret spells. One day he went to visit a wizard in another land. He took his goblin with him.

They walked through a dark wood talking to each other about tricks. They did not see the robber baron creeping up behind them in the trees.

"I am the robber baron," he shouted. And he hit the Wizard on the head. Then he stole the Wizard's money, tied him to a tree, and ran off.

After a long time the goblin managed to untie the poor Wizard. But he had a very sore head and could only walk slowly. At last they came to a castle.

The King and Queen, who lived in the castle, were eating boiled eggs for tea. They heard a knock at the door. "Who can that be?" said the King.

He opened the door and said "Who's there?" "It's us," said the Wizard, "the robber baron attacked us in the wood." "Come in," said the King.

The Queen bandaged the Wizard's head. Then they all sat down to tea. "The robber baron has been here, too," said the King.

"He has stolen our treasure and taken away our servants. Tomorrow he will turn us out of the castle if we do not pay him two more bags of gold."

That night the Wizard tried to think what to do. But his head ached and he could not remember any of his magic spells. The goblin had a plan.

Next morning the goblin got up early. The Wizard and the King and Queen were still asleep. So the goblin took two big sacks into the garden.

The goblin stopped under the trees. Then he pushed lots of dead leaves into the sacks. When they were both full up he carried them back to the castle.

When the Wizard saw the leaves he remembered one of his magic spells. "Umpi-grumpi, do as you're told. To fool the baron, turn into gold."

Later that day, the robber baron came back to the castle. "Out you go!" he shouted. "This is my castle now. You haven't got two bags of gold."

"Oh please, please," cried the Queen, "don't take our castle and send us away. We have nowhere else to live." But the Baron just laughed.

Then the Wizard showed him the sacks.
"Here is your gold," he said.
"Take it and go away. But you must promise never to come back again."

"I don't believe it," shouted the baron. He pushed his hand into one of the sacks. When he pulled it out, it was full of gold money.

"It is gold!" he shouted. "Now I am rich, I will go away and never come back again." His men picked up the sacks and marched out of the castle.

The baron and his men rode for four days, carrying the sacks of gold. But as they went further and further, the sacks got lighter and lighter.

One day the baron stopped to count his money. He opened the sacks, but there was no gold. It had all turned back into leaves.

"I have been tricked!" he shouted. "We must go back." They turned round, but the path had disappeared. They were lost in the woods.

Soon the Wizard was better. He and the goblin waved goodbye to the King and Queen. Before he went the Wizard made them enough gold to last for ever.

The King and Queen were rich. They were so pleased they gave gold to all the people in the land. And no one ever saw the robber baron again.

The Gold Hunters

Once, long ago, there was a great Viking Sea King. When he died, he was buried. And all his treasures were buried with him.

Vikings believed that when people died, they went to live in another land. So all the things they needed were buried with them.

The Sea King had spoken to a Wizard before he died. He wanted his grave to be safe for ever. So the Wizard took a gnome to guard it.

The gnome was cross. He did not like the job. But he had to do what the Wizard said. He sat in a big chair and held the King's heavy sword.

A big mound was built over the grave. When it was finished, the Wizard said, "Guard the Viking bones and gold till the end of time."

For a hundred years the gnome sat all alone inside the mound. He guarded the King's treasure well. No one came to the grave.

After two hundred years the mound looked just like all the other hills around it.

One day, some treasure hunters came to dig for gold. But they did not know where to start digging.

They asked a farmer where to look. "I don't know where the gold is buried," the farmer said. "Ask Pinchbeck, the treasure Wizard."

The treasure hunters went to the Wizard's cottage and he opened the door. "Can you tell us where to find buried gold?" they asked.

"Botto, my treasure genie, will show you where to dig," said Pinchbeck. "But you must pay twelve pennies."

The Wizard reached up to a high shelf and took down a glass bottle. The treasure genie was shut inside.

Pinchbeck pulled out the cork
and the genie leapt out of the bottle.
He filled the whole room. The gold
hunters were very frightened.

The Wizard said, "Botto, lead us
to the treasure." The genie replied,
"Tonight you must follow me.
The gold is under One-Tree Hill."

The goblin under the mound smiled to himself. Somehow he knew that the treasure hunters were coming.

That night, Pinchbeck, the genie and the two treasure hunters all went off to look for the buried gold.

Soon they came to One-Tree Hill. "Wait!" said Pinchbeck. "Before you dig, I must put a spell on the goblin who guards the gold."

The Wizard lifted his arms above his head and said, "Goblin in the ground so deep, close your eyes and go to sleep."

Then the treasure hunters began to dig. They worked hard. Soon they had made a very big hole in the ground under the tree.

They made so much noise they woke up the old owl asleep in the tree. "Who's woken me up?" he hooted, "I'll give them a shock."

The old owl spread his wings and flew from the branch. He swooped down on the gold hunters making a dreadful screech.

"Help! It's the goblin coming to attack us," they shouted. They threw down their spades and ran off as fast as they could go.

The two gold hunters were in front, with Pinchbeck just behind. But Botto was not quick enough.

The owl picked him up in its claws and carried him away. They never saw the genie again.

When they got back to Pinchbeck's cottage, the treasure hunters were cross. "We want our money back," they shouted.

Deep in the ground, below One-Tree Hill, the goblin smiled. The King and his treasure were safe. Perhaps they are still there today.

Fifteen Bridges to Cross

A wizard has given a young knight a problem to solve.

The knight is standing on a rock in the middle of a magic river. A lady is trapped on another rock. And there is only one way to save her.

There are fifteen red and white bridges between them. The knight must cross them all once.

First he must cross a red bridge, then a white one. He may not cross two bridges of the same colour, one after the other, always red and then white. How does he rescue her?

126

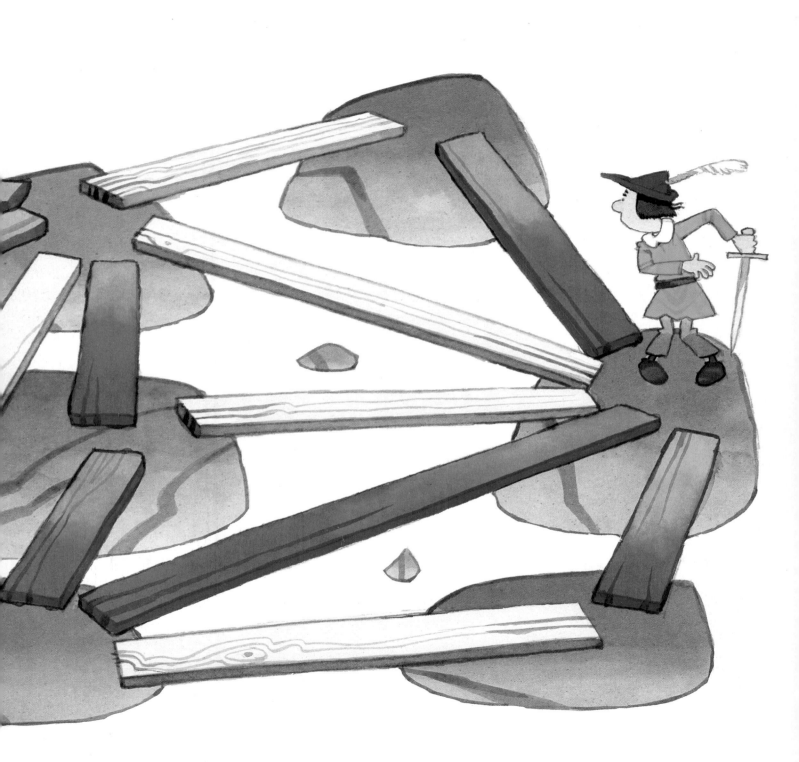

Trapped in the Wizard's Web

The evil wizard has cast a spell
on the Princess. He has trapped her
in a spider's web. She is guarded
by dangerous spiders.

If he can rescue the Princess,
the Prince will break the spell.
He must enter the web at 'Start'
and find his way to the middle.

He may not cross the broken lines,
and he must not touch the spiders.
Can you work out how he can save
the Princess?

START

To the Rescue

A prince had to think up clever tricks to get into the castle. One prince dressed up as a farmer to get past the guard.

Many stories tell us about wicked kings who locked up pretty princesses in their castles. Sometimes they were rescued by brave princes.

Another prince pretended to be a minstrel. He sang lullabies to the king. When the king fell asleep, the prince ran away with the princess.

Some princesses were not very pretty. This fat one was greedy and ate too much royal food.

Some princes were not tall and handsome. They had to be very rich to marry a princess.

Not all princesses were kind. Some were nasty to children and hated animals.

When a prince wanted to marry a princess, he often had to prove that he was the bravest.

The king would only let him marry the princess if he defeated all the other princes.

The Clumsy Prince

Once there was a very clumsy Prince. He was always falling over, bumping into things and getting in a muddle. Everyone laughed at him.

One day he met a sad Princess. She thought he was so funny, for the first time ever she laughed. They fell in love and wanted to marry.

The King said, "Before you marry my daughter, you must pass three tests. First you must show me that you have fine royal manners."

"Next you must take the Princess out in the royal boat. Then you must ride the royal horse." The King knew the Prince could not pass the tests.

The Prince stayed at the palace to do the tests. He was so busy talking to the Queen at breakfast, he did not see the butler.

The prince knocked the porridge out of the butler's hands. It went all over the table. The King was cross. But the Princess laughed again.

The royal boat had only one big pole to push it along. The Prince stuck it in the mud and away went the boat, leaving him on the pole.

"Now you must ride the royal horse," said the King, "and you must not fall off." The Prince jumped on the horse. But it soon threw him off.

That night the Prince was very sad. He looked out of his bedroom window. "Now the King will never let me marry the Princess," he thought.

Suddenly he heard a scream. It was the princess. "Help!" she cried. "The bad Baron is trying to take me away. Help me! Save me!"

As the prince leaned out of the window, he knocked over a flower pot.

It landed on the Baron's head. He fell down and lay there groaning.

The prince ran down in his pyjamas and carried the princess back to the castle.

Down rushed the King and Queen. "What's going on?" they cried. "My prince has saved me from the bad Baron," the princess said.

The King was so pleased he said "Now you may marry my daughter." The prince was still clumsy but the princess laughed and was happy.

Princess Kurohime

Long ago in Japan lived the Lord of Ohtate. His daughter was called Kurohime.

One day they went for a picnic. A small snake came and looked at Princess Kurohime.

The Lord laughed at the snake. He told Kurohime to give it a drink of wine.

That night Kurohime woke up. A strange prince stood by her bed. "I am the snake who drank the wine," he said. "I want you to be my wife."

Kurohime was very frightened. She did not believe that the snake had turned into a prince. "You must go and ask my father," she cried.

A few days later the young prince came back to ask the Lord of Ohtate if he could marry his daughter.

When the Lord heard that the prince was really only a snake, he told him to go away for ever.

But the young prince loved Kurohime more and more. He came back every day for a hundred days to ask the Lord if he could marry her.

At last the Lord said "Come back tomorrow. I will ride round the castle twenty-one times. If you can keep up with me, you may marry her."

That night the Lord gave his
soldiers lots of swords.
They buried them all round the
castle with the blades sticking up.

Next day when the race began, the
prince turned himself into a very
fast serpent. He hoped to keep up
with the Lord on his horse.

The Lord and the serpent raced
round and round the castle. The
swords cut the serpent very badly.
But he still kept up with the horse.

The serpent had won the bet, but
the Lord of Ohtate laughed at him.
"My daughter will never marry
an ugly serpent like you," he said.

When the serpent heard what the Lord said, he was very angry. He changed into a huge dragon, and carried Kurohime away.

The dragon flew back to his own land with the princess. He turned himself back to a prince. The Lord of Ohtate never saw them again.

The Proud Princess

Long ago, the King of Ireland had a lovely daughter. But she would not choose a husband. She thought no one was good enough for her.

The King was very cross. He asked the three princes in the land to tea at his castle. "You must choose one of them," he said.

The princes stood in line. The first one was short and round. "Too fat," said the Princess.

The second was tall and thin. "Beanpole!" said the rude Princess. And she laughed at him.

The third prince was handsome. But she just pulled his beard. "Prince Hairy!" she said.

The King said crossly, "If you will not choose a prince for a husband, you must marry the first beggar who comes to my castle."

Next day a beggar in ragged clothes knocked on the castle door.
He played the fiddle and sang songs.
"Come in, come in," said the King.

"I order you to marry my daughter," he said. The Princess cried and cried. But the King would not listen. They were married by the priest.

Next day, they left the King's castle. Soon they came to a bigger castle. "That belongs to Prince Alric," said the beggar. The Princess just cried.

They walked on until they came to
an old hut. "This is my house,"
said the beggar. "It's nasty,"
said the Princess and cried again.

The beggar gave her old rags to
wear and not much to eat. Every
day she had to scrub the floor.
Her knees were very sore.

Then the beggar cut some reeds.
"We have no money," he said.
"You must make some baskets."
But the reeds cut her soft hands.

One day she sat by the roadside.
She was trying to sell pots. A man
came riding by on a horse.
He smashed all the pots.

"You are no good as a wife," said the beggar. "You must earn some money." He took the Princess to the castle to work in the kitchen.

The prince who lived in the castle was getting married. The cook gave the Princess some food from the wedding feast. She put it in her apron.

The Princess wanted to see what the prince looked like. She ran up the stairs to the ballroom and hid behind a curtain. Then she peeped out.

There was the prince with all his friends. Suddenly he turned round. "Oh!" she cried, "whatever shall I do now? It's Prince Hairy."

The Prince pulled back the curtain.
There was the Princess. "I have caught
you now," he said. "You must dance
a jig with me in the ballroom."

The Princess tried to run away but
the prince held her hand. All the
food fell out of her apron and
everyone laughed at her.

She burst into tears and ran away down the long passages in the castle. The prince ran after her and soon caught her again.

"Don't you know me?" he said. "I am Alric. You called me Prince Hairy. I am also the beggar. I tricked you because you are proud."

The prince gave her a fine new dress to wear. Then he took her back to the ballroom. She sat on a throne and a crown was put on her head.

The princess was happy at last. "How glad I am that I married you," she said. "I promise I will not call you Prince Hairy or be proud again."

The Princess and the Swineherd

Once there was a poor Prince who had only a tiny kingdom. All he owned was a rose tree with one lovely flower, and a nightingale that sang sweetly.

The Prince fell in love with a rich Princess. One day he wrapped up his rose tree and his nightingale. He sent them to the princess as a present.

At first the Princess was pleased. Then she picked the rose. "Oh," she cried, "it's just an ordinary rose. How boring. Take it away."

She heard the nightingale sing. "What a clever toy," she said. When she saw it was a real bird she was cross and sent it away.

The Prince did not give up hope.
He put on some ragged clothes and
rubbed mud on his face. Then he went
to the King's castle to ask for work.

"We need a man to look after the pigs,"
said the King. So the Prince became
the royal swineherd. He had a little
hut, near the pig sty, to live in.

There he sat all day, working with
his hammer. By the evening he had
made a small saucepan.

All round the rim were tiny silver
bells. When the saucepan boiled,
they played a little tune.

The saucepan had magic power, too. If anyone put a finger in the steam they could smell what was cooking all over the land.

One day the Princess was walking past the swineherd'd hut. She heard the bells ringing on the saucepan. "That's my favourite tune," she said.

She sent one of her maids to ask the price of the saucepan.

"I will sell it for ten kisses from the Princess," said the swineherd.

The Princess was angry. "I'll never kiss a dirty swineherd," she said.

She walked away. But she still wanted the saucepan. Then she had an idea. "I'll kiss the swineherd where no one can see us," she said to her maids.

She ordered them to gather round in a circle. "Stand close together so we can hide in the middle," she said. Then she gave the swineherd ten kisses.

The Princess and her maids took the saucepan and ran back to the castle. Then she boiled it and everyone came to hear its bells and smell the steam.

The Prince set to work again outside his little hut. This time he made a magic rattle. When he shook it, it played every tune in the world.

When the Princess passed the hut she heard the music. She wanted to buy the rattle. She sent her maid to the swineherd to ask the price.

The Prince smiled. "I will have a hundred kisses from the Princess, and no less," he said. Then the maid ran back to tell the Princess.

"Never!" cried the Princess. She went to the swineherd's hut. "I will give you ten kisses and no more," she said.

"You must take the rest from my maids." The maids were very cross. "We won't kiss a dirty swineherd," they cried.

150

The swineherd shook his head and said, "A hundred kisses, or I'll keep the rattle." The Princess had to give in.

"Stand round," she ordered her maids. And they made a circle to hide the Princess and the swineherd.

He hurried down the steps and out of the castle. He crept quietly up to the circle of maids.

Then he stood on tiptoe and peeped over their shoulders. There he saw the Princess kissing the swineherd.

The King was standing on his balcony looking over his land. He saw the crowd near the pig sty. "What's going on down there?" he wondered.

The King was very angry. He smacked the Princess and ordered her to leave his land with the swineherd. "I never want to see you again," he said.

"Be off with you both," he shouted. "Oh, please Papa, let me stay," cried the Princess. But it was no use. The King made them go away for ever.

"I wish I had married the poor young Prince," sobbed the Princess. Then the Prince hid behind a tree. He took off his rags and put on his best clothes.

"I'm not a swineherd," he cried. "I am the poor prince." He took the Princess home to his little kingdom and married her. And they were poor but happy.

Prince Badbod and the Moles

There was once a nasty prince called Badbod. He never polished his shoes or his armour. He never had a bath or brushed his hair or his teeth.

He lived in an ugly old castle with a deep smelly moat round it. When the drawbridge was pulled up, no one could get in or out.

Everyone was afraid of Badbod. He threw things at children who came near his castle. He hated animals. He had no friends at all.

Sometimes he felt a bit lonely in his dirty castle. Sometimes he thought he would like a wife for company. But no princess would marry Badbod.

One day he had an idea. "I know," he thought, "I'll capture a princess." Badbod told his men to hide in the woods. Soon a Princess came along.

They all jumped out and gave her a terrible fright. "Caught you," shouted Badbod. They tied her hands and marched her back to the castle.

On the way back Badbod saw some mole hills in a field. "I hate animals," he shouted. "I will not allow any moles to live near my castle."

He ordered his men to jump on the mole hills and knock down the tunnels. The moles had to run away. Their homes were smashed.

Badbod and his men marched into the castle and pulled up the drawbridge. Then they took the Princess to a high tower and locked her in.

A handsome prince called Goodjob loved the Princess. When he heard that Badbod had captured her, he and his men went off to rescue her.

Soon they came to Badbod's castle. The moat was deep and the drawbridge was up. "How shall we get in and save the Princess?" said Goodjob.

Just then, a mole popped its head out of the ground. "Badbod has smashed up our homes," said the mole. "We'll help you get into the castle."

That night, and all next day, the mole and his friends worked hard. They burrowed and they shovelled.

They dug and they scraped. By the next night, they had dug a tunnel right under the moat and up into the castle.

"Thank you, my little friends," said Goodjob. "How clever you are!" And he and his men crawled through the tunnel and into the castle.

They came up into the castle dungeons. Goodjob set free all the prisoners. "Come with me and help me find the Princess," he said.

Badbod rushed to fight Goodjob but his sword was so rusty, it bent. Goodjob knocked him down. Then he went up the tower to save the Princess.

Badbod was so dirty, Goodjob told his men to give him a bath. They dumped him in a big tub of hot water and scrubbed him all over.

158

Prince Goodjob took the Princess back to his castle. Soon they were married. All the moles were invited to the wedding feast.

Badbod decided he liked being clean. He polished his shoes. He brushed his hair and his teeth and went to the wedding. Perhaps he found a Princess.

Prince Zippo's Castle

Prince Zippo's castle has four walls and a tower in each corner. Zippo lives in the middle tower where he keeps all his treasure.

There are lots of secret tunnels under the castle. They all lead from Zippo's tower in the middle to one of the four corner towers.

A wicked goblin has stolen his
treasure and run off through the
tunnel to a tower. How does Zippo
reach him to get back his treasure?

Where Little People Lived

Long ago people believed there were lots of little magic people living all over the world. There were gnomes, goblins, elves and fairies.

The best time to find them was on Midsummer Night. They danced in a magic ring in the moonlight. They went to bed when the sun came out.

Most gnomes lived in holes or caves in the ground. Some of them had the job of guarding treasure and gold in secret caves.

These gnomes were mean and nasty. They sat and counted the gold all day. They would not talk to anyone. No one ever found the gold.

Gnomes always worked hard. This one was a blacksmith. He hammered red hot steel to make swords and spears and shields for gnome soldiers.

King Gob was the King of the goblins. He was very strict and never smiled. If one of his goblins laughed, he was put into the goblin prison.

Elves liked playing tricks on people. These two naughty elves turned the sign post round. The traveller went the wrong way and got lost.

Some elves did kind tricks. This tired old woman sat on a stile to rest. The elves picked up the stile and took her all the way home.

The Lazy Gnome

There was once an old farmer.
He worked hard every day.
A bad tempered gnome helped him.
But he did not like working.

One day when the gnome was feeling cross, he shouted, "I won't work any more. You must give me half of everything you grow, or I'll hit you."

The farmer did not like doing all the work. He did not want to give half of everything away. So he thought he would play a trick on the gnome.

When it was time to plant the seeds, the farmer said to the gnome, "When the seeds have grown, which half do you want, the tops or the bottoms?"

"I'll have the bottoms," said the gnome. The farmer was very pleased. He went out and bought some wheat seeds. He sowed them in his fields.

At harvest time the farmer cut off the grain from the tops of the wheat. The gnome was left with the stalks at the bottom. He was very angry.

Next year, in the spring, the gnome said, "This time I'll have the tops." So the farmer bought turnip seeds. He sowed them in his fields.

At harvest time the farmer dug up all the turnips. He took all the roots at the bottom and gave the leaves at the top to the gnome.

The gnome was very, very cross. "Next year you will grow wheat again," he shouted. "You will cut half the field and I'll cut the other."

"We'll have a race to see who can finish first, and the winner will get all the wheat." The farmer just smiled and said nothing.

When the wheat was ready to cut, the farmer went to the village blacksmith. He asked the blacksmith to make him a lot of thin iron rods.

When the gnome was asleep, the farmer crept out into the field. He stuck the iron rods into the wheat that the gnome was going to cut.

Next morning the gnome said, "The wheat is ripe. Today we will have our race." The farmer's scythe cut through his wheat easily.

When the gnome started, his scythe hit one of the iron rods hidden in the wheat. "My goodness, this wheat is tough," he shouted.

He tried again to cut the wheat. But every time his scythe hit an iron rod. Soon it was bent and blunt. It would not cut at all.

"You have tricked me again," he shouted at the farmer. He flung down his scythe and ran away. And the farmer never saw him again.

The Fairy Hill

One sunny day a little girl called Milly was playing in the field near her home. Suddenly she heard a little voice say, "Hello, please help me!"

Milly looked round to see who was crying. She saw a fairy caught in a spider's web. "Please set me free," said the fairy.

Milly gently lifted the fairy from the web. "Thank you for saving me from that spider," she said. "Please take me home to the fairy hill."

Off they went until they came to a little door in a hill. The fairy said, "As you saved my life, please come to tea with the King and Queen."

"I would love to," said Milly, "but I can't get through that tiny door."
"Oh that's easy!" said the fairy.
She touched Milly with her wand.

Milly felt herself getting smaller and smaller. Soon she was almost the same size as the fairy. Now she was small enough to go through the door.

The fairy opened the door. Then she held Milly's hand and led her into the fairy hill where no real people had ever been before.

They crept past a fairy guard who was asleep and down a long tunnel. Milly thought it was the strangest place she had ever seen.

The fairy took Milly to meet the King and Queen. They were so pleased when they heard what Milly had done, they ordered a special parade just for her.

First the King's banner carriers and trumpeters came past. Then the royal guards came marching by carrying swords and spears.

After the parade, Milly met the King's son, Prince Ozzipod. He bowed low and gave her a big bunch of fairy flowers. "Please take these," he said.

"They are magic flowers. They will never die. Keep them and you will always remember coming inside the fairy hill."

Then the fairy choir stood up and sang a special song about Milly and the fairy princess. All the other fairies clapped and cheered.

The fairy band did not want to be left out. They got up and played a tune for Milly. It was so funny, all the other fairies laughed.

Some elves were practising a new balancing act. But every time the last one climbed right to the top, the ones at the bottom fell over.

A funny dwarf tried to juggle with acorns. He threw them up in the air. When he tried to catch them, the clumsy clowns were always in the way.

Then Milly went to the royal kitchen. The cook was busy making cakes for Milly's special party.

Little imp waiters rushed around with silver dishes. They were full of pies, cakes and sticky buns.

Gnomes were sent to the cellars. They carried up barrels of acorn beer and bottles of parsley wine.

The feast was spread out on the grass
in the middle of a magic wood. Sweets
and lollipops grew on the trees and
their trunks were made of toffee.

When everything was ready,
Milly blew out the candles on the cake.
Then the King rang a silver bell.
He said "Let the feast begin."

Milly tasted everything. Suddenly, she yawned and said, "I must go home. My mother will wonder where I have been all this time."

"Don't worry about being late," said the fairy King. "Time stands still in fairy land. But don't forget to take your magic flowers with you."

"Thank you for my lovely party," Milly said to the King and Queen. She ran off down the long tunnel back to the world of ordinary people.

When she came out of the fairy hill, she fell down into the long grass. It was as tall as trees because she was still so small.

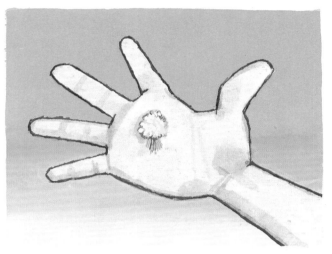

"Did I make it all up?" said Milly. Then she opened her hand. The tiny flowers that the fairy Prince had given her were still there.

When she stood up, she had grown back to her real size again. She looked round in the grass. But she could not see the tiny door in the hill any more.

It was lunch time when Milly got home. But she did not want any. "Where have you been?" said her mother. Milly just smiled. That was her secret.

The Flower Fairies

Once upon a time the woods were
full of fairies. The fairy King
and the fairy Queen looked after them.

The fairies lived in trees and
played with birds and animals.
Not many people came to the woods
so the fairies did not need to hide.

There was one very strange thing about the woods. There were no flowers—only green grass and green leaves.

Sometimes people did wander into the woods where the fairies lived. The fairies called them big feet. They were very frightened of them.

One day a fairy rushed into the fairy wood. "Quick, run for your lives," he shouted. "A big foot is coming this way."

The fairies tried to run away, but it was too late. Before they could hide, a big foot walked through the grass.

"All of us will be stepped on and squashed," cried the Fairy Queen. "Oh dear, what can I do to save us?" And she waved her magic wand.

"Wand, use your magic powers. Turn the fairies into flowers," she said. And suddenly the wood was full of flowers.

All the fairies vanished and each one became a flower. The big man stopped and looked around. He had never seen flowers before.

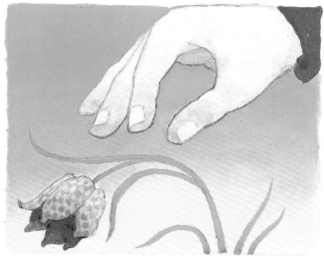

"How pretty they are," he said. He bent down to pick one. Then he heard a tiny cry. "Oh, please don't pick me." It was a flower fairy.

"If you pick me, I will die," the flower fairy said. "Oh dear, that would be awful," said the man. He promised not to pick any flowers.

He put up a notice saying, "Please do not pick the flowers." Now you cannot see fairies in the woods, but you can see fairy flowers.

The Man who Slept on the Bridge

There was once a man who wanted to travel from London to Oxford. But he did not have enough money to pay for the coach ride.

He walked and walked along the dusty road for many days. At last he came to the top of a hill and from there he saw the city of Oxford.

Just as the sun was setting, he came to Magdalen Bridge. He was so tired he asked the bridge keeper if he could stay for the night.

The bridge keeper gave him a heap of straw. He lay down and was soon fast asleep. No one told him that the fairies used the bridge.

In the middle of the night, the fairies flew by. They were surprised to see the man there.

They pulled out pieces of straw from his bed. They rode away on them into the dark.

The man woke up. Then he climbed on a piece of straw and flew after them.

They flew higher and higher over the roof tops and over the towers and church spires. The man wondered where they were going.

At last, they landed on a chimney top. The fairies climbed down inside the chimney. They told the man to follow them.

He slipped and fell. Down and down he went until he landed on a hard stone floor. He looked round. He was in a big cellar.

There were lots of fairies having a party. One of them gave him a silver cup to drink from. Then a fairy band began to play.

There was a fairy fiddler, a fairy
drummer and a fairy who played the
penny whistle. They all sat on the top
of a barrel of beer.

The man and the fairies danced all
night. Suddenly the music stopped.
The fairies disappeared. The man
fell asleep, all alone in the cellar.

Next morning, when the man woke up, he was back on Magdalen Bridge. He thought he must have dreamt about the fairies.

Then he saw something shiny lying on the ground. It was the silver cup. "Oh my goodness!" he said. "It wasn't a dream after all."

The man went off to look for some breakfast. Soon he came to a jeweller's shop. He asked the jeweller to buy the silver cup.

"This cup belongs to the Lord High Sheriff," said the jeweller. "You must be the thief who robbed his cellar last night."

The man was very frightened
and tried to run away. "Stop thief!"
shouted the jeweller. Lots of men ran
after him and caught him.

They took him to the judge and told
him what the man had done.
The judge looked very grave and said
that the man must be hanged.

As they were tying the rope round
his neck, they asked if he had one
last wish. "Yes," he said. "I wish I
had not slept on Magdalen Bridge."

"You should have told us that you
had slept on the fairy bridge,"
said the Judge. "You may go free.
But never sleep there again."

Willy the Wisp

Once upon a time there was a small boy called Jacko. He lived with his mother and a cat called Crumpet in a little cottage near the marshes.

Every day, on his way home from school, Jacko saw a light shining far away across the marsh. He wondered what it could be.

One evening he asked his mother what it was. She looked very worried. "That light belongs to Willy the Wisp!" she said.

"You must never follow that light. If you follow his magic candle, you will lose your way in the marshes, and never be seen again."

One night Jacko decided to hunt for Willy the Wisp. He went to bed early. He waited until the moon was shining and his mother was asleep.

He crept out of bed and put on his woolly dressing gown and his boots. Then he climbed out of his bedroom window and down an old tree.

He tiptoed away from the cottage. Then he ran down the muddy lane to the marshes.

"Go back, or Willy the Wisp will get you!" croaked a frog, as Jacko went by.

Jacko looked at the frog. "I'll be all right," he said. He ran on towards the light in the marsh.

Soon Jacko came to a dead tree.
An owl was sitting on it. "Please go
back," called the owl. But Jacko
just ran on faster and faster.

"If Willy the Wisp does catch you,"
the owl hooted, "grab his candle
and blow it out. That will break his
spell and set you free."

Jacko splashed through pools of muddy
water. The light from Willy the Wisp
was leading him deeper and deeper
into the dangerous marsh.

Soon the water was up to Jacko's
tummy. He struggled on. At last,
Willy the Wisp's light seemed to
be coming closer.

Suddenly the light stopped moving. Willy the Wisp turned round. "Now you are stuck in the marsh," he whispered. "You will never escape."

Jacko was very frightened. He tried to get free. But his feet were stuck in the mud. Willy the Wisp watched him struggling and laughed.

Jacko thought of the wise old owl.
He grabbed Willy the Wisp's candle.
The flame went out. Willy the Wisp fell
into the water with a big splash.

At once the spell was broken.
Jacko was free. He scrambled out of
the muddy water and ran off as fast
as he could, still holding the candle.

"Thank you for saving my life," he called to the owl in the tree. "Goodbye, I promise I will never come to the marshes again."

"I wish I had listened to you," Jacko said to the frog. "You were right about Willy the Wisp." He ran all the way back to the cottage.

He scrambled up the tree outside his bedroom window. Then he climbed in as quietly as he could. Soon he was safely asleep in bed.

When Jacko woke up in the morning he thought he must have dreamt about Willy the Wisp. But when he saw the candle, he knew it really happened.

Forest gnomes usually lived in the ground under the trees. They made friends with all the animals and could even talk to them.

Some gnomes were very shy and lived in the forest. They hid so that people would not see them. Perhaps that is why you have never seen a gnome.

Answer to problem on page 32

This is the way the giant went to get the dragon's treasure.

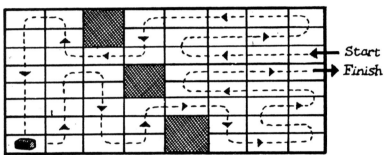

Start
Finish

Copyright © 1979 Usborne Publishing Ltd
This edition copyright © 1990 Usborne Publishing Ltd
First published in 1979 by
Usborne Publishing Ltd,
Usborne House,
83-85 Saffron Hill,
London EC1N 8RT

Printed in Portugal